Die Australische Küche

Die Australische Küche

von **Alan Saunders**
mit Rezepten führender
Köche und **Restaurantkritiker**

Fotos von **Rodney Weidland**
Zusammengestellt von **Barbara Beckett**

KÖNEMANN

SEITE EINS: Eine Kiste mit frisch geöffneten Rock Oysters aus Sydney.

SEITE ZWEI: Jacques Reymonds wunderbare Orientalische Brühe mit Tagine aus Gelbflossenthunfisch und Spaghettigemüse (Seite 140) ist eine erfrischende Art, Thunfisch zuzubereiten. Der Thunfisch wird mit der Taginepaste umhüllt und scharf angebraten. Serviert wird er in einer orientalischen Brühe, um den feinen Geschmack zu erhalten.

SEITE DREI: Von links nach rechts: Rinder auf einer Frühlingsweide in den Southern Highlands; frischer Spargel, eine verführerische Auslage bei Fuel in Sydney; Winterlandschaft mit Weinstöcken im Yarra Valley, Victoria; frisch gekochte Kammuscheln aus der Coffin Bay in Wockpool, Sydney.

SEITE FÜNF: Momentaufnahmen aus der Küche des Chateau Yering, Victoria.

Originalausgabe:
© 1999 Lansdowne Publishing Pty Ltd.
Level 1, 18 Argyle Street, Sydney NSW 2000, Australien

© Textcopyright 1999 bei den Autoren der Rezepttexte

Originaltitel: Australian Food

© 2000 für die deutsche Ausgabe:
Könemann Verlagsgesellschaft mbH
Bonner Straße 126
D-50968 Köln

Projektkordination: Dr. Marten Brandt

Herstellung: Ursula Schümer

Übersetzung aus dem Englischen:
Waltraud Horbas und Dr. Marion Pausch
für content publishing, München

Satz und Redaktion:
content publishing, München

Druck und Bindung: Star Standard Industries Ltd.

Printed in Singapore

ISBN 3-8290-2195-X

10 9 8 7 6 5 4 3 2 1

Alle Rechte vorbehalten.

Inhalt

Der Geschmack Australiens
von Alan Saunders 7

Suppen *und* Vorspeisen 43

Salate *und* Gemüse 71

Fleisch *und* Geflügel 95

Fisch *und* Meeresfrüchte 123

Barbecues 159

Früchte *und* Desserts 175

    Kurzbiographien 207

    Literaturtips 221

    Register 222

Es überrascht mich nicht, daß man heute von der **australischen Küche** spricht. Wir sind ein äußerst aufgeschlossenes und weltoffenes Land, warum sollten wir also nicht große Erneuerer der Kochkunst hervorbringen? Kaum eine andere Kultur kann aus so vielen Einzelkulturen und Einflüssen schöpfen. Mit der Erfahrung all dieser Geschmacksrichtungen können wir aus Traditionen ausbrechen und erfinderisch sein. Ich zum Beispiel bin Käser. Nur weil man hier früher keinen guten Käse gemacht hat, ist das noch lange kein Grund, in Australien nicht jede erdenkliche Sorte Käse herzustellen.

RICHARD THOMAS

Das **multikulturelle Konzept** *funktioniert prächtig: Meine Gerichte sind nicht rein französisch, weil sie von lokalen Erzeugnissen beeinflußt werden.*

DANY CHOUET

In nur zwanzig Jahren hat sich die australische Küche um Lichtjahre entwickelt. Sie ist vielfältig und ehrlich; und sie baut auf ausgezeichneten, natürlich erzeugten Produkten auf. **Ich bin stolz darauf, ein australischer Koch zu sein.**

DAMIEN PIGNOLET

Zu Beginn des neuen Jahrhunderts ist **die australische Küche** *erwachsen geworden. Ihre Köche beherrschen eine Vielfalt an Stilen, die alle als moderne australische Küche bezeichnet werden können. Und Australien bietet für jede dieser Stilrichtungen ausreichend Raum.*

PETER DOYLE

Ich glaube, daß die australische Küche gerade durch ihre mangelnde Bindung an Traditionen gekennzeichnet ist. Sie blickt nach vorn, da sie diese Traditionen nicht behindern, und die Vergangenheit hat keinen Einfluß auf sie. Tradition ist etwas Großartiges, aber sie kann Entwicklungen verlangsamen. Unser Blick ist eindeutig **nach vorn gerichtet**, *nicht in eine nostalgisch verklärte Vergangenheit.*

RALPH POTTER

Unsere großartigen Köche haben neue Dimensionen erschlossen. Es war eine regelrechte **Bewußtseinserweiterung**, *als ich ihre Gerichte probierte.*

MARGARET FULTON

Im Moment erleben wir in Australien eine **Renaissance des Essens**. *Aus der Asche der zerkochten und häufig eintönigen Nationalspeisen steigt die lebendigste neue Küche der Gegenwart. Ohne falsche Scham plündert sie die Ideen und Zutaten ihrer Nachbarn und der Einwanderer und nutzt sie zu ihrem Vorteil. Sie bringt außerordentliche regionale Erzeugnisse hervor und entdeckt täglich die natürlichen Reichtümer neu, die den australischen Ureinwohnern schon immer bekannt waren.*

STEFANO MANFREDI

Solange wir australische Zutaten verwenden, haben wir auch eine **australische Küche.**

PHILIPPE MOUCHEL

Der Geschmack Australiens

Alan Saunders

Der Geschmack Australiens

Essen in der großartigsten Stadt der Welt

Es gibt insgesamt drei große Küchen in der Welt: die französische, die chinesische – und die andere. Was man unter »der anderen« versteht, hängt vom jeweiligen Gesprächspartner ab – und woher er kommt. Die japanische Küche liegt sicherlich gut im Rennen, ebenso die italienische, türkische, marokkanische und mexikanische Küche (wenn man von dem Zeug absieht, das man normalerweise als mexikanisches Essen vorgesetzt bekommt). Dann wäre da noch die indische Küche – oder, um genau zu sein, die indischen Küchen, denn obwohl die indische Küche bisweilen als die drittbeste der Welt genannt wird, besteht Indien in Wahrheit aus vielen Regionen, und jede verfügt über eine ganz eigene Kochtradition. Die Bewohner eines Landstrichs essen nur selten die Speisen einer anderen Region. Kurzum, welche auch immer diese dritte, andere Küche sein mag: Sie hat sich bei weitem nicht im selben Maße verbreiten können wie die französische oder chinesische.

Das ausschlaggebende Kriterium für die Klasse einer Küche ist natürlich ihre Verbreitung. Ganz egal, wie oft klimatische Bedingungen, Jahreszeiten oder vor Ort erzeugte Zutaten als Merkmale genannt werden, wenn man von der französischen als einer hervorragenden Küche spricht, reduziert sich dieses Urteil ja nicht nur auf die Küche im Land selbst. Die französische Küche wird zum Teil deshalb für so gut gehalten, weil so viele französische Restaurants in zahllosen Restaurantführern rund um den Globus aufgeführt werden.

Man nehme eine australische Großstadt als Beispiel: Sydney vor zehn Jahren, als es zu meiner Heimatstadt wurde. Damals herrschte keinerlei Zweifel darüber, was die beiden bedeutendsten Küchen der Welt wären. 59 französische und 59 italienische Restaurants wurden für gut genug befunden, um in der 1986er Ausgabe des *Sydney Morning Herald Good Food Guide* zu erscheinen, der damals von Leo Schofield herausgegeben wurde (»in Zusammenarbeit mit John Amery«, hieß es auf der Titelseite, obwohl Leo alleine die Einleitung schrieb). Doch für Sydney – oder zumindest für Leo Schofield – war es 1986 schwierig zu bestimmen, welche Küche die drittwichtigste sein sollte. Sicherlich war es nicht die chinesische, die nur mit 21 Einträgen vertreten war und mit Leichtigkeit von einer Rubrik mit Namen »Meeresfrüchte« geschlagen wurde, die 41 Einträge zählte. »Meeresfrüchte« allerdings ist ein Namensetikett, das gerne an seltene Zutaten geheftet wird, und keine Kochweise, und so war man natürlich neugierig, was folgte. Wenn man weiterblätterte, konnte man zu seiner Überraschung an vierter Stelle die »internationale« Küche mit 33 Restauranteinträgen verzeichnet finden.

»International« ist ein sehr problematisches, zweideutiges Etikett. Fatalerweise beschwört es in der Vorstellung einen Ort herauf, den der amerikanische Küchenexperte Calvin Trillin folgendermaßen beschrieben hat: »In amerikanischen Städten von der Größe Kansas Citys sollte der umsichtige Reisende die Grundregel beachten, daß es sich niemals lohnt, in einem Restaurant zu speisen, das ein Staatssekretär des Wirtschaftsministeriums lobend erwähnt. Sein Name dürfte *La Maison de la Casa House, Continental Cuisine* oder ähnlich lauten, und seine Speisekarte klingt europäisch, doch es wird schmecken, als hätten sie in der Küche an Australien gedacht.« Trillin, das sei dazu gesagt, ist ein Mann mit äußerst spitzer Zunge.

Das Wundervolle am Kochen in Australien besteht darin, daß man jede denkbare andere Küche einbürgern kann, indem man einheimische Zutaten verwendet. In kaum einem anderen Land kann man vorhandenes Wissen auf Zutaten solcher Vielfalt und Qualität anwenden, auf asiatische wie europäische Gerichte. Außerdem haben die Leute hier keine Scheu davor, vom Gewohnten abzuweichen.

Liam Tomlin

Vorherige Seite: Diesem Gericht verleihen die weichen Nudeln die charakteristische Konsistenz, zu der die Austern und die gummiartigen Kalmare einen gelungenen Kontrast bilden. Ralph Potters Salat aus Nudeln, Austern und geschmorten Kalmaren mit Sojasauce, Rucolaöl und Ingwer (Seite 69).

Der Fairness halber muß man allerdings bemerken, daß Trillin diese Zeilen 1974 schrieb, zu einer Zeit, als er statt Australien genausogut Äthiopien oder die Antarktis hätte nennen können – einfach einen Flecken auf der kulinarischen Landkarte, bei dem die Kartographen mangels Informationen aufgegeben haben, um den Bleistift an phantasievollere Künstler weiterzureichen. Außerdem war Trillin seiner Zeit weit voraus. In einem regelrechten Kreuzzug hielt er seine amerikanischen Landsleute dazu an, die kulinarischen Schätze vor ihrer Haustür schätzen zu lernen, statt auf armselige Imitationen einer Küche zu setzen, die Tausende von Kilometer entfernt ihre Wurzeln hat.

Vielleicht sollten sich die Australier dies eine Lehre sein lassen, auch wenn es schwerfällt, sie anzunehmen. Trillin dachte, daß Besucher Atlantas – eine Stadt, die sich im Jahre 1974 bescheiden selbst als »World's Next Great City« (großartigste Stadt der Welt) bezeichnete – zu Mary Mac's auf der Ponce de Leon mitgenommen werden sollten, um ihnen dort eine Schüssel pot licker zu verabreichen (wörtlich übersetzt »Topfschlecker«, eine bescheidene, aber köstliche Suppe aus dem Süden, die aus dem Kochwasser grüner Bohnen gemacht wird). Doch wo in Australien gab es 1974 oder 1986 ein Äquivalent für pot licker, das den Besucher dorthin hätte locken können, weit weg von den langweiligen, aber wenigstens verläßlichen Freuden der internationalen Küche? Australien schien keine heimischen Spezialitäten bieten zu können, und seine Bewohner waren aufgrund dieses Mangels dazu verdammt, in den La-Maison-de-la-Casa-House-Restaurants zu speisen.

Damien Pignolets Bistro Moncur.

Dann jedoch setzte sich in Australien etwas in Bewegung, und manche dieser Veränderungen fanden sogar unter dem nicht gerade vielversprechenden Banner der internationalen Küche statt. Im Jahre 1986 war Kinsela's in der Bourke Street zwar eines von Sydneys internationalen Restaurants aus dem *Good Food Guide*, doch seltsamerweise befanden sich die Gerichte meilenweit entfernt von der gefrorenen »Ente in Orangenlimonade«, die Calvin Trillin gewöhnlich in einem La Maison de la Casa House zu finden erwartete. Das Essen hatte zwar einen französischen Akzent, doch es war nicht jenes Französisch, wie es jemand spricht, der mechanisch gedrillt wird, in irgendeiner Kochschule fern von Paris, sondern es waren die Töne eines Amateurs, eines begabten Liebhabers, der der französischen Küche leidenschaftlich ergeben ist. Dieser Mann arbeitete für Tony Bilson und war von beinahe erschreckender Originalität. Er verschmolz die französische Fertigkeit, die er in Australien lernte, mit der Küche seiner japanischen Heimat zu einer so gelungenen Kombination, daß es schien, die beiden Kochweisen hätten schon immer zusammengehört. Sein Name war Tetsuya Wakuda, und zehn Jahre später war er im *Good Food Guide* mit seinem eigenen Restaurant vertreten.

Zu dieser Zeit waren die Franzosen in Sydneys *Good Food Guide* auf traurige zwölf Einträge geschrumpft, Italien war mit fünfundzwanzig, die internationale Küche mit nur vier Einträgen vertreten. Ein tatsächlicher Vergleich ist allerdings unmöglich, da das hervorstechendste Merkmal in der 96er Ausgabe – zum ersten Mal herausgegeben von Terry Durack und Jill Dupleix – die abstruse Vermehrung von Kategorien im Inhaltsverzeichnis ist: Amerikanisch/Modern-Australisch, Regional-Australisch, Kanton-Küche, Kantonesische Meeresfrüchte, Kantonesisch/Chinesisch-regional, Chinesisch-regional, Französisch/Australisch, Französisch/Japanisch (als einziger Eintrag Tetsuya Wakudas Restaurant), Französisch/Modern-Australisch, Französische Meeresfrüchte, Italienisch/Modern-Australisch, Italienische Meeresfrüchte, Modern-Australische Country-Küche, Modern-Australische/Italienische und Modern-Australische Meeresfrüchte.

Unter den aufgezählten Kategorien war diejenige die größte, die 1986 überhaupt nicht vertreten gewesen war: Modern-australisch, eine Rubrik, die es auf 121 Einträge

DER GESCHMACK AUSTRALIENS

OBEN: : Tony Bilsons gegrilltes Schnapperfilet mit Zitrus-Safran-Sauce (Seite 129) besitzt einen süßsauren Geschmack, der bestens zu einem körperreichen Wein wie einem Chardonnay paßt.

brachte. (In der aktuellsten Ausgabe, die mit der wilden Kategorisierung wieder ein wenig zurückhaltender umgeht, wurde das Etikett Modern-Australisch 161 der insgesamt 385 Einträge zugewiesen.) Ganz offensichtlich hatte sich in diesen zehn Jahren einiges verändert. 1986 handelte es sich bei dem Wort »Australisch« um ein vieldeutiges Etikett, das man Steakhäusern und Restaurants, die »Junge Ente in Kirschsauce« servierten, gleichermaßen anheften konnte. Interessante Lokale, die schwieriger einzuordnen waren, wurden als »international« geführt – wie im Falle Kinsela's – oder (was noch mehr Ignoranz vermuten läßt) als »individuell«. Im Jahre 1986 wurde Perry's Restaurant in Paddington als »individuell« bezeichnet, 1996 schließlich hatte der richtungsweisende Chefkoch Neil Perry im Rockpool das Kommando, einem Etablissement, das der *Good Food Guide* ohne zu zögern als »Modern-Australische Küche« bezeichnete.

Was aber ist die Moderne Australische Küche eigentlich? Mit Sicherheit ist es keine unendlich dehnbare Kategorie – Tetsuya Wakudas Gerichte, die interessantesten, die ich kenne, sind im *Good Food Guide* immer noch unter der Rubrik Französisch/Japanisch vermerkt – doch ihre Grenzen sind alles andere als fest umrissen.

Unsere Küche wurde erst durch den asiatischen Einfluß zum Leben erweckt. Die Erfahrung des fernöstlichen Essens vergißt man nie mehr. Wir haben die Speisen der asiatischen Einwanderer nicht »australisiert«, sondern als gleichwertig angenommen. Australier sind gerne erfinderisch. Wir kochen in vielen verschiedenen Stilen, und diese passen großartig zu all den ethnischen Elementen, aus denen die australische Seele zusammengesetzt ist.

NEIL PERRY

Einige der so bezeichneten Lokale stehen vor allem unter italienischem Einfluß, andere lassen sich von Nordafrika oder Asien inspirieren. Heißt das, Eklektizismus ist die hervorstechende Eigenschaft der australischen Küche? Vielleicht stimmt das zum Teil, aber als eine spezifisch australische Eigenart kann man es wohl kaum bezeichnen. »In Wahrheit ist und war britisches Essen schon immer ein Eintopf aus den unterschiedlichsten kulinarischen Ideen. Wir haben Rezepte aus allen Regionen der Welt geklaut und sie an unseren Geschmack und unsere Bedürfnisse angepaßt«, schreibt Sybil Kapoor 1995 in der Einleitung zu *Modern British Food*. Britisches Essen, so Kapoor weiter, könne man vor allem folgendermaßen charakterisieren: »schlichte Eleganz, innovative Verwendung der Zutaten« und »neue Aromen« – alles Merkmale, wie sie auch auf die australische Küche zutreffen. Vielleicht lassen sich die Grenzen deutlicher ausmachen, indem man die Merkmale der internationale Küche genauer unter die Lupe nimmt.

Überall auf der Welt läßt sich die Küche seßhafter, nicht nomadischer Kulturen durch zwei Hauptmerkmale beschreiben: eine beliebte Hauptnahrungsquelle, aus der die nötigen Kohlenhydrate gewonnen werden, und eine Reihe von Aromen, die diese Kohlenhydrate ein wenig interessanter machen. In vielen Ländern Asiens sind Reis und Nudeln die Kohlenhydrat-Lieferanten, in Afrika dagegen ist es oftmals Hirse. In beiden Fällen erhält die Küche ihr Lokalkolorit durch die beigefügten Aromen – zusammengesetzt aus tierischen Proteinen, Gemüse und Gewürzen – die der stärkehaltigen Hauptnahrungsquelle mehr Farbe und Geschmack verleihen. Die internationale Küche jedoch arbeitet nach einem ganz anderen Konzept und mit anderen Methoden, und das ist es, was sie so besonders macht.

RECHTS: Neil Perrys Shrimpkuchen und Kammuscheln mit pikanter Shrimpsauce (Seite 60). Die Mousse zu diesem Gericht duftet wunderbar nach Zitronengras, Ingwer und anderen Aromen, und die pikante Sauce schmeckt nach Thailändischem Basilikum, Erdnüssen und Kokoscreme.

Woran liegt es also, daß die französische und chinesische Kochweise sich einen festen Platz in der vordersten Reihe der Küchen dieser Welt erobern konnten? Im Falle Chinas spielt die Größe des Landes sicher eine wichtige Rolle – ein riesiges Land mit den unterschiedlichsten Klimazonen, vielfältigen Erzeugnissen und einer gastronomischen Geschichte, die wenigstens in die Zhou-Dynastie, also ins 11. Jahrhundert vor Christus, zurückreicht. Außerdem verfügt China über ein grenzenloses nationales Selbstbewußtsein, das sogar das der Amerikaner übertrifft. China hat seine Speisen dem Rest der Welt oft auf sehr bescheidene Art und Weise verkauft, das ist wahr, doch zeugt dies eher von einem gesunden Selbstwertgefühl, und nicht von mangelndem Vertrauen in die eigene Küche: Die Prinzipien der chinesischen Küche sind so klar umrissen, daß sie jedwede Veränderung ihrer Grundzutaten überleben wird.

Vor 20 Jahren erklärte Kwang-chih Chang in der Einleitung zu einer wertvollen Essay-Sammlung namens *Food in Chinese Culture*, daß chinesische Köche grundsätzlich zwischen dem Hauptnahrungsmittel Reis, Hirse oder anderer stärkehaltiger Nahrung (welches man sowohl auf Mandarin als auch Kantonesisch *fan* nennt) und Gemüse- oder Fleischgerichten (*t'sai* auf Mandarin, *sung* auf Kantonesisch) unterscheiden. Dieses Prinzip der Unterscheidung ist so grundlegend, daß es auch dann angewendet wird, wenn chinesische Zutaten nicht erhältlich sind:

Schickt man einen chinesischen Koch in eine amerikanische Küche und stellt ihm chinesische oder amerikanische Zutaten zur Verfügung, so wird er (a) eine ausreichende Menge fan *vorbereiten, (b) die Zutaten kleinschneiden und in unterschiedlichsten Kombinationen mischen, und (c) diese Zutaten zu mehreren Gerichten verarbeiten, darunter unter Umständen auch zu einer Suppe. Durch die Verwendung der entsprechenden Zutaten würde sich der Eindruck des spezifisch Chinesischen dieser Mahlzeit zwar verstärken, doch selbst wenn die Nahrungsmittel rein amerikanischen Ursprungs sind und mit amerikanischen Kochutensilien zubereitet werden, heraus käme immer ein chinesisches Gericht.*

Chinesischer Lebensmittelhändler in Sydneys Haymarket.

Es wäre sogar dann noch ein chinesisches Gericht, wenn der *fan* aus gebratenem Reis besteht und das *t'sai* oder *sung* aus kleinen Schweinefleischbällchen, gebraten in einem dicken Teigmantel, serviert in einer klebrigen, orangefarbenen Sauce, und garniert mit großen Stücken Dosenananas.

Obwohl die Franzosen bei weitem nicht auf so alte Traditionen zurückblicken, können sie eine hochentwickelte und sendungsbewußte Küche ihr eigen nennen. Auch sie verfügen über ein gesundes Selbstvertrauen, und selbst wenn sie versuchen bescheiden zu sein, sind sie sich einer Tatsache immer bewußt: Ihr Angebot übersteigt alles, was die Welt ihnen im Gegenzug zu bieten hat.

In den frühen 90er Jahren wurde ein ernsthafter Versuch unternommen, die französische Kochtechnik in Australien einzuführen. Eine Filiale der Cordon-Bleu-Kochschule wurde in Sydney eröffnet. Doch was, so würde ein kritischer Beobachter wohl fragen, hat eine französische Kochschule in unseren Tagen Australien wohl zu sagen? Wir sind offen für jedwede Anregung, die der Rest der Welt uns zu bieten hat, das ist wahr – darauf sind wir angewiesen, denn wir verfügen über keine eigene kulinarische Identität. Doch heutzutage neigt ein australischer Chefkoch viel eher dazu, in Bangkok oder Marrakesch nach neuen Ideen zu suchen als in Paris oder Lyon.

»Wahrscheinlich bin ich voreingenommen, aber ich glaube, das Erlernen der französischen Küche ist der einzige Weg, der zur perfekten Beherrschung der Kochkunst führt, vielleicht, weil die Franzosen seit über 500 Jahren über das Kochen schreiben«,

Australische Köche sind sich der Bedeutung der Herkunft ihrer Ausgangsprodukte sehr bewußt. Sie unterliegen weniger Zwängen als ihre europäischen Kollegen, die stärker an Traditionen gebunden sind. Gegenüber Amerikanern, die stets die Öffentlichkeit im Nacken haben, genießen sie den Vorteil, freier zu sein. Unsere Köche haben eine gute Mischung gefunden, und ihre Gäste werden vorzüglich bedient.

JOHN SUSMAN

entgegnete mir André Cointreau, Vorsitzender der Cordon Bleu-Kochschule, als ich ihn mit diesem Problem konfrontierte. Frankreich ist der Brennpunkt, in dem sich viele nationale Küchen vereinigen, so Cointreau, und in Paris finden sie zueinander und werden systematisch erfaßt: »Deshalb bin ich überzeugt, daß die französische Küche der Küche der gesamten Welt dienstbar ist.«

Ich fragte mich in diesem Moment, wie beispielsweise die Sushi-Köche Japans die frohe Botschaft aufnehmen würden, daß ihnen die französische Küche zu Diensten wäre. Aber natürlich besteht kein Zweifel darüber, daß der französische Stil, und vor allem die *Cordon-Bleu*-Methode, internationale Wirkung hat. Und selbstverständlich war es ein Glückstreffer für Sydney, daß es (neben Paris, London, New York und Tokio) weltweit zur fünften Filiale der Cordon-Bleu-Kochschule wurde.

Und was genau lernen die australischen Köche an dieser Schule? Laut Cointreau handelt es sich um die Anwendung der französischen Methode auf australische Zutaten: »Vor zehn oder fünfzehn Jahren hätte ich behauptet, daß New York oder Kalifornien die führende Rolle in einer derartigen kulinarischen Fusion spielen würden. Heute, glaube ich, ist Australien der Ort, an dem das traditionelle europäische Gefühl sowohl mit der modernen Küche als auch mit einer Vielfalt asiatischer Aromen verschmilzt.

Philippe Mouchel mit seinem Team in der offenen Küche von Langton's Restaurant.

Aber nicht ohne diese besondere Art des Respekts für die Ausgewogenheit und den Geschmack des zuzubereitenden Gerichts – und das ist eine sehr französische Denkweise.«

Heißt das also, Sydney wird zur »World's Next Great City«, jetzt, da es auch Gastgeber der Olympischen Spiele ist? Hoffentlich nicht, möchte man sagen, denn nur Metropolen mit der Denkweise von Emporkömmlingen sorgen sich um ihre Stellung in der Welt. Die bloße Möglichkeit ist eine unbequeme Erinnerung daran, welch weiten Weg wir noch zurückzulegen haben, ehe wir die französische Haltung uns eigen nennen können: Ausgewogenheit, Zurückhaltung und Vertrauen in eine Technik, mit der man der Welt ruhigen Gewissens zu Diensten sein kann.

Ausgewogenheit, Zurückhaltung und Vertrauen – das sind ziemlich erwachsene Tugenden. Was hat eine junge Kultur angesichts solcher Reife zu bieten? Zunächst hat Australien natürlich diesen abenteuerlichen Eklektizismus, diese Mischung und Verschmelzung vorzuweisen, von der Cointreau spricht. Aber das Problem daran ist eben, daß Australien damit nicht einzigartig ist in der Welt. Die Frage stellt sich, ob der – zweifellos begründete – Ruhm der modernen australischen Küche nichts weiter ist als die lokale Variante eines globalen Phänomens, das sich in Eklektizismus und Verschmelzung, Fusion und Konfusion äußert.

Bis zu einem gewissen Grad ist das tatsächlich so. Die australische Küche änderte sich, weil sich auch alles andere veränderte – die Welt ist kleiner geworden, Entfernungen sind bedeutungslos, und man kann in Bristol innerhalb einer Minute erfahren, was eine andere Person in New York soeben zu Abend gegessen hat. Aber das kann schließlich nicht alles sein. Die gegenwärtige Küche ist nicht nur deshalb global, weil Ronald McDonald die Welt umklammert hält, sondern weil die Chefköche exklusiver Restaurants, sei es in Melbourne oder Massachusetts, auf sehr ähnliche Art und Weise an die Arbeit gehen. Warum also sollte ausgerechnet der australische Beitrag zur Kochkunst der Welt besonders einfallsreich und lebendig sein?

Bevor diese Frage beantwortet werden kann, müssen wir uns mit der Vergangenheit beschäftigen.

FORTSETZUNG AUF SEITE 16

DER GESCHMACK AUSTRALIENS 13

Vic Cherikoff

Einheimische Aromen

»In naher Zukunft wird man ebenso selbstverständlich nach einem Zitronenmyrtenblatt greifen, wie es heute bei einem Limettenblatt üblich ist. Einfallsreiche Köche suchen nach Verwendungsmöglichkeiten für diese einzigartigen Zutaten – und verhelfen uns so zu beeindruckenden, neuen Geschmackserlebnissen.«

Vic Cherikoff hat sich als Pionier hohes Ansehen erworben, indem er aus Australien stammende Zutaten ihrer Vermarktung zuführte und die Welt mit einer Form des »bush food« vertraut machte, wie sie ursprünglich nur bei den Aborigines gebräuchlich war. Seine Firma, Bush Tucker Supply Aust., belieferte als erste Delikatessengeschäfte und Supermärkte mit einheimischen Zutaten und öffnete ihnen über Direktmarketing und Internet einen Markt. Einige Produkte waren plötzlich als Zutaten in Eiscreme, Tee und Brot zu finden. Viele sind heute bereits in aller Welt erhältlich.

Eigentlich ist Vic Wissenschaftler. Er untersuchte Nahrungsmittel aus der Wildnis auf ihre nahrhaften Bestandteile hin. Schließlich gründete er ein Netzwerk, in dem heute nicht nur Aborigines, sondern auch Landwirte die Wünsche der einheimischen Nahrungsmittelindustrie erfüllen.

Dank seines Enthusiasmus konnte er Landwirte, Hobbygärtner, Jäger und Sammler, Gourmets, Hobbyköche und Küchenchefs für seine Sache gewinnen. Er hofft, auch dem Rest der Welt die wilden Aromen näherbringen zu können – vielleicht haben seine Bestrebungen ja eine vereinigende Wirkung auf die multikulturelle australische Küche.

VORHERIGE SEITE OBEN:

Im Hintergund: Himbeerblätter, australische Minze und Zitronenmyrte.

Im Vordergrund: *warrigal greens*, einheimische Himbeeren, Illawarra-Pflaumen (dunkel), *lemon aspen fruits*, *quadongs*, Kakadu-Pflaumen und Bunya-Bunya-Nüsse.

LINKS: Vic in seinem Hinterhof in Sydney, einem Paradies aus eßbaren einheimischen Pflanzen, Bäumen und Sträuchern.

RECHTS: : Eine Himbeere aus Vics Hinterhof.

Weitere Informationen über die original australischen Zutaten in diesem Buch finden Sie online unter: www.bushtucker.com.au (auf Englisch).

OBEN: Im Uhrzeigersinn von oben nach unten: Davidson-Pflaumen, *aniseed myrtle*, Rosellablüten, einheimische, grüne Pfefferkörner, kleine wilde Limetten, Blätter vom Bergpfeffer und *munthari berries*.

Der authentische Geschmack unserer Nahrungsmittel aus dem australischen Busch werden zweifellos bald der ganzen Welt bekannt sein, so wie Koriander und Tomaten, die beispielsweise aus Südamerika stammen.

VIC CHERIKOFF

DER GESCHMACK AUSTRALIENS 15

Das Land

Die Füllung in meiner Sizilianischen Meerbarbe ist nicht nur ein wichtiger Bestandteil dieses Gerichts, sondern auch ein weiteres Beispiel dafür, wie in der australischen Küche verschiedene Kulturen miteinander verbunden werden können. Ohne Füllung wäre das Gericht griechisch; so aber gewinnt es eine zusätzliche, typisch australische Dimension.

JANNI KYRITSIS

Wir wollten das Restaurant Narmaloo nennen – nach dem Namen eines Wasserlochs in Balgo Hills. Die ansässigen Aborigines gaben uns eine Sondererlaubnis, diesen Namen zu verwenden, obwohl es sich um einen heiligen Ort handelte ... Wir rechneten nicht mit Hindernissen, dann aber teilte uns die Hausverwaltung mit, wir könnten diesen Namen nicht verwenden – er wäre zu »ethnisch«. Das ist Australien am Ende des 20. Jahrhunderts!

Die Hausverwaltung, so scheint es, wäre mit einem französischen Namen durchaus zufrieden gewesen, der weniger »ethnisch« geklungen hätte. Das Zitat stammt aus Jennice Kershs Buch *Edna's Table* und beschreibt die Eröffnung des Restaurants Edna's Table II, eines netten kleinen Buschrestaurants, das versteckt in einer Ecke des konsequent unethnischen und internationalen MLC Centre im Geschäftsdistrikt von Sydney liegt.

Im Jahre 1998, drei Jahre nachdem Edna's Table II ins Leben gerufen worden war, gaben Jennice Kersh und ihr Bruder Raymond (gleichzeitig ihr Geschäftspartner und Koch) eine Rezeptesammlung mit einheimischen Zutaten heraus. Im Vorwort witzelte der bekannte Radiomoderator Mike Carlton: »Auch die größten Köche versuchen sich mal an einem katastrophalen Rezept. Bei Raymond war es das Huhn in Schokoladensauce«, meinte Carlton. »Der Himmel weiß, wie oder wo er dazu kam, doch als ich es das erste Mal auf der Speisekarte bei Edna's Table erspähte, dachte ich, es wäre irgendein Witz.« Trotz Jennice' Erklärungen, daß es sich hierbei um eine berühmte mexikanische Delikatesse handelte – obwohl sie genaugenommen mit Truthahn zubereitet wird, nicht mit Hühnchen –, blieb er standhaft und kam so nie in den Genuß des Huhns in Schokoladensauce. Carlton abschließend: »Man hat Hauptgericht und Nachspeise, alles in einem, wie wenn der Osterhase auf Kentucky Fried Chicken trifft.«

Eines der bemerkenswertesten Phänomene in der Geschichte des Essens ist die Geschwindigkeit, mit der die Produkte Amerikas um die Welt gingen. Vor dem Jahr 1492 hatten die Einwohner Europas und Asiens nicht die geringste Ahnung von der Existenz dieses Kontinents, und dennoch – im Zeitalter der Eselskarren und Segelschiffe – wurde bereits 1520 in Spanien Truthahn serviert, und 1590 gediehen in der Erde Irlands die Kartoffeln. Und nicht nur die Geschwindigkeit ist bemerkenswert, sondern auch die Gründlichkeit, mit der die neuen Zutaten in die kulinarischen Gewohnheiten von Ländern aufgenommen wurden, die bereits über eine alteingesessene Essenskultur verfügten. Es ist beinahe unmöglich, sich heute die italienische Küche ohne Tomaten vorzustellen, oder indische Speisen ohne Chillies, und dennoch erreichten die Tomatenpflanzen Italien frühestens 1520, während Chillies in Indien bis zum Jahre 1611 gänzlich unbekannt waren (sie fanden ihren Weg von Südamerika nach Europa und schließlich über Portugal nach Goa).

Der Handel verlief nicht eingleisig. Zur selben Zeit, als Tomaten, Truthähne, Chillies und Schokolade die Küchen der Alten Welt neu belebten, wurde die Neue Welt durch den europäischen Viehbestand verändert: Rinder, Schafe und Schweine. An der kalten, unwirtlichen Atlantikküste Nordamerikas bemühten sich die puritanischen Siedler, dem fremden Land eine Lebensgrundlage abzutrotzen. Ihre Eßkultur kombinierte die Produkte ihrer neuen Heimat – Mais beispielsweise, dessen Anbau sie von den Indianern lernten – mit den bereits bekannten Nahrungsmitteln.

»Und ich vermute, dasselbe geschah in Australien«, sagte mir der amerikanische Küchenexperte Raymond Sokolov (er beschreibt diese Entwicklung sehr anschaulich in seinem Buch *Why We Eat What We Eat*). Die Wahrheit ist jedoch, daß bis vor kurzem die einzige einheimische Zutat Australiens, die Zugang zum Weltmarkt fand, die Macadamia-Nuß war, und auch sie mußte erst nach Hawaii exportiert werden, ehe irgend jemand eine sinnvolle Verwendung für sie fand.

Woran lag das? Sokolov meinte, es könne an der Tatsache gelegen haben, daß die Systeme der globalen Kommunikation bereits vorhanden waren, als Australien von den Europäern besiedelt wurde. Also konnten die neuen Bewohner mit den Importen ihrer heimischen Produkte rechnen. Da ist etwas dran, aber das ist nur ein Teil der wahren Geschichte. Die Invasoren konnten mehr oder weniger auf die Speisen der alten Heimat zurückgreifen, aber die Sträflinge und deren Wachen, die das neue Land im Jahr 1788 mit der ersten Flotte erreicht hatten, litten großen Hunger, ehe die zweite Flotte in Sicht kam.

Verlassene Farmhütte bei Daylesford, Victoria.

Die ersten weißen Siedler dieses Kontinents begegneten der Notwendigkeit, sich zu ernähren, mit grenzenloser Ignoranz und nicht zu rechtfertigendem Optimismus. Die überschwenglichen Berichte eines James Cook und des Botanikers Joseph Banks ließen sie einen grünen, fruchtbaren Flecken Land erwarten, einen Boden mit unbegrenzten landwirtschaftlichen Möglichkeiten. Noch bevor die erste Flotte in See stach, führte der britische Staatsbeamte Evan Nepean, ein Mensch, der nie in Australien war und auch niemals dorthin geraten würde, sich selbst und die Regierung in die Irre. Mit verführerischen Worten beschrieb er ein »Land, das hervorragende Bedingungen für eine Besiedlung aufweist, ein Land mit großen Vorräten an Holz und Wasser, einem reichen und fruchtbaren Boden und Küsten mit einem Überfluß an Muscheln und anderen Fischarten.« Das war nicht wirklich gelogen, doch die Sträflinge und ihre Aufseher waren nicht entsprechend ausgerüstet, um sich die Nahrungsmittelquellen des Landes verfügbar zu machen. Sie hatten nur wenig weibliche Tiere mitgebracht, und ihre Werkzeuge waren armselig. Das Schlimmste war jedoch, daß sie nur geringe Kenntnisse über Landwirtschaft besaßen und praktisch überhaupt nichts von der fremden Umgebung wußten, die sie kultivieren wollten. Man trug sich mit der Vorstellung, daß die neue Kolonie in weniger als drei Jahren autark sein würde – ein Glaube, der die Siedler unweigerlich zu drei Jahren Hunger verdammte. Sie versuchten sich als Farmer, doch ihre Mühe war umsonst: Die europäische Saat wollte in dem ungewohnten Boden und unter der starken Sonne nicht gedeihen. Die Vorräte waren knapp, und die Rationen wurden gekürzt: ein bißchen Mehl, jeweils weniger als ein Kilogramm gesalzenes Schweinefleisch und Reis (kaum Proteine, zu wenig Energie, kein Vitamin A oder C). Dies führte unweigerlich dazu, daß auch die Energie zum Arbeiten fehlte.

Natürlich konnte man die Landschaft auch mit anderen Augen sehen – nicht als einen Ort, an dem Nahrungsmittel mit viel Mühe und Aufwand produziert werden könnten, sondern als ein Land, das bereits über reiche und durchaus nutzbare Bodenschätze verfügte. So sahen die Ureinwohner ihre Heimat. Warum konnten die Siedler diese Sichtweise nicht übernehmen, so wie schließlich auch die Neuankömmlinge in Amerika von den Ureinwohner gelernt hatten? Ich vermute, es lag zum Teil an der Lebensweise der Aborigines. Sie waren keine Farmer wie so mancher einheimische Volksstamm Amerikas. Sie jagten und sammelten, und das bedeutet, sie verfügten über ein tiefes Wissen über das Land, das sich den Europäern nicht erschloß. Ihnen schien es, als würden die Aborigines einfach überhaupt nichts *mit* dem Land anfangen.

DER GESCHMACK AUSTRALIENS 17

Für Europäer ist es ein völlig klarer, für alle Augen sichtbarer Vorgang, wenn die Bodenschätze oder Nahrungsmittelquellen eines Landes abgebaut werden: Es wird gepflügt, oder man sieht Schafe oder Rinder darauf weiden. »Das Land selbst gibt nur wenig her, das für den Menschen genießbar ist, und die Eingeborenen verstehen nichts vom Anbau«, schrieb Kapitän Cook 1770. Man mußte das Gelände kennen, um zu wissen, was eßbar war. Aber wie sollten Städter oder Landwirte lernen, das Land mit den Augen von Jägern und Sammlern zu sehen?

Schon bald zwang der Mangel an Nahrungsmitteln die Kolonisten, sich der einheimischen Flora zuzuwenden. Die Blätter der Palme *Livisticus australis*, so stellte man fest, ähnelten dem Kohl. Eine süße Substanz, die Insekten auf Gummibäumen zurückließen, konnte für den Tee verwendet werden, und der Tee selbst wurde aus der Kletterpflanze *Smilax glycophyllia* gewonnen. Hier zeichnet sich das neue Verhaltensmuster ab: Einheimische Pflanzen werden nur dann gegessen, wenn nichts anderes erhältlich ist, und man sieht sie grundsätzlich nur als Ersatz für etwas anderes (»eine unansehnliche

UNTEN: Chillies und Bittergurken auf einem Straßenmarkt in Hobart, Tasmanien.

MITTE: Eine Lieferung Tomaten für Simon Johnsons Lebensmittelladen.

GANZ RECHTS: Beete der ersten Einwanderer Australiens, den man im Botanischem Garten von Sydney rekonstruiert hat. »Weiters habe ich einen Flecken Land als Garten umzäunt und finde mein Vergnügen in seiner Bestellung. Ich habe kurz nach meiner Ankunft (Februar) Erbsen und Bohnen eingesetzt, und die Erbsen trugen nach drei Monaten Schoten; die Bohnen blühen im Moment (Juni) noch. Keine der Pflanzen ist höher als dreißig Zentimeter, und aus den fünf Reihen der Erbsenpflanzen, jede einen Meter lang, werde ich nicht mehr als zwanzig Schoten ernten. Besser als anderes gedeihen Yams und Kürbis; die Rüben werden sehr süß, bleiben aber recht klein ... offensichtlich schrumpfen die Pflanzen ganz außerordentlich, obwohl der Großteil des Saatguts aufgeht.«
DER ARZT WHITE, 12.11.1788

Bohnenart, eine Art Petersilie und eine Pflanze, die irgendwie nach Spinat aussieht ...« notierte ein Forscher zurückhaltend). Diese Haltung findet man bis heute. Ich erinnere mich, daß ich vor einigen Jahren eine Tasse *wattleccino* gereicht bekam – ein heißes, schaumiges Gebräu aus einheimischem *wattle* (einer Akazienart) – und ich fand es ziemlich scheußlich, doch vielleicht hätte ich anders darüber gedacht, wenn ich es nicht nur als Kaffee-Ersatz betrachtet hätte.

Wir machen heute viel Wirbel um die Tatsache, daß wir Känguruh- und Emufleisch essen, nachdem wir sie als Proteinquelle über so viele Jahre hinweg einfach ignoriert haben. Doch vielleicht ist diese Entwicklung gar nicht so weltbewegend, wie wir glauben. Wahrscheinlich hatte in der australischen Geschichte die Mißachtung der lokalen Vegetation – dieses Unvermögen, sie zu genießen, wie sie ist – größere Auswirkungen auf australische Eßgewohnheiten als die Vernachlässigung der Fauna.

Erst kürzlich begann ein langsamer Wandel. »Bush-food«-Restaurants entstanden seit den 80er Jahren, ermutigt durch Vic Cherikoffs Unternehmungsgeist (vom Akademiker zum Besitzer des Bush Tucker Supply Aust.), durch Gastronomen wie Jean-Paul Bruneteau, Alistair Punshon, Andrew Fielke und natürlich Jennice und Raymond Kersh.

Weidende Rinder auf den fruchtbaren Ebenen des südlichen Tafellands in New South Wales.

Als er in Mexiko und seinen Schokoladengeflügel-Kreationen nach neuen Inspirationen suchte, wußte Raymond Kersh genau, was er tat.

Pavo in mole poblano ist ein Gericht, wie es nur aus der Vereinigung zweier Kulturen entstehen kann: der spanischen Kolonialherren und der aztekischen Ureinwohner. Die Spanier wären niemals auf Schokolade gestoßen, hätten sie nicht die Neue Welt besiedelt, während die Azteken nie auf den Gedanken gekommen wären, Schokolade als Sauce für ihren einheimischen Vogel, den Truthahn, zu verwenden: »Die Idee, Schokolade als Gewürz für gekochtes Essen zu nehmen, wäre den Azteken furchtbar erschienen«, schreiben Sophie und Michael Coe in ihrem Buch *Die wahre Geschichte der Schokolade*, »so wie die Christen sich nicht überwinden könnten, ihren Meßwein für einen *Coq au vin* zu verwenden.« Es handelt sich hier um ein zutiefst koloniales, hybrides Gericht. Man benutzt nicht nur einheimische Zutaten (Tomaten und verschiedene Chillie-Arten sowie Schokolade und Truthahn) auf eine Art und Weise, wie sie den Ureinwohnern niemals in den Sinn gekommen wäre, sondern diese werden auch mit Produkten der Alten Welt kombiniert, wie Salz, schwarzem Pfeffer und Knoblauch.

Eine derartige phantasievolle Verschmelzung des Neuen mit dem Vertrauten fand in Australien nicht statt. Sobald sie dazu in der Lage waren, nach den hungrigen Jahren des ausgehenden 18. Jahrhunderts, wurden die Australier zu leidenschaftlichen Fleischessern – Fleisch von Tieren, die aus Europa importiert wurden. Doch es ist unmöglich, eine Küche allein auf Fleisch zu gründen. Erst der phantasievolle Gebrauch von Gemü-

Der Geschmack Australiens 19

se macht eine Küche aus, und wie wir sehen werden, förderten die Kolonialbedingungen weder das Wachstum von Gemüse, noch das der Vorstellungskraft.

Eine neue Ära: Fleisch und Kuchen

Bis heute gibt es viele Australier mit englischen oder irischen Vorfahren, die sich an ihre erste Begegnung mit Olivenöl erinnern können. Das heißt, ihre erste wirkliche Begegnung, als sie das Olivenöl nicht nur für etwaige medizinische Notfälle ins Regal stellten und dort ranzig werden ließen, sondern der Moment, als sie erkannten, daß man diese grün-golden glänzende Flüssigkeit noch für ganz andere Dinge verwenden kann. Für manche von ihnen ist sie noch immer ein Symbol des Wandels und der Bewußtwerdung, daß es neben den gebratenen Mahlzeiten ihrer Kindheit noch etwas anderes gibt.

Nicht, daß dieses gebratenen Abendessen so schlecht wäre. Braten ist weltweit ein grundlegender Kochvorgang, und will man ein Stück Lamm oder Rind zubereiten, so spricht auch nichts dagegen. Es ist auch kein Fehler, Gemüse zu kochen, Kuchen zu verzieren oder irgendetwas anderes zu tun, was das Kochbuch der australischen Landfrauenvereinigung vorschlägt, an dem Generationen australischer Hausfrauen ihre Freude hatten (auch das Buch selbst ist nebenbei erwähnt nicht schlecht). Das wirkliche Problem bestand in der strengen Monotonie, mit der diese Regeln befolgt wurden: gebratenes Mittagessen am Sonntag, kaltes Fleisch montags und am Dienstag einen Shepherd's Pie. Das Abendessen (lange Zeit auch *tea* genannt) wurde um sechs Uhr serviert, und es bestand aus Fleisch, oftmals Hammelfleisch, und zwei oder drei Gemüsesorten, die länger gekocht wurden, als für sie gut war. Es war ein freudloses Ritual der Nahrungsaufnahme, das nur manchmal von den sonntäglichen Kuchen belebt wurde, auf deren Zubereitung und Dekoration viel Liebe und Geschicklichkeit verwendet wurde.

Fleisch, vor allem Rindfleisch, wurde in diesem Land lange Zeit sehr geschätzt. Für gewöhnlich wird es während eines vertrauten sozialen Rituals verzehrt, das so charakteristisch ist, daß es beinahe jeder Kenner der australischen Kultur irgendwann einmal erwähnen wird. Wie Gabrielle Carey beispielsweise, die auf der Suche nach einer nationalen Identität und deren Symbole folgendes schreibt:

Was aber ist ein typisch australisches Ritual? Fragt man einen beliebigen Passanten auf der Straße, so lautet die erste Antwort beinahe immer: das Barbecue. Jedermann kann die Zeremonie des australischen Barbecues sofort umreißen. Der Mann kocht, gewöhnlich mit einem Dosenöffner in der einen, und einer Fleischzange in der anderen Hand, während die Frau in der Küche Salate zubereitet.

Das trifft den Nagel auf den Kopf. Kürzlich stellte ich die Frage »was ist ein typisch australisches Ritual?« einem Hörsaal voller Schüler des Gastronomiegewerbes, und das Barbecue war das erste, was ihnen einfiel.

Eine soziologische Tour durch die Vorgärten Australiens, die 1987 in Form des Buches *Myths of Oz* veröffentlicht wurde, widmet sich diesem Thema mit gebührend feierlichem Tonfall: »An einem Ende des Zeltplatzes in der Wildnis gibt es einen Platz, an den man einen Grillrost aufstellen kann, der den Hochaltar des Outdoor-Lebens darstellt und mehr beinhaltet als jeder andere Ausrüstungsgegenstand.«

Die Autoren dieses Berichts hielten es für notwendig, schwere intellektuelle Artillerie in Form des französischen Anthropologen Claude Lévi-Strauss aufzufahren (der

Vince Barbuto präsentiert voller Stolz eine Schwarzwälder Kirschtorte im Acland Cake Shop in St. Kilda, Melbourne.
Vince kam als Kind nach Australien. Jetzt besitzen er und seine Brüder dieses bekannte Geschäft, das sich auf berühmtes Gebäck aus vielen verschiedenen Kulturen spezialisiert hat.

einst feststellte, daß uns die Verwendung von Feuer bei der Nahrungszubereitung von den Tieren unterscheidet), und sie stellen die These auf, daß das Barbecue eine kollektive Erinnerung an die Lebensweise unserer jagenden Vorfahren verkörpere. In Anbetracht der Tatsache, daß Australien nicht das einzige Land ist, in dem das Barbecue als männliche Domäne gepflegt wird, scheint es durchaus angebracht, die Ursprünge dieses Rituals im größeren Kontext zu untersuchen. Eigentlich überrascht es nicht wirklich, daß Menschen, die in einem warmen Klima leben, gerne im Freien essen, doch es gibt durchaus ein paar Besonderheiten an diesem Ritual, die spezifisch australisch sind.

Gabrielle Careys Artikel über dieses Thema, der 1995 in der Wochenendbeilage der *Sydney Morning Herald* erschien, wurde bald darauf durch einen Leserbrief vervollständigt, in dem erklärt wurde, das Barbecue sei ein Phänomen, das erst seit den 50er Jahren in Erscheinung trat: »Es war eine städtische Form der Unterhaltung, betrieben von Männern, die zu ihrer Überraschung feststellen mußten, daß sie ihrer Zeit beim Militär nachtrauerten. Sie vermißten die Betätigung an der frischen Luft.« Derselbe Schreiber erinnerte sich, daß sich zuvor die *bush picnics* großer Beliebtheit erfreut hatten, mit gegrillten Koteletts und Tee aus dem Blechtopf – »sofern es die Zeit erlaubte«.

Ob diese Darstellung der Ursprünge des Barbecue nun stimmt oder nicht, durch die Erwähnung des Tees kommt ein Aspekt ins Spiel, der für die Bedeutung des Barbecue als Symbol des australischen Lebens spricht. Dieser nationale Mythos entstand im ausgehenden 19. Jahrhundert und wurde im Magazin *Bulletin* tradiert. Er ist ein Sinnbild für das Leben im Freien: Ranger und Schafscherer, die ein hartes Leben in der Wildnis führen und über dem offenen Feuer kochen, während der Tee in einer Zinnkanne vor sich hin brodelt. Fleisch ist ein wesentlicher Bestandteil dieses beschworenen Bildes: Zum einen ist es eines der Hauptprodukte der Landschaft, der dieser Mythos entspringt, und zum anderen war Fleisch das Symbol des aus England in die neue Kolonie exportierten Stolzes auf die Viehwirtschaft und ihre Produkte.

Diese fleischliche Liebe gelangte zunächst nach Amerika – wo Al Bundy, Antiheld aus der Serie *Eine schrecklich nette Familie* einst aus tiefster Seele stöhnte: »Ich bin so hungrig, daß ich sogar Gemüse essen könnte!« – und von dort nach Australien. Wer kann es diesen Briten schon verübeln, die so glücklich waren, ihre englische Armut gegen australische Wärme und Wohlstand eintauschen zu können, daß sie süchtig wurden nach etwas, was in der alten Heimat so schwer zu bekommen gewesen war? Die frühen Siedler von New South Wales verlangten nach fetten Rindern – das Wort »mager« war damals negativ besetzt – und haufenweise Fleisch. Sie hatten eine deutliche Abneigung gegen das Pflanzen von Gemüse und konnten nur per Regierungserlaß dazu gezwungen werden.

Tatsächlich war die australische Vorliebe für Fleisch so stark, daß sich der Physiker Philip Muskett 1893 in Sydney beschwerte, in New South Wales sei »der Pro-Kopf-Verbrauch an Fleisch höher als in jedem anderen Land der Erde.« Muskett kritisierte ein Eßverhalten, das dem australischen Klima nicht im geringsten zu entsprechen schien. Er glaubte, daß ein australisches Nationalgericht, wenn es denn eines geben sollte, entweder aus »einer Gemüse-Macédoine, Gemüse-Curry oder einem gut zusammengestellten Salat« bestehen müßte.

Bedenkt man, welche Wichtigkeit man um 1890 dem anglo-australischen Selbstbild beimaß, so stellt sich allerdings die Frage, wie Muskett auf den Gedanken verfiel, Australien bräuchte ein Nationalgericht. Schließlich waren die herausragenden Merkmale einer großen Nation ihr Wohlstand und ihre militärischen Siege, nicht die Qualität ihrer Gewürze.

Es gibt ebenso eine australische Küche wie australischen Multikulturalismus. Das ist unsere Basis, und sie hat uns an die Weltspitze gebracht. Die Gewöhnung an eine solche Vielfalt verschiedener Nationalküchen hat unsere Gaumen breiter gemacht; dadurch können wir mehr aus einem Gericht herausschmecken. Wir haben uns von den Traditionen abgewandt, da es plötzlich so viele Möglichkeiten gab. Unsere Küche entwickelt sich, sie steht nicht still. Lange Zeit behielten Köche ihre Rezepte für sich, jetzt aber teilen viele Menschen ihre Informationen, so daß es eine Explosion des Wissens gibt.

GARY COOPER

Natürlich legten weise Herrscher schon immer großen Wert darauf, daß ihr Volk gut genährt war – daher das berühmte Versprechen Heinrichs IV. von Frankreich, daß die Bauern jeden Sonntag ihr Huhn auf dem Tisch haben würden – aber wahrscheinlich ist noch niemand auf den Gedanken verfallen, die Köche als die Wegbereiter nationalen Ruhms zu bezeichnen. Muskett jedoch schrieb zu einer Zeit, die der Historiker Eric Hobsbawm als eine Phase beschrieb, in der neue Traditionen »mit ganz besonderem Eifer entstanden ...«.

Es war das Ende eines Jahrhunderts des Nationalismus: Deutschland und Italien wurden zu Staaten, viele Nationen Südamerikas hatten ihre Unabhängigkeit gewonnen,

Ich glaube, die australische Küche unterscheidet sich von anderen, weil wir besonderen Wert auf Service und Zutaten legen und einen anderen Eßstil pflegen. Die Bedienung ist stets freundlich, und wir lernen gerne vom Kellner. Unser Essen ist multikulturell – das ist einer der Grundsteine dieses Landes, das gehört zu unserem Lebensstil. Ferner glaube ich, daß wir in Zukunft innerhalb der australischen Küche mehrere Regionalküchen mit verschiedenen Kochstilen entwickeln werden.

GEOFF LINDSAY

und Bewegungen der nationalen Selbstbestimmung zogen sich wie feine Haarrisse durch den steinernen Fassaden der großen Weltreiche. Der neue Geist des Nationalismus spiegelte sich auch in kulturellen Bestrebungen. Selbst Nationen, die bereits seit langem geeint waren oder ihre Unabhängigkeit erlangt hatten – wie Frankreich oder die USA – mußten ihrer Bevölkerung ein Symbol liefern, an dem sie ihre Loyalität festmachen konnten. So war es nun der Staat, der die Geschicke der Menschen in höchster Instanz lenkte, und nicht mehr eine kleine politische oder kirchliche Elite. Deshalb mußten die – neuen und alten – Nationalstaaten einen Weg finden, die Zuneigung eines breiten und vielschichtigen Publikums auf sich zu ziehen. Der Tag des Sturms auf die Bastille wurde in Frankreich zum öffentlichen Feiertag erklärt, ebenso wie der Thanksgiving Day und der 4. Juli in den USA. Zur gleichen Zeit entstand der Treueschwur auf die amerikanische Flagge, ein Ritual, das in den Schulen täglich von neuem wiederholt wird, und in Europa keimte der Mannschaftssport auf.

Hobsbawms Beispielliste kann mit Leichtigkeit auf die Eß- und Kochgewohnheiten ausgedehnt werden. Denn damals schrieb Pellegrino Artusi sein Werk *Die Wissenschaft in der Küche und die Kunst des guten Essens*, das erste Kochbuch, das die Eßkultur von ganz Italien umfaßte. Artusi versuchte für Italiens Speisen das zu tun, was Garibaldi und Mazzini für seine politische Struktur geleistet hatten: die Unterschiede zu vereinen.

In Griechenland arbeitete Nikolas Tselementes an einer ähnlichen Aufgabe, sein Unterfangen ging jedoch ein wenig nach hinten los. Er hatte sich zum Ziel gesetzt, die griechische Küche von allem zu reinigen, die der Autor als türkisch ansah. Unglücklicherweise waren etliche Elemente, die er dem ottomanischen Reich zuschrieb, eigentlich griechischen Ursprungs, und viele seiner Zutaten stammten eigentlich aus Frankreich: Er tilgte das Olivenöl, Knoblauch und viele andere Gewürze von der Speisekarte und etablierte statt dessen die Béchamelsauce, die noch heute die Moussaka beherrscht. Sein 1910 veröffentlichtes Buch erfreut sich in Griechenland bis heute großer Beliebtheit.

Frankreich mußte noch ein wenig länger warten. Wie der Soziologe Stephen Mennel in seinem Buch *All Manner of Food* beobachtete, entstand die Vorliebe für die französisch-regionale Küche nach dem ersten Weltkrieg. Sie hatte ihren Ursprung in einer Allianz aus Gastronomiegewerbe und Tourismusindustrie. Es waren die Reifenfirmen

In der traditionellen australischen Küche zählen Brathuhn, frische *scones* und *cup cakes*, der Duft, der dem Teekessel entsteigt und ein dickes Grillsteak nach wie vor zu den Highlights.

Michelin und Kléber-Colombes, die sich passenderweise als Geburtshelfer betätigten, indem sie Restaurant- und Hotelführer herausgaben.

Der Gedanke an eine nationale Küche lag also in der Luft, als Muskett seine Vorschläge für ein australisches Nationalgericht unterbreitete. Die Unbestimmtheit seiner Vorschläge läßt allerdings den Verdacht aufkeimen, daß es ihm an den Bemessungskriterien haperte. Obwohl er gegen die phantasielose Art und Weise zu Felde zog, mit der seine Mitbürger Fleischgerichte servierten, war sein Feind nicht eine bestimmte Zubereitungsform, sondern die schlichte Tatsache des Fleischverzehrs an sich.

Einige Jahre später hätte er vielleicht die Existenz von Gerichten bemerkt, die mit seinem Gemüse-Macédoine, dem Curry und dem Salat um den Rang eines möglichen Nationalgerichts rivalisierten. Es gab beispielsweise die Fleischpastete und großartige Torten, die umsäumt waren von zarten Verzierungen aus Eis und auf wunderbaren Tellern mit Spitzendeckchen in einem Raum serviert wurden, der eigens für den Nachmittagstee reserviert war. Die Chancen, zum Nationalgericht zu werden, standen für die verzierte Torte um einiges höher als für den Salat.

Bis zu einem gewissen Grad ist das noch heute so. Man kann es jedes Jahr von neuem auf der Royal Easter Show in Sydney feststellen: reihenweise Torten auf Platz eins und zwei und endlos viele Kuchen – mit Blumenverzierungen aus Eis, Kuchen mit den Gesichtern berühmter Leute oder in der Form von Autos oder Flugzeugen, ja sogar ein eigenartiger Kuchen, der wie ein tragbares Radio geformt ist (eine Art *gâteau blaster*).

Kuchenbacken ist eine Domäne der Hausfrau, doch es hat adlige Vorläufer. Antonin Carême, der große französische Chefkoch, behauptete: »Es gibt fünf schöne Künste: Malerei, bildende Kunst, Dichtung, Musik und Architektur, und der wichtigste Bereich der letzten ist die Konditorkunst.« Zu Beginn des 19. Jahrhunderts beglückte Carême seine Gäste mit spektakulären Gebilden in Form von Tempeln und Türmen, kunstvoll aus Schweinefett gearbeitet und mit Zuckerguß verziert. Die moderne australische Torte ist mit Fondant oder einer Zuckerglasur überzogen, die aus Glucose, Glycerin und Gelatine besteht, und mit Blumen und Spitzen aus einem Spezialzuckerguß verziert (Eiweiß, Zucker und Essigsäure). Das Ergebnis ist ebenso architektonisch geprägt wie Carêmes Phantasiegebilde, nur weniger bombastisch, dafür kann man es leichter essen. Auch Don Dunstan, ehemaliger Premier Südaustraliens und begeisterter Koch, betrachtete die Konditorkunst als Pendant zur häuslichen Architektur der 40er Jahre:

In der australischen Gesellschaft war man sehr auf die soziale Stellung bedacht. Die Häuser dieser Jahre hatten kostspielige Fassaden, die Verzierung der Vorderfront wurde aber an den Seitenwänden nicht wiederholt, und die Rückseite bestand schlicht aus Wellblech ... Zum Nachmittagstee wurde, wie auch bei der Häuserfassade, das Beste nach vorne gekehrt. Das Kunsthandwerk nahm sich ausgefeilter Torten an ... Kurse im Tortenverzieren standen damals höher in der Gunst als Kochkurse für Erwachsene.

Und dann gab es natürlich noch das Barbecue, das etwa zur gleichen Zeit entstand. Graham Pont, Philosoph, Musikwissenschaftler und Wegbereiter einer Theorie der australischen Gastronomie, beschwor diesen Brauch in lyrischen Tönen: »Köstliche Erinnerung an brennenden Gummi, verschmorte Würstchen und Koteletts und kräftigen Rotwein ...« Pont gesteht zwar ein, daß der Ursprung des Barbecue weit zurückreicht, in Australien jedoch habe sich eine einzigartige Variante entwickelt– denn Australien besticht durch seinen Überfluß an bestem Brennmaterial und gutem, billigem Wein und Fleisch.

In den vergangenen Jahren neigten einige kulinarische Patrioten Australiens dazu, das Barbecue einfach zu ignorieren, so wie manch vornehmer Australier gerne jene Vorfahren verschweigt, die sich ihre Überfahrt durch das Stehlen von Silberlöffeln oder das »Organisieren« von Schafen verdienten. Obwohl der Volkskundler Warren Fathey die wenig bemerkenswerte Tatsache hervorhebt, daß Australiens Klima ideal sei für ein Picknick, geht er stillschweigend über die gegrillten Koteletts hinweg, um sie durch ein Meeresfrüchte-Antipasto, gefüllten *snapper* oder Hühnchen und Papaya-Salat zu ersetzen. Cherry Ripe, führender Patriot auf kulinarischem Gebiet, versichert uns, Steak und Pommes – eine Art Wohnzimmer-Ersatz des gegrillten Koteletts – seien auch in Zukunft auf australischen Speisekarten vorzufinden, doch werden sie »friedlich neben vielerlei Speisen koexisitieren, die einst als fremdländisch galten, und zwar von Polenta bis Couscous und allen möglichen Arten asiatischer Speisen und Aromen.«

Im Grunde ist diese Mißachtung des Barbecue nicht weiter verwunderlich: Über bloßem Feuer gegrilltes Fleisch mag einst ein machtvolles Symbol nationaler Identität gewesen sein, doch es ist schwer, daraus eine eigenständige Küche zu basteln. Wie die Küchenhistorikerin Barbara Santich einen anonymen Franzosen zitiert: »*La cuisine, ça se prepare*« – frei übersetzt: Kochen heißt, das man etwas zubereitet. Bei gegrilltem Fleisch war das Ergebnis zu einfach, als daß man es als Produkt einer Küche hätte bezeichnen können – selbst wenn Temperatur und Grillzeit genau beachtet werden müssen.

Und so verwendeten zu Beginn des 20. Jahrhunderts die besten Köche Australiens all ihre List – und Naivität – auf einen kleinen Bereich der kulinarischen Möglichkeiten: auf die kunstvoll verzierte Torte. Ansonsten ernährte man sich von den verkohlten Körpern toter Tiere und von tierischen Fetten. Und natürlich gab es kein Olivenöl,

Die australische Küche mit ihrer Mischung aus verschiedenen Kochstilen gehört zu den besten der Welt. Die Beliebtheit des »bush food« erinnert an die Zeit der Nouvelle Cuisine, denn beide erfordern eine genaue Kenntnis der Zutaten. Auf der Suche nach ihren Wurzeln hat die australische Küche viel von der restlichen Welt übernommen, vor allem die Grundelemente der französischen und asiatischen Küche. Sie hat sich dabei aber nur von Köchen inspirieren lassen, die ihr Handwerk verstehen.

RAYMOND CAPADLI

eine erstaunliche Tatsache, wenn man bedenkt, daß Südaustralien zu dieser Zeit hervorragende Oliven produzierte. Warum pflückte man sie nicht in den entsprechenden Mengen und verarbeitete sie dann zu Öl, um es in die australischen Haushalte einzuführen?

Um diese Frage beantworten zu können, muß man das australische Essen genauer unter die Lupe nehmen und verstehen, was es war – und warum es sich veränderte.

Neu in Australien: der Ölbaum

Im Barossa Valley Südaustraliens probierte ich an einem Frühlingsnachmittag einige außergewöhnliche Oliven. Sie waren klein und dunkel, und obwohl man zunächst vermutete, sie beständen größtenteils aus dem Stein, war ihr Aroma intensiv und fruchtig.

Fruchtig – das sollte eigentlich keine so ungewöhnliche Erfahrung sein, und dennoch empfindet man es so. Da wir an Oliven gewöhnt sind, die überwiegend salzig und ölig schmecken, wird immer wieder vergessen, daß die Olive eine Frucht ist und Olivenöl demzufolge Fruchtsaft. »Das ist typisch für die wilde Olive«, teilte mir Maggie Beer mit, ein berühmte Köchin und begeisterte Anhängerin des Barossa Valley, die an diesem Tag Küchendienst hatte. »Sie sind immer so winzig.« Für eine Mahlzeit zu Ehren der uns umgebenden Wildnis hatte sie unterschiedliche Arten wilder Oliven ausgesucht. Nach dem fruchtigen Hors d'oeuvre aus Oliven probierten wir – ca. 60 Personen an einem langen Tisch neben den Fässern der St. Hallett's Winzerei – reifere, weichere Oliven mit *murray cod,* sehr grünem Olivenöl und Spargel, alles bereitgestellt von Michael Burr, einem ehemaligen Mediziner, der seine Zeit nun der Olive und dem Studium ihrer Geschichte widmet.

Wie bereits der römische Dichter Vergil beobachtete, muß der Olivenbaum nicht kultiviert werden. Er wächst von selbst und verläßt sich auf die Erde, die ihn mit der nötigen Feuchtigkeit versorgt. Und er hatte recht: In Südaustralien, weit jenseits der letzten Grenze der ihm bekannten Welt, gruben sich die Nachkommen dieser Bäume so erfolgreich in die Erde, daß sie heutzutage als Plage angesehen werden. »Es ist unklar, ob sie nur Neuland befallen oder auch Flächen, die bereits kultiviert sind«, erzählte mir Michael Burr, als wir auf dem Weg zur Winzerei an einigen wilden Olivenbäumen vorbeifuhren, um an Maggies Mahl teilzunehmen. »An einigen Stellen in den Adelaide Hills schießen sie wie Unkraut aus dem Boden.«

Diese Entwicklung war nicht beabsichtigt. Die zumeist aus Marseille importierten Olivenbäume sollten die Grundlage einer einheimischen Olivenölindustrie werden (natürlich nur zum Export – niemand erwartete, daß ein Einheimischer dieses Zeug kaufte), und zunächst waren die Zeichen vielversprechend. Bereits im Jahr 1851 gewann das südaustralische Olivenöl auf der Weltausstellung in London Preise. Kein schlechter Anfang, wenn man bedenkt, daß der Olivenbaum erst 15 Jahre zuvor in der Kolonie eingeführt wurde. Doch die Arbeitskräfte waren kostspielig, und schon bald hatten die wachsenden Vororte viele Olivenhaine geschluckt – denn der Grund war mehr wert als das, was darauf wuchs. Die wenigen Überreste dieses kommerziellen Versuchs hielten sich bis ca. 1950, dann aber schien die Lage völlig hoffnungslos. In der Zwischenzeit jedoch war der Olivenbaum ausgewildert und den Behörden ein Dorn im Auge. Sicher, es gibt Gebiete, in denen ein hartnäckiger Eindringling aus dem Mittelmeer einfach nichts verloren hat, doch Michael Burr ist der Meinung, daß nichts entfernt werden sollte, was nicht zuvor genauestens untersucht wurde: Es könnte ein genetischer Schatz in den Adelaide Hills verborgen sein.

Die australische Küche ist heute zwar immer noch innovativ, aber nicht mehr so eklektisch wie früher, sondern eher geradlinig. Sie ist qualitativ hervorragend, aber zurückhaltender als in ihrer Experimentierphase. Sie hat mehr Selbstvertrauen und eine eigene Charakteristik entwickelt. Die australische Küche hat in kurzer Zeit große Schritte zurückgelegt.
Martin Webb

Frühlingslämmer auf einer saftigen Weide bei Albury, New South Wales.

In den meisten Teilen Europas verbreitete sich der Olivenbaum bis vor kurzem ungeschlechtlich durch Zuschneiden, Verpflanzen und ähnliche Techniken. Obwohl diese Methoden für Kontinuität sorgen – sie stellen sicher, daß die neue Pflanze genau ihren Vorfahren entspricht – verhindern sie auch jeglichen Wandel. Die wilden Kolonialbäume jedoch pflanzen sich bereits seit Jahrzehnten fort, und womöglich ist aus diesen unbeaufsichtigten Kreuzungen etwas Wertvolles entstanden. »Wenn es irgendeinen Ort auf der Welt gibt, an dem man eine neue Kreuzung entdecken könnte, so ist das Australien«, sagte Michael. Die geschickte Nutzung des genetischen Materials im Barossa Valley könnte Bäume hervorbringen, die Krankheit, Frost und Dürreperioden überdauern, Pflanzen, die kompakt und klein genug sind, um eine mechanische Erntemethode einführen zu können – und einen hohen Ertrag an erstklassigem Olivenöl einfahren.

Paradoxerweise wären die Olivenbäume Südaustraliens bei weitem nicht so interessant, wenn man sie angemessen kultiviert hätte. Dennoch wurden sie in den Zeiten ihrer kommerziellen Bedeutungslosigkeit nicht völlig vergessen. Auf dem Weg zur Winzerei machten wir einen Zwischenstop bei Rosa Mattos Haus, einer Kochlehrerin, die nebenbei noch eine Gruppe Enthusiasten lehrt, wie man Oliven in Öl verwandelt. Wir kamen am Tag der Flaschenabfüllung zu Rosa, und ihr Vorgarten stand voller Recycling-Flaschen – weiße, grüne und braune – und es duftete nach gepreßten Oliven.

Ich kann mich nicht erinnern, mit dem Olivenöl überhaupt in Berührung gekommen zu sein, doch als wir weiterfuhren, hatte ich noch immer dieses saubere, weiche Gefühl des Öls auf Gesicht und Händen. Bereits Rosas Familie – ihre Eltern kamen in den 50er Jahren aus einer ländlichen Region Italiens – pflückte ihre eigenen Oliven von den Bäumen, die die Industrie heute aufgegeben hat.

UNTEN: Eingelegte Oliven aus Südaustralien, wo in den Adelaide Hills überall wilde Oliven wuchern.

OBEN: Die grünlichen Olivenöle aus der ersten Pressung stammen aus Südaustralien. Bei der gelben Flüssigkeit handelt es sich hingegen um kaltgepreßtes Senföl aus New South Wales.

Aus welchem Grund also waren die Adelaide Hills nicht von Einheimischen übersät, die sich mit kostenlosen Oliven versorgten? Die britischen Einwanderer mochten natürlich keine Oliven, und sie waren auch nicht besonders an Olivenöl interessiert (außer vielleicht, um es als Abführmittel zu verwenden). Es gibt allerdings eine sehr einflußreiche Spielart der australischen Essens-Geschichtsschreibung, die noch auf einen ganz anderen Hintergrund aufmerksam macht. Um diesen Aspekt erklären zu können, müssen wir Südaustralien für einen Moment verlassen und uns nach Norden begeben, in den Orange District von New South Wales.

Seit dem Beginn der 90er Jahre feiern die Bewohner des Orange District die Ernte mit einem Fest, das in einem großartigen Abendessen seinen Höhepunkt findet. Das erste dieser Essen wurde von Phillip Searle zubereitet (der zu dieser Zeit Chefkoch in Sydney war und heute in der Nähe des Orange District, in den Blue Mountains, malt und kocht). 40 Dollar zahlte man pro Eintrittskarte – damit kostete ein Platz an der Festtafel mehr, als die meisten älteren Einwohner des Distrikts jemals für ein Abendessen auszugeben gewillt gewesen waren. Dennoch, nach vielen Überredungsversuchen, erlaubte einer der einheimischen Farmer seinen erwachsenen Kindern, ihn und seine Frau auszuführen. Die Erfahrung war eine regelrechte Offenbarung, erzählten mir seine Kinder später. Niemals war es ihm in den Sinn gekommen – ihm, einem Mann, der sein ganzes Leben von Essen in seiner ursprünglichsten Form umgeben war – daß irgendeine Speise so wohlschmeckend sein könnte. Plötzlich sah er die Landwirtschaft mit anderen Augen. Er hatte sich selbst nicht als Nahrungsmittelerzeuger, sondern als Hersteller von seltener Ware gesehen, die verschifft wurde, und mit der er weiter nichts zu schaffen hatte. Jetzt endlich, im Ruhestand, begann er die Möglichkeiten zu verstehen, die die Nahrungsmittelindustrie zu bieten hatte, statt sie nur als reines Gewerbe zu betrachten.

»Einen kreativen, spielerischen Umgang zwischen der Gesellschaft und ihrem Ackerboden hat es nie gegeben«, meint der Küchenhistoriker Michael Symons. »Fast nie wurde ein Nahrungsmittel von der Person gepflanzt, die es schließlich auch aß, beinahe keine Speise wurde im Haus zurückbehalten, und auch heute wird vom Koch der Familie wenig Aufwand betrieben.« Mit anderen Worten, die meisten weißen Australier sahen das Land nicht mit den gleichen Augen wie Rosa Mattos Familie, sondern mit dem Blick des alten Farmers aus dem Orange District, ehe er entdeckte, wie Essen schmecken konnte.

Symons vertritt in seinem Werk *One Continuous Picnic* (Erstausgabe 1982) eine berühmte These: Seiner Ansicht nach hatte die Tatsache, daß sich in Australien nie eine agrarische Gesellschaftsstruktur herausbildete, einen nachhaltigen Einfluß auf die Eßgewohnheiten seiner Bewohner. Alle hochentwickelten Gesellschaften, argumentiert Symons, durchlaufen drei Stadien. Das erste ist das Jäger-Sammler-Stadium, das zweite das landwirtschaftliche, das dritte das industrielle Stadium. Im zweiten Stadium – in dem die Produktion von Bauern dominiert wird – entwickelt sich die Küche. Australien, so Symons, verpaßte dieses fruchtbare mittlere Stadium. Nach Jahrtausenden des Jäger-Sammler-Daseins wurde es praktisch über Nacht von einem industriellen Proletariat besiedelt, als die Sträflinge 1788 australischen Boden betraten, während der landwirtschaftliche Bereich völlig vernachlässigt wurde.

Die Sträflinge waren keine Farmer. Viele hatten in ihrer alten Heimat in Städten gelebt. Manche waren Farmarbeiter, das ist wohl wahr, aber ein Farmarbeiter ist noch lange kein Farmer: Arbeitern wird ein Lohn gezahlt, und sie ziehen auf der Suche nach Arbeit von Farm zu Farm, doch Farmer sind dem Fleck Erde sehr zugetan, den sie und ihre Vorfahren seit Jahrhunderten bearbeiten und der sie mit dem Lebensnotwendigen

DER GESCHMACK AUSTRALIENS 27

versorgt. Die Sträflinge dagegen – und die freien Siedler, die ihnen folgten – waren die Kinder des neuen industriellen Zeitalters. Eine Farm war für sie so etwas wie eine niedrig gebaute, flache Freiluft-Fabrik. Viele von ihnen betrachteten die Landwirtschaft schlicht als Möglichkeit, Geld mit dem Boden zu erwirtschaften.

Läßt man den Wert von Symons' – durchaus plausiblem – historischem Argument einmal außer Acht, so mußte der Reiz seines Werkes auf jene, die es damals lasen, vor allem in seiner Romantik gelegen haben. Er wandte sich resolut gegen das Moderne und das Städtische: »Wie Menschen in Wolkenkratzern leben und arbeiten können, werde ich nie verstehen«, schrieb er in einem späteren Werk. »Lieber bewohnen sie eine Stadtwüste, als eine menschlich geprägte Landschaft. Kein Wunder, daß die besseren australischen Restaurants in die Vororte ziehen, wenn nicht sogar aufs Land.« In Wirklichkeit befinden sich die meisten Restaurants in Australien jedoch inmitten der großen Städte, und nur wenige siedelten sich in Vororten und auf dem Land an.

Niemand möchte die australische Gesellschaft in einen von dunklen, tiefen Leidenschaften bäuerlichen Lebens durchdrungen Zustand versetzen. Einige jedoch fanden eine Form der Nahrungsmittelproduktion erstrebenswert, die weniger kollektiv, dafür aber regional und lokal bestimmt sein sollte. Die Olivenöl-Abfüllung in Rosa Mattos Garten war ein Symptom für diesen Wunsch, ebenso das Festival im Orange District. Die Publikation eines bedeutsamen Buches über australisches Essen im Jahre 1991, das sich *Stephanie's Australia* nennt und von der hervorragenden Gastronomin Stephanie Alexander geschrieben wurde, ist eine weitere Manifestation dieser Tendenz. Das Werk ist eine Huldigung an Australiens kleinere Nahrungsmittelhersteller, an Menschen wie den Käser Richard Thomas oder Gabrielle Kervella, eine Ziegenkäseproduzentin aus dem Westen Australiens; des weiteren an Tony Lehmann, der seine Lämmer auf seiner Farm in Illabo/New South Wales mit Milch aufzieht, an John und Mary Walker, die in Tasmanien Chutneys herstellen – und schließlich an Michael Symons, der zu dieser Zeit Mitbesitzer eines kleinen Restaurants in Adelaide Hills war, wo die Gerichte einfach gehalten und aus lokalen Zutaten hergestellt wurden. Lieferanten wie Will Studd und Simon Johnson und die Unterstützung großer Handelsketten wie David Jones, halfen diesen kleinen, spezialisierten Unternehmen und brachten sie zum Blühen.

Dennoch ist Stephanie Alexander alles andere als eine blauäugige Romantikerin. Sie widmet sich eingehend den politischen und ökonomischen Aspekten ihres Themas, und sie weiß, daß es nicht damit getan ist, schöne Dinge auf einer Farm zu produzieren – irgend jemand muß die Ware auch vertreiben und den Rest der Welt über die Existenz dieser Nahrungsmittel informieren. Daher läßt sie in ihrem Bericht auch Raum für Küchenexperten wie Joan Campbell von *Vogue Entertaining* und für Vertriebsleute wie John Susman, der zur Zeit der Publikation von *Stephanie's Australia* Mitbetreiber eines Fischgroßhandels mit dem außergewöhnlichen Namen The Flying Squid Brothers war.

Jeder Leser, der sich von *One Continuous Picnic* deprimiert fühlte – mit seiner Litanei über verlorene Chancen und Schauergeschichten über der australischen Küche – konnte sich durch *Stephanie's Australia* wieder aufheitern lassen. Hier wird nicht nur ein Netzwerk lokaler Nahrungsmittelerzeuger beschrieben, auch die Köche kommen zu ihrem Recht. Sie sind keine Farmer, ihre Ernte wird in harter Währung verrechnet, und sie haben die Gegebenheiten des Marktes immer im Blick. Dennoch arbeiten sie mit leidenschaftlicher Hingabe, und ihre Liebe zu dem Land, mit dem sie arbeiten, kommt der Einstellung eines Landwirts vielleicht am nächsten – womöglich ist dies die nötige Grundlage für die Entstehung einer neuen Küche.

Es war ein Glückstag für alle Käsefreunde in Australien, als Will Studd, ein englischer Käsehändler, sein Geschäft in Melbourne eröffnete. Revolutionärerweise begann er, frische traditionelle Käsesorten aus Europa einfliegen zu lassen, die die Kunden in bester Qualität erreichten. Außerdem verhalf er Australiens Landkäsereien, die sich damals im Aufbau befanden, zu mehr Wachstum, indem er ihre Erzeugnisse vertrieb und bewarb – auf diese Weise bekamen die Australier die besten Käsesorten aus der ganzen Welt.
Will widmet sich ganz der liebevollen Fürsorge seiner Käse und steckt damit alle an, die mit ihm arbeiten. Käse muß auf den Punkt ausgereift sein, wenn er verkauft wird. Dadurch lernt der Kunde den Käse im optimalen Zustand kennen und erfährt jene zusätzliche Geschmacksdimension, die nur entsteht, wenn Käse bei richtiger Temperatur gelagert wird – denn diese ist je nach Käse unterschiedlich.

Futtern beim Chinesen

»Sind Ihre Garnelen frisch?« Ein Fremder ist in der Stadt. Er kommt aus der Großstadt (aus Brisbane, um genau zu sein), und er stellt peinliche Fragen.

Albert, Betreiber des kleinen Restaurants Emperor's Palace – seine einzige Stütze ist eine unfähige Bedienung – ahnt, daß das eine Fangfrage sein muß: Diese Kleinstadt liegt im Inland, wie frisch können Garnelen hier also sein? Doch er weiß auch, wie dieses Spiel funktioniert. Ja, natürlich sind die Garnelen frisch. Sie wurden gleich nach dem Fang eingefroren, wie könnten sie also nicht mehr frisch sein?

Die Szene aus Shirley Barretts Film *Love Serenade* von 1996 brachte einen Aspekt nationalen Lebens auf die Leinwand, den die meisten Australier kennen, aber nur selten feiern: das chinesische Restaurant einer australischen Kleinstadt. Beinahe jede Ansiedlung, die die Größe eines schlichten Dorfes übersteigt, scheint ihren Chinesen zu haben, und das Muster ist meistens das gleiche. Kürzlich suchte ich eines dieser Restaurants in einer Kleinstadt mit vielleicht 7000 Einwohnern auf – nennen wir das Lokal der Einfachheit halber The Bamboo Garden. Es lag in einem Weidegebiet im Südwesten Queenslands. Vom Restaurant blickt man durch große Scheiben auf die Straße. Die Fenster erstrecken sich vom Boden bis zur Decke, und Spitzenvorhänge schützen die Gäste vor den Blicken der Passanten. Nicht, daß es hier viele Passanten gäbe. Ißt man im Bamboo Garden gegen acht Uhr zu Abend – zum Mißfallen des Personals, denn der Laden schließt um neun – so erreicht man es über eine lange, leere Hauptstraße. In den Innenräumen bedecken rote Plüschvorhänge die Wände bis in etwa Hüfthöhe, den Rest bis zum Boden dominiert ein Paneel aus Holzfurnier. Glaslaternen hängen von den Wänden, und die Luft ist erfüllt vom leisen Klingeln chinesischer *muzark*. Auf den Tischen liegen Überzüge aus praktischem braunen Lederimitat, das notdürftig durch Deckchen aus weißem Leinen verdeckt wird. Rechter Hand liegt ein Paar Stäbchen, links findet sich ein Löffel für die Suppe.

Das gutbesuchte Restaurant Ho's Palace in Blackheath, in den Blue Mountains westlich von Sydney.

Nach den Vorspeisen (»appetisers« werden sie hier genannt) und den Suppen beginnt das Hauptmenü, das schlicht in vier Grundzutaten unterteilt ist: Rind, Schwein, Ente, Fisch und Garnelen – die selbstverständlich niemals frisch sein können, da wir kilometerweit von der Küste entfernt sind. Innerhalb dieser Sparten wiederum wird unterschieden zwischen »im Teigmantel« und »ohne Teigmantel«. Bestellt man die gebratene Ente mit Barbecuesauce, und der Partner entscheidet sich für Schweinefleisch süßsauer, so bekommt man einen Teller mit Ente auf den Tisch gestellt, und der Essensgenosse ein Gericht mit Schweinefleisch. Nun kann niemand ernstlich erwarten, daß man mit Stäbchen von Tellern ißt, die in der Mitte des Tisches plaziert sind, und die Möglichkeit, auf chinesische Art zu essen – sich die Schüsseln vor den Mund zu halten und einfach drauflos zu schaufeln – scheitert an dem Umstand, daß das Essen auf flachen Tellern serviert wurde. Gekochter Reis ist immer verfügbar, doch die Speisekarte ist auf eine Weise angelegt, die einen vermuten läßt, der gebratene Reis würde mit halb gefrorenen Erbsen und einigen jener frischen Garnelen serviert werden, von denen bereits die Rede war. Die Preise sind im allgemeinen nicht überteuert.

Während meines Aufenthalts in dieser Kleinstadt kam ich mit einem älteren, etwa 70jährigen Einwohner ins Gespräch, dessen Vater Chinese war. Er erzählte mir von früher, als es selbst in bescheidenen

FORTSETZUNG AUF SEITE 32

RECHTS: Hochwertige Kammuscheln aus der Coffin Bay, mit ihren purpurrot gefärbten Schalen und magenta-purpurnem Rogen. John hat die Köche überzeugt, sie auf einer Schalenhälfte zu servieren.

OBEN: Etwas Besseres als dieser Mulloway, der im Hawkesbury River nördlich von Sydney an den Haken gegangen ist, ist kaum zu bekommen.

RECHTS: Frisch geöffnete Rock Oysters aus Sydneys Gewässern. John hat die Restaurants, die bei ihm einkaufen, davon überzeugt, daß es besser ist, die Austern selbst zu öffnen und im eigenen Saft zu servieren. »Ich kenne alle einheimischen Arten und die regionalen Unterschiede, die Zuchtmethoden und saisonalen Qualitätsschwankungen.«

30   DER GESCHMACK AUSTRALIENS

John Susman

Botschafter der Meere

»Kammuscheln wären in tiefgefrorenen Zwei-Kilo-Blöcken verkauft worden, hätten wir die Leute nicht vom Vorteil besserer Qualität überzeugt,« erzählt der erfolgreiche Fischgroßhändler John Susman. Diese Geschichte ist ein gutes Beispiel für die dramatischen Veränderungen, die in den letzten zehn Jahren im Handel mit Meeresfrüchten Einzug hielten. John hatte davon Wind bekommen, daß fantastische Kammuschelbänke an der Westküste der Halbinsel Eyre in Südaustralien wegen Überfischung geschlossen werden sollten. Er überredete die Regierung, es ihn mit der Handfangmethode versuchen zu lassen. Seine Taucher wurden dazu ausgebildet, nur geschlechtsreife Kammuscheln einzusammeln. Dann richtete John in der Nähe einen Betrieb ein, wo die Kammuscheln sorgfältig für den Weiterverkauf vorbereitet und verpackt wurden. Nur Salzwasser ohne chemische Zusätze wurde verwendet. Küchenchefs wie Neil Perry, Stefano Manfredi und Tetsuya Wakuda waren von der Qualität der Muscheln begeistert und setzen sie ganz oben auf ihre Speisekarten.

John begann seine Laufbahn im Hotelmanagement, fühlte sich aber zum Lebensmittelhändler geboren. Nach einem Gastspiel bei Neil Perry arbeitete er für einen auf Meeresfrüchte aus der Bretagne spezialisierten Fischhändler in Paris, der die Spitzenrestaurants belieferte. Dort lernte er alles über die Qualität von Fisch und seine Behandlung. Nach seiner Rückkehr nach Sydney gründete er die Flying Squid Brothers. Er reiste quer durchs Land und erfuhr aus Gesprächen mit Fischern, daß es möglich sein mußte, Meeresfrüchte in besserer Qualität anzubieten. Die Fischer fingen fortan höherwertige Fische nicht im Netz, sondern mit Angelleinen, und Susman sorgte dafür, daß sie in erstklassiger Qualität auf den Teller kamen.

»Die Köche wissen jetzt um die saisonalen und regionalen Unterschiede der einzelnen Fischarten. Ich hatte das Glück, an der Bewußtseinserweiterung beteiligt zu sein, was wirklich hochwertiges Essen ist. Es gibt keine Grenzen mehr. Im Moment besteht eine beinahe aggressive Erwartungshaltung an die Lebensmittelindustrie. Die Köche üben konstruktiven Druck auf die Lieferanten aus, und die Lieferanten drängen die Erzeuger. Das ist eine Symbiose: Jeder zielt auf hohe Qualität ab, und alle sind mit viel Leidenschaft dabei. Die Muschelsammler und Fischer werden dabei viel zu wenig gewürdigt. Im Moment arbeite ich daran, Exportmärkte für besondere Meeresfrüchte zu erschließen. Man könnte mich den Botschafter der Meeresfrüchte Australiens nennen.«

OBEN: In den ruhigen Gewässern des Hawkesbury River werden Austern gezüchtet. Die Menschen vor Ort halten die kleinen, süßlichen Rock Oysters für die besten der Welt. Abfallhaufen alter Muschelschalen beweisen, daß die Aborigines sie schon lange vor den Europäern als Delikatesse zu schätzen wußten.

Die Menschen sind allem Neuen gegenüber sehr aufgeschlossen. Wie auch beim Wein holt hier ein junger Geschäftszweig sehr schnell gegenüber den Traditionsländern Frankreich und Italien auf. Die Kellner sind jetzt Profis, und es gibt viel bessere Lieferanten. Das Ganze lebt von der großartigen Zusammenarbeit zwischen Köchen, Lieferanten und Erzeugern, und die Lebensmittel werden insgesamt viel besser behandelt als früher. Fisch wird heutzutage zum Beispiel an der Leine gefangen, und nicht mehr in Netzen. Jetzt bekommen wir das Beste.

GUILLAUME BRAHIMI

Ansiedlungen wie dieser ein eigenes Chinatown gab, mit Opiumhöhlen und verschwenderischen Festen zum Neujahr. In jenen Tagen verdiente sich der chinesische Anteil der Bevölkerung, der sich seit ca. 1850, während des Goldrauschs, in Australien angesiedelt hatte, seinen Lebensunterhalt als Gemüseanbauer. (»Wir kennen den Chinesen besser als die meisten ...« spöttelte das *Bulletin* im Jahre 1890. »Er produziert zwei Dinge – Laster und Gemüse.«) Die Gemüsesorten, die der Vater dieses alten Mannes mit seinen Freunden produzierte, waren für den örtlichen Markt gedacht, es gab nichts, was das Zartgefühl eines konventionellen anglo-australischen Kochs verletzt hätte, weder in den 20er, noch den 30er oder 40er Jahren. Für sich selbst pflanzten oder importierten sie andere Lebensmittel, und gerade das völlige Fehlen jeglicher chinesischer Gemüsesorten auf der Speisekarte des Bamboo Garden, die dem Ganzen einen authentischen Anstrich geben könnten, enttäuschte den alten Mann. Er ist niemals dort essen gegangen.

Doch dieses Fehlen zeugt von der erstaunlichen Anpassungsfähigkeit der Chinesen. Ganz im Gegensatz zu den Franzosen waren sie zu Kompromissen bereit, und so begannen Restaurants wie das Bamboo Garden ab 1960, den Bewohnern australischer Kleinstädte eine Variante der chinesischen Küche zu bieten, die diese »schlucken« konnten. (Ganz im Gegensatz zu England, wo chinesische Restaurants lange nur in der Hauptstadt zu finden waren und kleinere englische Städte den Geschmack des chinesischen *take away* erst Mitte der 80er Jahre kennenlernten, wie der Küchenhistoriker Christopher Driver zu berichten weiß). Früher war dies die einzige Art chinesischen Essens, die in Australien erhältlich war. Oliver Shaul, ein Restaurantbetreiber aus Sydney, der Australien als Flüchtling im Jahre 1939 erreichte, erinnert sich an die Rolle, die chinesisches Essen in jenen Tagen spielte. Es waren die Tage des »Sechs-Uhr-Besäufnisses«, als die Pubs früh schlossen und man zügig trinken mußte. »Futtern beim Chinesen, so wurde das damals normalerweise von den Kerlen genannt, die schon zuviel getrunken hatten«, erzählte er mir einmal. »Zwischen fünf und sechs tranken sie wie die Verrückten, und dann gingen sie zum Chinesen – oder zum *chows*, wie es furchtbarerweise hieß, um sich den Bauch vollzuschlagen.«

Genaugenommen handelt es sich um die kantonesischen Traditionen (die erfolgreichste aller exportierten chinesischen Küchen), die hier so leichtfertig angepaßt wurden, mit ihrem Feingehackten, Gedünsteten und scharf Gebratenen. Um die Vielfalt chinesischen Essens – den Geschmack der Speisen aus Beijing oder Sichuan – wirklich kennenlernen zu können, muß man sich in die großen Städte begeben, wo die chinesische Gemeinde so angewachsen ist, daß sie es nicht mehr nötig hat, sich dem Geschmack des Gastes anpassen zu müssen. Man wird kein Schweineblut auf der Speisekarte des Bamboo Garden finden, obwohl diese Speise, wie auch andere Exotica, leicht in den Chinatowns von Melbourne oder Sydney aufzutreiben wäre, sogar in einigen Vororten dieser Städte:

Cabramatta ist das einzige Lokal, in dem es sich zu essen lohnt. Es ist das einzige Lokal, in dem man nicht erwartet wird, in dem der Restaurantbesitzer mich nicht zur Begrüßung anlächelt. Er will mich als Gast nicht haben, hält mich für eine Plage. Wenn ich in ein derartiges Restaurant gehe, weiß ich, daß ich gut essen werde. Ich weiß, daß die Originalspeisen auf den Teller kommen.

Das sind die Worte eines Rechtsanwalts aus Enmore, einem innerstädtischen Bezirk Sydneys, im Gespräch mit Ghassan Hage, der an der Universität von Sydney Anthropo-

32   DER GESCHMACK AUSTRALIENS

logie lehrt. Hage zitiert ihn in einem faszinierenden Essay über Essen und die Erfahrungen der Einwanderer. Kühn machte sich jener Hage, sozusagen als Tourist im eigenen Land, auf den Weg ins entfernte Cabramatta (25 km westlich von Enmore, um genau zu sein), mit dem Bewußtsein des glühenden Gastro-Enthusiasten, der profane Erwartungen des Durchschnittsgastes (z. B. verständliche Speisekarten oder das Gefühl, willkommen zu sein) längst abgestreift hat. Doch Hage bemerkt schnell, daß die vietnamesischen Restaurantbetreiber in Cabramatta viel zu gerissen sind, um sich durch ein mögliches Fehlverhalten ihre Kundschaft zu verleiden: »Wie ein Restaurantbesitzer mir durch seinen Sohn mitteilen ließ, der seine Worte übersetzte, benutzen viele Gastronomen bewußt keine englischen Schriftzeichen, da dies die beste Art ist, um englischsprachige Kundschaft anzulocken!«

Hage wurde zur Figur in einem Spiel. Der Name des Spiels lautet Authentizität, und es lohnt sich offenbar immer, Authentizität und Offenheit zu simulieren. In Restaurants wie demjenigen, das der Rechtsanwalt bevorzugt aufsucht, scheint Authentizität ebenfalls zu einer Ware für informierte Restaurantbetreiber und unwissende Kunden geworden zu sein. Andererseits wäre es nicht nur versnobt, sondern würde auch nicht der Wahrheit entsprechen, wollte man das Bamboo Garden wegen seines Mangels an Authentizität zurückweisen. Es gibt ja noch nicht einmal vor, authentisch zu sein. Die Gerichte des Bamboo Garden mögen gut sein oder schlecht, aber auf ihre Art sind sie tatsächlich authentisch. Sie repräsentieren ein multikulturelles Modell, das nicht nur echt, sondern auch interaktiv ist: Die Gäste werden nur ein bestimmtes Maß an »Fremdheit« in ihrem Essen akzeptieren, und nicht mehr. Das Restaurant ist vorsichtig darauf bedacht, dieses Maß nicht zu überschreiten. So üben sich beide Seiten in Pragmatik, und beide sind wahrscheinlich glücklich dabei.

Dennoch muß gesagt werden (ich kann mir vorstellen, daß unser Rechtsanwalt aus Enmore so argumentiert), daß jemand, der auf der Suche nach neuen Geschmackserlebnissen auszieht und auf alles gefaßt ist, was ihm die vietnamesischen Restaurants Cabramattas vorsetzen, vor allem seinen Gaumen erziehen will. Man will doch schließlich die Speisen kosten, die der Vietnamese tatsächlich ißt, und nicht nur das, was wir dafür halten. Andererseits: Entspringen neue und interessante Entwicklungen in der Welt des Essens nicht vielleicht immer einem Kompromiß? Es wird immer wieder behauptet, daß es die Einwanderer waren, die nach dem Zweiten Weltkrieg aus Südeuropa nach Australien emigrierten – die Griechen und Italiener mit ihrer Liebe zum Wein, zum Olivenöl und Knoblauch –, die den australischen Gaumen geformt haben. Natürlich ist ihr Beitrag nicht zu unterschätzen, doch wir werden ihnen nicht wirklich gerecht, wenn wir glauben, sie hätten einfach nur ihre alten Gewohnheiten hierher mitgebracht. Etwas anderes geschah, wie Stefano Manfredi, italienisch-stämmiger Chefkoch und Restaurantbetreiber, in seinem Buch *Fresh from Italy* bezeugt:

Es begann in den ethnischen Ghettos der großstädtischen Randgebiete. In Cabramatta wachsen in diesem Moment die zukünftigen Stars der australischen Küche heran. Sie tun genau das, was meine Mutter Franca in Blacktown 1960 tat – angleichen, erfinden, sammeln, tauschen. Ich erinnere mich noch, wie ich mit Franca durch Blacktowns Einkaufszentrum ging und vor einem Laden mit Haustierfutter hielt. In der Auslage lag ein saftiges Stück Pferdefleisch. Ein Glückstreffer! Wir kauften das Fleisch, gingen nach Hause, schnitten es in hauchdünne Scheiben, marinierten es in Olivenöl und Zitronensaft, streuten schwarzen Pfeffer darüber und aßen es roh. Es war lange her, seit wir unser letztes Pferdefleisch-Carpaccio gegessen hatten.

Die australische Küche ähnelt einem pickligen, pubertierenden Jugendlichen, der noch unbegrenzte Energien hat und in seiner Naivität und Unbeholfenheit denkt, ihm stünden alle Möglichkeiten offen. Langsam aber zeigen sich Anzeichen von Reife.

DAVID THOMPSON

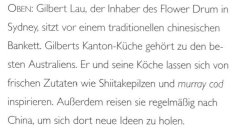

OBEN: Gilbert Lau, der Inhaber des Flower Drum in Sydney, sitzt vor einem traditionellen chinesischen Bankett. Gilberts Kanton-Küche gehört zu den besten Australiens. Er und seine Köche lassen sich von frischen Zutaten wie Shiitakepilzen und *murray cod* inspirieren. Außerdem reisen sie regelmäßig nach China, um sich dort neue Ideen zu holen.

Gilbert bereitet das Essen, mit dem er aufgewachsen ist, auch heute noch gerne zu. Die Kanton-Küche ist äußerst abwechslungsreich – in jedem größeren Mahl kombinieren die Kantonesen traditionellerweise etwas Fisch, ein wenig Fleisch, Reis und Gemüse. Wenn es so serviert wird, kann man die Speisen auslassen, die man nicht mag. Gilbert empfiehlt, mit den Fingern zu essen: Man kann das Essen besser genießen.

Die Schlüsselwörter lauten in diesem Fall »angleichen, erfinden, sammeln, tauschen« – diese Menschen kamen nicht einfach nur mit ihren Paketen getrockneter Pasta in die neue Heimat und machten sich an die Arbeit. Vielmehr erreichten sie Australien mit nur ein paar Habseligkeiten und mußten sich mit dem arrangieren, was sie hatten. Der junge Manfredi beispielsweise pflückte wilden Fenchel in den Vororten, oder man tauschte und handelte mit seinen Nachbarn aus Griechenland und Malta.

Außerdem wäre es falsch zu glauben, daß Kompromiß und Angleichung nur in einer Richtung verliefen. Jeder, der in den frühen 70er Jahren zu Hause kochte, besaß eine Ausgabe des *Margaret Fulton Cookbook* (Erstausgabe 1968) und hatte sich durch die Kapitel »Pasta« und »internationale Gerichte« gearbeitet. Danach war er nicht nur mit Olivenöl, *ghee* und dem Gebrauch eines Woks vertraut, sondern auch mit Nudeln, Lasagne, griechischer Zitronensuppe und Huhn mit fünf Gewürzen – alles zubereitet ohne Abkürzungen oder Schummeleien. Also war der niedergelassene Teil der Bevölkerung darauf vorbereitet, den Neuankömmlingen auf halbem Wege entgegenzukommen.

Ghassan Hage erzählt von einem Vorfall in Westmead, einem Vorort im Westen Sydneys, wo eine libanesische Familie ihre englischstämmigen Nachbarn mit *lahmeh w'snoobar* bekannt machte, einer Mischung aus Hackfleisch, Zwiebeln und Pinienkernen. Die Hausfrau hielt dies für das beste Hackfleischgericht, das sie jemals probiert hatte, und so verwendete sie die Mischung für ihre Fleischpasteten. Das ist eine durch und durch australische Geschichte, nicht nur, weil die Fleischpastete für ein Totem der anglo-australischen Küche gehalten wird, sondern auch, weil sie beweist, daß unterschiedliche Küchen nicht isoliert nebeneinander stehen müssen. Es ist eine häusliche Version dessen, was in vielen Restaurants Australiens geschah, und die Frage lohnt sich, warum diese Dinge gerade hier passierten, zu diesem Zeitpunkt, und mit so augenfälligem Erfolg.

OBEN: Die Victoria Street in Melbournes Stadtteil Richmond ist ein Zentrum vietnamesischer Geschäfte und Restaurants.

OBEN RECHTS UND AUSSEN RECHTS: Schnittlauch- und Karottenbunde, frisch geerntet aus biologischem Anbau.

VORHERIGE SEITE OBEN: Gegrillte Enten als Fensterdekoration einer chinesischen Metzgerei in Sydneys Haymarket.

VORHERIGE SEITE MITTE: Asiatische Gemüsestände auf einem Straßenmarkt in Hobart, Tasmanien.

VORHERIGE SEITE RECHTS: Chinesische Gärtner bestellen mit ihren traditionellen Anbautechniken diesen fruchtbaren Garten für Marktgemüse in Kyeemagh nahe des internationalen Flughafens von Sydney schon über hundert Jahre.

Essen wie Gott in Australien

Irgendwann in den frühen 80er Jahren wurde im australischen Fernsehen ein Sketch gezeigt. Zu sehen war eine Reihe von Kerlen in Overalls, die während der Mittagshitze etwas furchtbar Anstrengendes mit einer schweren Maschine taten.

»Himmel«, sagt einer von ihnen und wischt sich den Schweiß von der Stirn, »ich bin so ausgetrocknet wie ein ...« Er legt eine Pause ein und überlegt. »So ausgetrocknet wie ein ...« Er gibt auf. »Es geht nicht«, sagt er schließlich, »ich krieg diesen blumigen Aussie-Slang einfach nicht hin.«

Schade, daß es den Leuten von Sheila's Bar Barbie nicht ähnlich ergangen ist. Das hätte uns eine Weinkarte erspart, auf der zu lesen ist, daß der trockene Rote Brown Bros' Bin 60 »so weich ist wie der Bauch eines Koalas« und Penfold's Koonunga Hill »so modisch-elegant wie der Schwanz eines Kookaburra«. Außerdem wäre uns die Speisekarte entgangen, die ihre Rubriken mit der folgenden kraftvollen Aussie-Aussage beginnt: »When me and Bruce came over after the caravan was repossessed, it stood out like a snag in your cornflakes that there was nothing to eat worth an empty Esky ...« Vielleicht haben Sie es erraten: Sheila's Bar Barbie befindet sich in London.

In Covent Garden, ganz in der Nähe von alteingesessenen Lokalen wie Bertorelli's und Rules, steuert Sheila's seinen Teil zur Tradition bei, obwohl es relativ neu ist. Es liefert den ehrwürdigen Vorurteilen neue Nahrung, mit denen der britische Gast bezüglich seines Landsmanns vom anderen Ende der Welt behaftet ist. Die Dielenbretter sind roh und unbehandelt, niedrige Balken hängen von der Decke, und Wellblech verdeckt die Wände. Radkappen dominieren als Dekorationsobjekte, gleich neben Straßenschildern, die den Besucher darüber informieren, wie weit es noch bis Black Stump ist oder bis zu einem Ort namens »Ayres« Rock. Die Salatbar ist im Fahrgestell eines *ute* untergebracht, der australischen Version eines amerikanischen Kleintransporters.

Das Personal trug *akubras* und *moleskins,* und obwohl nur einer der drei Kellner Australier zu sein schien, sagten sie alle »no worries«. (Nachhaltiges Training seitens des Managements? Oder ist der blumige Aussie-Slang so ansteckend, daß sich jeder infiziert, der dort arbeitet?)

Ich bemühte mich standhaft, mich nicht wie der Rest der Gäste zu benehmen, und nahm auf einer Bank in der Ecke Platz. Ich entschied mich gegen einen Cocktail (Dingo's Breakfast, Surfer's Lifesaver oder Sex on the Beach) und kaute nachdenklich auf einem *amuse-geule*, das aus *scones* – trockenen kleinen Kuchen – bestand und in einer Bratpfanne serviert wurde. Der blumige Aussie-Slang war über die Speisekarte verstreut wie ein Schwarm Schmeißfliegen über einem toten Dingo. Anstelle von Vorspeisen gab es »Tucker to get you going«, die eine Down Under Soup beinhalteten, Chook Wings (»Von Bruce herausgetrennt und von mir gebraten«) und Pommie Skins (»Kartoffeln ohne den Mittelteil«). Als Hauptgericht wurden Steaks in unterschiedlichen Formen, Größen und Verbrennungsgraden angeboten, Pasteten, Würstchen und Koteletts mit Zimt-Apfel-Stückchen (»wurde mir von einem *silvertail* beigebracht, der nicht wußte wohin mit seiner Zeit«).

Keines der Gerichte war tatsächlich widerlich, das muß ich zugeben: Die Pommie Skins zerbrachen mit einem annehmbaren Knacken zwischen den Zähnen, und das Steak war gut durchgebraten. Und so sollte es auch sein, denn Sheila's ist kein australisches Restaurant. Es ist ein Steak-House wie jedes andere auch. Fügt man noch ein wenig Chili hinzu, so hat man ein mexikanisches Steak-House. Oder man greift zu Paprika und verwandelt es in einen Ungarn.

Bei Sheila's handelt es sich um ein Restaurant mit einem ganz bestimmten Motto, das jedoch nichts mit dem Essen zu tun hat. Die Restaurantbetreiber erkennen ein australisches Klischee sieben Meilen gegen den Wind, aber es gibt keine wirklichen kulinarischen Klischees, an dem sie ihre Speisekarte ausrichten können. In den Tagen, als sich Philip Muskett noch über das Fehlen eines australischen Nationalgerichts Gedanken machte, mag dies als Schwäche erschienen sein, heute ist es eine beachtliche Stärke. Obwohl es schwer zu definieren ist, könnte man als Geburtshelfer Don Dunstan und Cheong Liew nennen, die zugegen waren, als die neue australische Küche entstand.

Im Jahr 1976, als Dunstan Premierminister Südaustraliens war und man vom Süden noch immer glaubte, er repräsentiere die strahlende Zukunft des gesamten Landes, publizierte der Premier ein Kochbuch. Das Ungewöhnliche an diesem Prominenten-Kochbuch bestand darin, daß es tatsächlich von dem Mann verfaßt war, dessen Name auf der Titelseite prangte. Dunstan stellt dem Leser seinen Garten, seine Küche und seinen Wok vor (»jeder sollte einen Wok haben«) und sinniert über die australische Küche.

Dunstan räumt ein, daß Australien über keine eigenständige Küche verfüge, erklärt aber, er würde die Entwicklung einer »australischen Kochweise« begrüßen, »die unvermeidlich in der Variation anderer Küchen bestehen muß, aber jeweils das Beste übernimmt. Sie wird unsere Bodenschätze nutzen und die Kochtechniken unserer asiatischen Nachbarn sowohl an die australische Küche als auch an die herrschenden sozialen Bedingungen angleichen. Zugleich sollte die übernommene Technik mit den europäischen Traditionen kombiniert werden, die uns vertrauter sind.«

Diese Zukunftsträume waren womöglich von einem Phänomen inspiriert, das er »die malaiische Synthese« nannte. Damit bot Dunstan seinen Lesern sehr viel mehr als die sonst übliche multikulturelle Fusion von Pasta mit chinesischer Sauce.

Und schon während er dies schrieb, war die malaiische Synthese in Gestalt Cheong Liews in seiner Heimatstadt Adelaide manifest geworden. Cheong Liew wurde in Kuala

Cheong Liew ist einer der einflußreichsten Köche Australiens. Als Pionier der Verschmelzung europäischer und asiatischer Kochstile zaubert er mit der Raffinesse eines Meisterkochs Gerichte, die in puncto Zusammenstellung, Geschmack, Konsistenz und Aussehen ihresgleichen suchen.

In der australischen Küche stehen frische saisonale Erzeugnisse hoch im Kurs, und was sie so aufregend macht, sind die kosmopolitischen Einflüsse. Dadurch wurde Australien zu dem, was es heute ist: Einer der besten Orte, um großartiges Essen zu genießen.

SIMON JOHNSON

Einer der faszinierenden Verkaufsstände auf den Queen Victoria Markets in Melbourne.

Lumpur geboren, lebte seit seinem 20. Lebensjahr in Australien und eröffnete 1975 mit seiner Frau und einigen Freunden ein Restaurant mit dem Namen Neddy's. Cheongs Arbeit, die großen Einfluß auf eine ganze Generation australischer Köche hatte, zeugt von seiner Kenntnis der griechischen, indischen, südostasiatischen, französischen und chinesischen Küche.

Griechenland, Indien, Südostasien, Frankreich, China – die konventionellste Vorstellung einer Koexistenz dieser Küchen findet sich in *Tucker in Australia*, einer Essaysammlung, die von Beverley Wood zusammengestellt und ein Jahr nach Dunstans Buch herausgegeben wurde. Die zahlreichen Autoren dieses Werks beschreiben die Vielfalt der Küchen, für die Australien den Gastgeber spielt, doch beziehen sie sich gewöhnlich auf das Ursprungsland und geben dem Gedanken wenig Raum, daß hier auch eine Synthese möglich wäre. Die USA beispielsweise, deren kulinarische Vergangenheit sehr wohl zum Modell für Australien hätte werden können, war niemals ein wirklicher Schmelztiegel der Küchen (zumindest nicht bis vor kurzem). Die amerikanische Ethnologin Susan Kalcik bemerkt: »Die Pluralität des amerikanischen Essens ... besteht darin, daß wir eine Vielfalt ethnischer Speisen zubereiten und essen können, wenn wir Wert darauf legen, denn die ethnischen Essenstraditionen sind durch ihre Isolation sehr stark und überlebensfähig geblieben.«

Unter diesem Gesichtspunkt ist der Vergleich zwischen den USA und Australien äußerst aufschlußreich. Obwohl beide Gesellschaften multikulturell und pluralistisch sind, hat das eine Land in der Vergangenheit Außenseiter immer begrüßt, und das andere nicht. Das Ergebnis ist paradox: Einerseits gibt es weder in Sydney Harbour noch in Port Melbourne irgendwelche Statuen, die die gedrängten Massen auf ihrer Suche nach Freiheit begrüßten. Andererseits gibt es keine Regeln, wie man Australier wird. In Amerika ist – oder war – es relativ einfach: Man erarbeitete sich seinen Anspruch, Amerikaner zu sein, indem man die Verfassung büffelte und die Liste der Präsidenten auswendig hersagen konnte. In Australien verfingen diese Regeln nicht: Man konnte lernen, Cricket zu mögen, wenn man wollte, oder dazu übergehen, die Leute »mate« zu nennen, aber niemand forderte einen dazu auf. Und der Grund dafür, weshalb diese Aufforderung nicht erfolgte, bestand schlicht darin, daß niemand sich darüber Gedanken gemacht hatte, was mit dem Einwanderer anzustellen wäre – außer natürlich, seine Arbeitskraft zu nutzen.

Diese Situation hat seltsame Auswirkungen auf die Eßgewohnheiten. So wie die Immigranten der USA lernen mußten, die amerikanische Alltagssprache zu sprechen, so mußten sie auch lernen, wie ein Amerikaner zu essen. Die Durchschnittsküche mußte fade und geschmacklos sein, um keinen Anstoß zu erregen, und die kulinarischen Einwanderer wie Hot dog oder Pizza wurden ebenfalls rasch angeglichen. Hieß man Roselli oder Kwan, so konnte man noch immer die Küche seiner Heimat genießen, doch man tat das zu Hause oder in Restaurants, die eigens auf die Bedürfnisse des Einwanderers ausgerichtet waren.

Einst sah es so aus, als würde auch Australien diesen Weg gehen. Ghassan Hage zitiert einen Artikel, der 1950 in der *Sydney Sun-Herald* veröffentlicht wurde. Der Autor äußert sich begeistert über die Speisen, die »unsere neuen Landsmänner« mitgebracht hätten (»ich selbst habe schon Salami gegessen«), findet jedoch, daß diese »friedliche Invasion« von der Öffentlichkeit nicht ausreichend gewürdigt wird:

Ein Beamter der Einwanderungsbehörde wurde ziemlich ungehalten, als man ihm den Vorschlag unterbreitete, Neuankömmlinge könnten ihre Eßgewohnheiten mit nach Australien bringen: »So war das nicht gedacht!« sagte er. »Die Einwanderer sollen in der australischen Gemeinschaft aufgehen, nicht ihre eigenen Angewohnheiten mitbringen.«

Aber genau genommen gab es gar niemanden, der den Immigranten erklärt hätte, wie sie in der kulinarischen Gemeinde Australiens aufgenommen werden könnten, niemand konnte ihnen sagen, wie ein Australier ißt. Ihre Kinder brachten Nudeln oder Salami mit in die Schule und wurden ordnungsgemäß von ihren englischstämmigen Mit-

OBEN UND RECHTS: Bilder aus Stefano Manfredis Restaurant bel mondo in Sydneys Bezirk The Rocks.

NÄCHSTE SEITE: Robert Castellanis Mangold-Ricottabällchen (Seite 64). Sie sind ganz einfach zuzubereiten; servieren Sie sie mit einem frischen Weißwein.

schülern gehänselt, während diese ihre Fischpaste mit Weißbrot aßen. Doch hauptsächlich war es Gleichgültigkeit, keine Abneigung, die überwunden werden mußte. Als sie dieses Stadium endlich hinter sich gebracht hatten, blickten die Australier mit Erstaunen auf all die Dinge, die sie so lange umgeben hatten: eine abwechslungsreiche Landschaft, die imstande war, beinahe jedes Nahrungsmittel zu erzeugen, und eine vielfältige Kultur voller kulinarischer Fertigkeiten und Techniken. Aus der Vereinigung beider – hervorgerufen vielleicht von der brillanten, australischen Vorliebe für Improvisationen – wurde die australische Küche neu geschaffen.

Australisch essen

Natürlich haben die Leute nicht unrecht, die behaupten, daß man keine nationale Küche erschaffen kann, indem man die Etiketten in einigen Restaurantführern geringfügig umstellt. Aber nur, wenn man eine Küche unter dem Blickwinkel des *commencement* betrachtet statt des *fin de siècle*.

Am Ende des bewegten 20. Jahrhunderts existierten, wie bereits die Jahrhunderte zuvor, lediglich zwei Formen von Küchen. Zum einen gab es bodenständige Küchen mit einem dominierenden Kohlehydratlieferanten plus Aroma, das diesen Kohlehydraten Geschmack verlieh, und dann gab es noch diejenigen Küchen (vor allem die französische und chinesische), deren Technik so ausgefeilt und anpassungsfähig war, daß sie sich über die gesamte Welt verbreiten konnten.

Köche wie den Engländer Marco Pierre White, der sein Leben ausschließlich der französischen Küche widmete, jedoch nie die Zeit fand, mehr als einen Tag in Frankreich zu verbringen, gehören heute einer aussterbenden Spezies an. Egal, ob man es gut oder schlecht findet, die ausschließliche Hingabe an eine Küche, die nur in der Vorstellung existiert, gehört der Vergangenheit an. Die meisten modernen Chefköche reisen, und selbst diejenigen, die zu Hause bleiben, können nur schwer das Angebot an Stilrichtungen ignorieren, das sich direkt vor ihrer Haustür findet: ethnische Restaurants, Geschäfte mit erlesenen Gewürzen und Bananenblättern, von Fernsehshows und Büchern ganz zu schweigen.

Und so, wie die Zahl und Vielfalt der Einflüsse auf den Koch zugenommen hat, ist auch die Bedeutung des Kochs gewachsen. Zuvor übten Restaurants und andere öffentliche Speiselokale nur wenig Einfluß auf den heimischen Herd aus. Einige kochten schlicht eine Version dessen, was sowieso auf dem Speiseplan der häuslichen Küche stand. Andere boten Gerichte an, deren Zubereitung eine so hohe technische Kompetenz erforderte, daß sie für die heimische Küche undenkbar war. Für den privaten Koch war es unnötig, etwas nachzueifern, was sie ohnehin schon taten, und unmöglich, etwas zu probieren, das von vornherein hoffnungslos war (was nicht heißen soll, daß die Ratschläge von Profis ihnen nichts nutzten, wie z.B. das Buch *Ma Cuisine* zeigt, 1934 von dem französischen Meisterkoch Escoffier veröffentlicht). Heutzutage allerdings holen die Heimköche der englischsprachigen Welt die Ratschläge der Meisterköche ein. An die Stelle der Mütter und pflichtbewußten Be-

OBEN: Drei Sorten Biscotti auf der Bartheke des Restaurants bel mondo.

wahrer von Familientraditionen sind die Chefköche und professionellen Küchenexperten getreten. Für uns ist eine Küche mittlerweile nicht mehr die bestmögliche Kombination aus Kohlehydraten und Aromen, die die Lebensumstände uns erlauben, sondern der Punkt, an dem sich unterschiedliche kulinarische Einflüsse treffen.

In unserer Welt entwickelt und verändert sich die kulinarische Collage schneller als je zuvor, und das gibt Australien eine einzigartige Position: als Treffpunkt unterschiedlicher Kulturen, mit einer mächtigen Gastronomie, in der es niemals eine vorherrschende Tradition gab. Dieses Buch ist wie der Schnappschuß von einem bewegten Körper, dessen Geschwindigkeit so hoch ist, daß man selbst mit bester Kameraausstattung nur ein Bild mit verschwommenen Ecken bekommt.

Was enthüllt die Kamera? Überraschenderweise ist das Französische einer der schärfsten Bereiche des Bildes. Es gibt echte französische Meisterköche in Australien, wie Jacques Reymond und Philippe Mouchel in Melbourne, und es gibt jene, denen die französische Tradition zur Inspiration dient wie Liam Tomlin, Damien Pignolet, Peter Doyle, Diane Holuigue und Tony Bilson. Paul Merrony schreibt zwar in seinem Buch *The New French Cooking in Australia*, daß die französische Kochweise, auch wenn sie in Australien praktiziert wird, niemals australisch zu nennen sei, doch glücklicherweise ist dem nicht so.

Wo auch immer sie geboren sein mögen, unsere französischen Köche haben sich dem reichhaltigen Angebot dieses Landes nie verschlossen: Niemand hatte einen größeren und wohltuenderen Einfluß auf die einheimischen Nahrungsmittelproduzenten als

UNTEN: Hinter den Kulissen eines gutbesuchten Restaurants, wie hier im Banc im Zentrum Sydneys, wird hart gearbeitet.

In meiner Jugend in Italien gab es kleine Erzeuger für Basilikum oder Fisch; das war, als ich dann nach Sydney kam, ganz anders. Heutzutage übertreffen sich in Sydney junge Menschen mit der spezialisierten Produktion von Lebensmitteln. Die frischen Zutaten sind äußerst aufregend. Sydney ist ein Mekka für die erfinderischsten Köche der Welt. Ich bin gerne ein Teil dieser australischen Küche – ihre Abenteuerlust macht's möglich.
Lucio Galletto

der Chefkoch des Regent Hotel in Sydney, der zur Zeit im neuen Bathers Pavilion arbeitet.

Seltsamerweise tritt die andere exportfähige Küche hier nicht groß in Erscheinung, obwohl ihr Ursprungsland so viel näher an Australien liegt als Frankreich. In Adelaide ist Cheong Liew als chinesischer Koch zu nennen (obwohl er noch ganz andere Dinge geleistet hat, wie bereits erwähnt wurde), doch ansonsten scheint der Einfluß Chinas auf die australische Küche nicht so unmittelabar zu sein wie der Frankreichs. Das Reich der Mitte hat die australischen Küchenchefs ganz offensichtlich nicht auf die gleiche Art verzaubert, wie Thailand David Thompson zu faszinieren vermochte. Thompson widmet sich thailändischem Essen mit einer Hingabe und wissenschaftlichen Aufmerksamkeit, die nur wenige Thailänder aufbringen können. Andererseits gibt es in Australien einige wenige hervorragende chinesische Restaurants, wie das Flower Drum in Melbourne, und asiatische Lokale – nicht nur chinesische, sondern auch thailändische, vietnamesische und japanische – sind so sehr Bestandteil des alltäglichen kulinarischen Lebens, daß unser Essen selbst dann asiatisch schmeckt, wenn der Koch es gar nicht darauf angelegt hat, ein authentischer Asiate zu sein. Asiatische Aromen schleichen sich in die Speisen von Köchen, bei denen es nicht überrascht – in die Gerichte Tetsuya Wakudas beispielsweise, oder Neil Perrys, der ausführlich über seine »Liebesaffäre mit chinesischem Essen und allen anderen asiatischen Dingen« berichtet. Sie finden sich jedoch auch in den Arbeiten von Chefköchen, deren Einfluß zumeist europäischer Natur ist. Stefano Manfredi mischt seine Pasta mit Abalone und Shiitake-Pilzen, Ralph Potter würzt sein knuspriges Hühnchen mit Sternanis, Fünf-Gewürze-Pulver und Pfefferkörnern aus Sichuan, und Mietta O'Donnell grillt ihren *baby snapper* mit Ingwer, Sojasauce und Koriander.

Doch wenn man hört, daß eines von Philip Johnsons Rezepten aus Reis, Haselnüssen und Peking Ente besteht, sollten bei so manchem die Alarmglocken klingeln. Philip Johnson gehört ein Restaurant in Brisbane mit dem Namen »hier ist es« oder genau genommen ecco, wie man in Italien sagt. Das ecco ist ein Bistro, wie man in Frankreich sagen würde. Es handelt sich hier also um die australische Version eines kleinen französischen Restaurants, das sich auf die italienische Küche spezialisiert hat und ein Gericht mit Peking-Ente anbietet. Kann es sein, daß wir ein Stadium verzweifelten Experimentierens erreicht haben, das der amerikanische Küchenexperte Jeffrey Steingarten in den Restaurants des Pazifikraums vorfand: Die Zutaten sind hervorragend, aber niemand kann sich darauf einigen, was man mit ihnen anfangen soll?

»Eine seltsame Kombination, die unter den Namen Pacific Rim, Pan-Pacific oder Pan-Asian bekannt ist, breitet sich rasch aus. Typischerweise vermischt sie jede bekannte orientalische Kochweise und alle geläufigen Zutaten, Indien und Japan ausgenommen«, beschwert sich Steingarten. »Ein Restaurant serviert zeitgleich die Speisen Mexikos und der Karibik, Gerichte aus Brasilien, Santa Fe und etwas, das irgend jemandes Vorstellung eines ursprünglichen amerikanischen Essens ist.« Ein örtlicher Restaurantführer nennt diese Erscheinung »post-ethnische Melange« oder »prä-post-kolumbisch«, doch für Jeffrey Steingarten ist es schlicht ein Zustand kultureller Verwirrung, und er hat recht. Um ein derartiges Phänomen handelt es sich in Australien jedoch nicht. Ganz in der Nähe des ecco liegt Brisbanes Chinatown, wo man hervorragende gegrillte Ente bekommt – die feinste Art des *take away*, die der Menschheit bekannt ist. Was also liegt näher, als sie als Zutat für einen Salat zu benutzen?

Außerdem ist es ja nicht so, als ob Australien nicht eine Fülle von Rezepten hätte. Steingarten zitiert einen Küchenexperten, der die australische Eigenart mit den Worten

Der Geschmack Australiens 41

OBEN: Paul Merronys Gebratener Lachs mit Auberginenpüree, Zucchini und Salbei (Seite 132). Paul kombiniert gerne Püree mit Fisch, weil dabei ein schöner Kontrast entsteht. Die warme Vinaigrette mit Salbei rundet das Ganze ab.

»eine geeinte Nation – aber nur von einem Gericht zum nächsten« umschreibt. Es gibt beispielsweise Marieke Brugmans Tomatentarte (Seite 94), Robert Castellanis Mangold-Ricottabällchen (Seite 64), André Chouvins Bouillabaisse (Seite 48) und viele andere Gerichte. Doch dann sind da noch Rezepte wie Greg Maloufs Lachs-Kibbeh-Tatar mit zerstoßenem Weizen und Knoblauchkäse (Seite 149) – wie soll man dieses Gericht einordnen?

Kann man es guten Gewissens libanesisch nennen, wenn der Lachs ein Fisch aus kalten Gewässern ist, im warmen Mittelmeerklima unbekannt, wo Maloufs Vorfahren das Kochen lernten? Aber Australien ist nicht der Libanon. In Australien ist der Atlantik-Lachs hervorragend, und welcher libanesische Koch, gleich in welchem Zeitalter, hätte eine gute Zutat verschmäht, die so problemlos erhältlich ist? Welcher griechische, chinesische, italienische Koch hätte das getan?

Und das ist es, wovon dieses Buch handelt: eine australische Antwort auf australische Zutaten. Es stimmt, viele der Zutaten gibt es hier erst seit wenigen Jahrhunderten, doch sie haben Wurzeln geschlagen und sich in ihrem neuen Zuhause eingerichtet, wie die Vielzahl der kulinarischen Traditionen auch, die in diesem Buch vorgestellt werden. Das ist der Geschmack Australiens: Veränderung, Angleichung und – im besten Sinne des Wortes – ein Kompromiß.

Kapitel 1
Suppen und Vorspeisen

Alan Saunders
Suppen und Vorspeisen

VORHERIGE SEITE: Liam Tomlins Velouté von Kartoffeln und Austern mit Austernbeignets. Dieses Gericht steht und fällt mit ganz frischen Austern – und schmeckt etwas spannender als die üblichen rohen Austern.

WAS BENÖTIGT EINE FRAU AM DRINGENDSTEN für das Leben im Busch? Natürlich einen Suppentopf. »Ein Kerosinkanister gibt einen ganz hervorragenden Suppentopf ab,« schrieb Mrs. Lance Rawson, eine Haushaltsexpertin des ausgehenden 19. Jahrhunderts. Mrs. Rawson – als »eine Dame mit beträchtlichem Erfahrungsschatz in Stadt und Busch« wird sie in ihrem *Australian Enquiry Book of Household and General Information* vorgestellt – ersann einst einen verbesserten Suppentopf und ließ ihn von einem Blechschmied auf dem Land anfertigen. Wenn dieser Suppentopf erst einmal hergestellt war (was nur ein paar Shillings kosten würde, wie Mrs. Rawson ihren Lesern versicherte), konnte er sich ständig in Gebrauch befinden und alle Fleisch- und Knochenreste aufnehmen. Nur mit Gemüse mußte man vorsichtig sein, da es in den Sommermonaten schlecht werden konnte – außer man befand sich auf einer Rinder- oder Schaffarm, wo das Feuer nachts nicht ausgemacht, sondern geschürt wurde.

Für Mrs. Rawson war es in einem heißen Land wichtig, jederzeit einen Teller Suppe zur Hand zu haben: »Der Geschäftsmann kommt mittags nach Hause und hat, obwohl er müde, hungrig und verschwitzt ist, keinen Appetit auf Fleisch oder Gemüse. Statt dessen kann er sich aber einen Teller Suppe oder eine Schüssel Brühe sehr wohl vorstellen.« Wenn er dies nicht bekommt, behauptete sie, beginnt er möglicherweise, sein Mittagessen mit einem zusätzlichen Glas Whisky zu strecken (nur einem zusätzlichen Glas?) und kehrt erschöpft ins Büro zurück.

Auf die Idee einer kalten Suppe kam sie nicht – weder für den Sommer im allgemeinen noch für das heiße Queensland, wo sie lebte. Dabei gibt es nichts Erfrischenderes als eine Geeiste Gurken- und Joghurtsuppe, wie sie gleich in diesem Kapitel von Mietta O'Donnell vorgestellt wird. Tatsächlich besitzen alle diese Suppen eine leichte Note: Sie basieren auf Hühnerbrühe oder Fischfond, und sie übertreiben es nicht mit der Sahne – obwohl Ralph Potters Wildpilzsuppe (Seite 49) und Liam Tomlins Velouté von Kartoffeln und Austern mit Austernbeignets (gleich im Anschluß an diesen Text) herzhaft und gehaltvoll genug sein dürften, um auch Mrs. Rawson zufriedenzustellen.

Außer Suppen gibt es noch eine Menge anderer traditioneller Vorspeisen wie Tarteletts, Terrinen und Tintenfischringe. Viele der übrigen Gerichte spiegeln die Neigung des Angebots zeitgenössischer Restaurants wider, Vor- und Hauspeisen nicht allzu streng zu trennen – nur am Preis merkt man, wo die einen aufhören und die anderen anfangen. Häufig ist sogar eine Vorspeise mit zwei Preisen ausgezeichnet, falls man sie als Hauptgang wünscht. Daher können viele dieser Salatzubereitungen und Nudelrezepte erweitert (oder auf weniger Gäste verteilt) werden und so als Hauptgang dienen, oder sie sind Bestandteil einer Kombination von Gerichten, die man in die Tischmitte stellt wie spanische *tapas* oder griechische *meze*. Genauso gut können Sie aber auch eines davon zu Mittag zu sich nehmen, an Stelle des zusätzlichen Glases Schnaps.

Liam Tomlin, Küchenchef

Velouté von Kartoffeln und Austern
mit Austernbeignets

ZUTATEN

45 g Butter

750 g Kartoffeln, geschält und in
gleichgroße Stücke geschnitten

300 g Lauch, in dünnen Ringen

300 g Zwiebeln, in dünnen Ringen

1 ¾ l Hühnerbrühe

300 ml Sahne

16 Austern, frisch aus der Schale

Salz und frisch gemahlener schwarzer
Pfeffer

AUSTERNBEIGNETS

60 g Mehl

1 ½ EL Wasser

2 ½ EL warmes Bier

1 TL Olivenöl

1 Ei, getrennt

16 Austern, frisch aus der Schale (Saft
aufheben)

Mehl zum Bestäuben

Salz und frisch gemahlener schwarzer
Pfeffer

Ein leichtes, sehr australisches Gericht für den Winter. Diese Suppe ähnelt einer Vichys-soise, die man mit frischen Austern verfeinert – sie schmeckt und duftet nach Meer. Die dazu gereichten Austern sind warm, weich und von knusprigem Teig umhüllt.

Für die Velouté die Butter in einem Topf mit dickem Boden zerlaufen lassen. Kartoffeln, Lauch und Zwiebeln leicht andünsten. Hühnerbrühe zugeben und 20 Minuten köcheln lassen, danach die Sahne zufügen. Die Hitze kurz erhöhen, bis die Velouté wieder aufkocht, und dann sanft weiterköcheln lassen. Nach 10 Minuten vom Herd nehmen, pürieren und durch ein feines Sieb passieren. Nun die Austern mit dem Saft (auch mit dem der Austern für die Beignets) zugeben und mit dem Pürierstab zerkleinern. Abschmecken, ein weiteres Mal passieren und warm stellen.

Für die Austernbeignets Mehl, Wasser, Bier, Olivenöl und Eigelb zu einem Teig verrühren. In Folie gewickelt 1 Stunde ruhen lassen. Anschließend das Eiweiß zu Eischnee schlagen und unterheben.

Öl in einem kleinen Topf erhitzen (es ist heiß genug, wenn ein Stückchen Brot sofort wieder nach oben steigt). Die Austern auf Küchenkrepp vorsichtig trockentupfen und mit Mehl bestäuben. Die Hälfte der Austern in den Teig legen und mit den Fingern sanft mit Teig bedecken. Herausnehmen und im heißen Öl knusprig und goldbraun fritieren. Mit einem Schaumlöffel herausnehmen und auf Küchenkrepp abtropfen lassen; leicht mit Salz und Pfeffer würzen. Mit den übrigen Austern genauso verfahren. Die heiße Velouté in vorgewärmte Tassen geben. Dazu die fritierten Austern auf ihren vorgewärmten Schalen servieren.

Für 8 Personen mittel

Mietta O'Donnell, Restaurantbesitzerin und Food-Autorin

Geeiste Gurken- und Joghurtsuppe

ZUTATEN

6 kleine Gärtnergurken, geschält und
feingewürfelt

Salz und frisch gemahlener weißer Pfeffer

3 Knoblauchzehen

1 l Joghurt aus Schafmilch

1 Bund frische Minze, ohne Stiele, feingehackt; einige Blätter zum Garnieren
aufheben

Experimentieren Sie bei dieser Suppe ruhig auch mit anderen Kräutern. Minze ist sehr erfrischend, aber auch Dill paßt ausgezeichnet. Verwenden Sie letzteren sparsam.

Die Gurkenwürfel mit Salz bestreuen und 1 Stunde in einem Sieb abtropfen lassen. Den Knoblauch mit ein wenig Salz zerdrücken, mit einigen Löffeln Joghurt vermischen und mit Salz und Pfeffer würzen. Die Gurken abspülen, mit Küchenkrepp trockentupfen und mit dem Knoblauch-Joghurtgemisch und dem restlichen Joghurt vermengen. Für besonders homogene Konsistenz können die Gurken auch püriert werden. Die gehackte Minze zufügen und die Suppe eiskalt stellen. In geeisten Schüsseln mit den Minzeblättern garniert servieren.

Für 6 Personen einfach

Guillaume Brahimi, Küchenchef

Krabbensuppe
mit Miesmuscheln und Aïoli

ZUTATEN

1–1½ kg Blaue Schwimmerkrabben

250 ml Olivenöl

2 kleine Zwiebeln, in kleinen Würfeln

1 Stange Lauch, in kleinen Würfeln

½ Knolle Fenchel, in kleinen Würfeln

2 Knoblauchzehen, eine davon geschnitten

5 EL Weißwein

1 TL Safranfäden

300 ml Muschelwasser

500 ml Fischfond

500 ml Wasser

1 Prise Estragon

Salz und frisch gemahlener schwarzer
   Pfeffer

12 Miesmuscheln, gedämpft und in der
   Schale belassen

2 kleine, reife Tomaten, gewürfelt

12 Kammuscheln, ohne Rogen und
   leicht sautiert

Schnittlauch zum Garnieren

Ein schönes leichtes Gericht, das in jede Jahreszeit paßt. Benutzen Sie zum Garnieren Kammuscheln, wenn gerade schöne Exemplare auf dem Markt sind.

Die Krabben säubern und ihr Fleisch kleinhacken. Etwas Olivenöl in einer Bratpfanne erhitzen und Krabbenfleisch, Zwiebeln, Lauch, Fenchel und den gewürfelten Knoblauch zugeben. Achten Sie darauf, daß das Krabbenfleisch nicht am Pfannenboden festklebt.

In einem anderen Topf den Weißwein schnell aufkochen, damit sich der Alkohol verflüchtigt. Wein zusammen mit Safran, Muschelsaft, Fischfond, Wasser, Estragon und Knoblauch zum Krabbenfleisch geben und mit Salz und Pfeffer würzen. Die Suppe vom Herd nehmen, sobald sie zu kochen beginnt, und nach 20minütiger Ruhezeit durch ein Sieb abgießen.

Zum Servieren je drei Miesmuscheln mit etwas Krabbenfleisch und Tomatenwürfeln auf flache Suppenteller legen und die heiße Suppe darüber gießen. Wenn gewünscht, mit je drei Kammuscheln garnieren; mit gehacktem Schnittlauch bestreuen und sofort servieren.

Für 4 Personen mittel

RECHTS: Krabbensuppe mit Miesmuscheln und Aïoli. Verwenden Sie schmackhafte Krabben – z.B. südaustralische, damit können Sie nicht viel falsch machen. Der Fenchel paßt hervorragend dazu, und der Safran verleiht dem Ganzen eine dramatische Optik.

Michael Lambie, Küchenchef

Topinambursuppe

ZUTATEN

45 g Butter

1 TL Olivenöl

2 kg Topinamburknollen, geschält und
   in kleine Würfel geschnitten

1 Stange Lauch (nur den weißen Teil),
   kleingeschnitten

1 Zwiebel, kleingeschnitten

2 l Hühnerbrühe

1 l Crème double

2 Stück Enten- oder Hasenconfit, erwärmt und in 10 Portionen geteilt

getrüffeltes Olivenöl

Für diese frische, leichte Suppe sollten Sie nur frische Topinamburknollen verwenden. Tobinambur ist gewöhnlich nur saisonal erhältlich. Das Trüffelöl, das am Ende hinzugefügt wird, verleiht ihr eine interessante Note.

Butter und Olivenöl in einer großen Bratpfanne sanft erhitzen. Topinamburwürfel, Lauch und Zwiebel zugeben und weichdünsten. Beiseite stellen.

In einem anderen Topf die Hühnerbrühe zum Kochen bringen und über das Gemüse gießen. Aufkochen, Hitze reduzieren und etwa 20 Minuten köcheln lassen, bis das Gemüse weich ist. Die Sahne zufügen und noch einmal aufkochen. Die Suppe im Mixer pürieren, durch ein Sieb passieren und warm stellen.

Zum Servieren etwas Confit und einen Spritzer Trüffelöl in die Mitte der flachen, vorgewärmten Suppenteller geben. Die Teller auf den Tisch stellen und die Suppe aus der Kanne darüber gießen.

Für 10 Personen einfach

André Chouvin, Küchenchef

Bouillabaisse
Fischsuppe

Zutaten
Rouille
1–2 Scheiben Weißbrot, ohne Rinde
1 Knoblauchzehe, zerdrückt
1 Prise Paprikapulver
1 Eigelb
1 TL Safranfäden
250 ml Olivenöl

8 dicke Scheiben Weißbrot oder Baguette
Olivenöl
½ Knolle Fenchel, in Würfel geschnitten
4 reife rote Tomaten, halbiert
4 Knoblauchzehen, gehackt
1 Zwiebel, in Würfel geschnitten
½ Stange Lauch, in Würfel geschnitten
1 Karotte, in Würfel geschnitten
1 Lorbeerblatt
1 Thymianzweig
1 kg junger Petersfisch oder ein anderer feinfaseriger Fisch, filetiert
1 kg Drachenkopf oder Meerbarbe, filetiert
1 EL Tomatenmark
1 TL Safranfäden
andere Fische und Meeresfrüchte Ihrer Wahl, in große Stücke zerteilt

Ein berühmter Fischeintopf aus der Provence, den die Fischer ursprünglich aus den Fangresten des Tages zubereiteten. Die Suppe wird über dicke Scheiben gerösteten Brotes gegeben und mit Rouille serviert. Bei besonderen Gelegenheiten wird gekochter Hummer zum Garnieren verwendet.

Für die Rouille das Brot und den Knoblauch mit einer Gabel zu einer Paste zerdrücken. Mit dem Paprikapulver vermischen, dann Eigelb und Safran zugeben. Das Olivenöl in mehreren Schritten unterheben, zunächst tropfenweise, dann in größeren Portionen, und die Masse zu einer Art dicker Mayonnaise aufschlagen.

Für die Croûtons Brot anrösten oder toasten und in quadratische Stücke schneiden.

Für die Suppengrundlage etwas Olivenöl in einer Pfanne erhitzen und Fenchel, Tomaten, Knoblauch, Zwiebel, Lauch, Karotte, Lorbeerblatt und Thymian auf niedriger Hitze unter häufigem Rühren darin andünsten. Das Gemüse darf keine Farbe annehmen. Wenn es halb gar ist, Petersfisch, Drachenkopf und Tomatenmark zufügen. Vorsichtig umrühren und so viel Wasser zugeben, daß der Fisch bedeckt ist. Aufkochen und 15 Minuten köcheln lassen. Safran zugeben und weitere 20 Minuten köcheln lassen. Abschließend durch ein Sieb passieren, um eine dickflüssige Suppe zu erhalten.

5 Minuten vor dem Servieren die Fischstücke und Meeresfrüchte in die Suppe geben und unterhalb des Kochpunkts garziehen lassen. Fisch und Meeresfrüchte auf tiefen Servierplatten anrichten, die dickflüssige Suppe darüber gießen und mit der Rouille und den Croûtons servieren.

Für 6 Personen mittel

Matthew Moran, Küchenchef

Suppe aus gebackenen Tomaten
mit frischem Basilikum

Zutaten
2 kg reife Eiertomaten
Salz und frisch gemahlener Pfeffer
6 Knoblauchzehen, ungeschält
5 EL natives Olivenöl extra
½ Tasse frisches Basilikum, gehackt
4 kleine Pitabrote
Tapenade (provenzalische Würzpastete aus Oliven, Kapern und Sardellen)

Backofen auf 220 °C vorheizen. Tomaten der Länge nach halbieren und auf ein gefettetes Backblech legen. Mit Salz und Pfeffer würzen und die Tomaten mit dem Knoblauch 20 Minuten im Backofen garen. Die Knoblauchzehen schälen und in einer Küchenmaschine mit drei Vierteln der Tomaten pürieren. Das Tomatenpüree durch ein feines Sieb passieren, die übrigen Tomaten kleinhacken. Olivenöl im Wasserbad unter das Tomatenpüree heben. Kurz vor dem Servieren mit gehackten Tomaten und Basilikum garnieren. Das Pitabrot mit Tapenade bestreichen und zur Suppe reichen.

Für 4 Personen einfach

Luke Mangan, Küchenchef

Blumenkohlsuppe
mit Trüffelöl und Schnittlauch

ZUTATEN

1 Zwiebel, gehackt

1 EL Butter

1 mittelgroßer Blumenkohl, in Röschen
   zerteilt

500 ml Milch

2 EL Sahne

1 EL Trüffelöl

frisch gehackter Schnittlauch

Salz und frisch gemahlener schwarzer
   Pfeffer

Eine seidenweiche und süßliche Suppe; gehaltvoll, aber raffiniert. Sie wird in Milch ge-kocht, um die weiße Farbe des Blumenkohls zu erhalten. Als letzte Ergänzung vereinigt sich das Trüffelöl mit der Suppe: Ein erotisches Gericht.

Die Zwiebel in Butter andünsten, ohne sie braun werden zu lassen. Den Blumen-kohl zugeben und 5 Minuten bei mittlerer Hitze weiterdünsten. Mit der Milch be-decken und zum Kochen bringen, Hitze reduzieren und 20–30 Minuten köcheln lassen, bis der Blumenkohl gar ist. Blumenkohl im Mixer pürieren und durch ein feines Sieb passieren. In einen sauberen Topf geben, Sahne zufügen und noch ein-mal ganz kurz aufkochen lassen. Die Suppe in die Teller geben, mit etwas Trüffelöl beträufeln und mit Schnittlauch garnieren. Mit Salz und Pfeffer abschmecken und sofort servieren.

Für 2 Personen einfach

Ralph Potter, Küchenchef

Wildpilzsuppe
mit Meerrettichrahm

ZUTATEN

1 Zwiebel, gehackt

2 Stangen Bleichsellerie, gehackt

1 Stange Lauch, gehackt

½ Knoblauchzehe, gehackt

200 g Butter

500 g Steinpilze, in Scheiben geschnitten

1½ l Hühnerbrühe

300 g geschälte Kartoffeln, in Stücken

2 EL Meerrettich, frisch gerieben

4 EL Sauerrahm

Salz und frisch gemahlener weißer Pfeffer

150 g andere Wildpilze, in Scheiben
   geschnitten

1 EL gehackte Petersilie

Dies ist ein klassisches Beispiel für ein regionales Gericht. Da im Herbst nach einem Regen überall Pilze sprießen, sobald die Sonne wieder scheint, kann man diese zur Feier der Jahreszeit zu einer besonderen Suppe verarbeiten.

Zwiebel, Bleichsellerie, Lauch und Knoblauch in der Hälfte der Butter bei schwa-cher Hitze weichdünsten. Die Steinpilze zugeben und 5–6 Minuten mitdünsten. Hühnerbrühe und Kartoffeln dazugeben, zum Kochen bringen und 45 Minuten köcheln lassen. Suppe vom Herd nehmen, im Mixer pürieren (keine zusätzliche Flüssigkeit angießen, die fertige Suppe sollte recht dickflüssig sein) und warm stellen.

Meerrettich und Sauerrahm verrühren und mit Pfeffer abschmecken.

Restliche Butter in einer Pfanne erhitzen und die Wildpilze rasch darin anbra-ten. Petersilie unterheben und die Pilze in einem feinmaschigen Sieb abtropfen lassen.

Die Suppe mit Salz und Pfeffer abschmecken und mit einigen sautierten Wild-pilzen und einem Tupfer Meerrettichrahm garniert in tiefen Suppentellern servieren.

Für 4–6 Personen einfach

Joan Campbell
und Sue Fairlie-Cuninghame

Regionale Küche und die Macht der Medien

Joan Campbell

»Nur wenige Menschen hatten einen solch starken Einfluß auf die heutige australische Küche wie Joan«, schrieb die Food-Autorin Cherry Ripe. Joan Campbell war Kochlehrerin, hatte einen Catering-Service, schrieb als Journalistin über Essen und leitete das Food-Ressort der australischen Vogue, wodurch sie Australiens kulinarische Vorlieben mehr als 30 Jahre lang beeinflußte. Joan hat ihre einzigartige Stellung dazu benutzt, ohne falsche Rücksichtnahme jene Art von Essen und jene Chefköche zu fördern, an die sie wirklich glaubte.

Für Joan ist es eine große Freude, daß ihre Tochter Sue ihre Leidenschaft für die Küche teilt, und zwar für elegantes und einfaches Essen. Der lässige Stil ihrer Arrangements setzte einen neuen Maßstab für Food-Fotografie und leistete den australischen Chefköchen unschätzbare Hilfe bei der Visualisierung ihrer Gerichte.

»Als wir auf dem Land lebten, haben wir ständig Leute bewirtet, aber als ich in die Stadt kam, mußte ich irgendwie Geld verdienen. Freunde sagten: ›Du kannst kochen, warum versuchst du nicht, dir damit deinen Lebensunterhalt zu verdienen?‹ Mir machte das großen Spaß. Wenn ich daran zurückdenke, war das alles so viel Arbeit, daß ich es mir gar nicht vorstellen kann, wie ich es bewältigt habe. Meine Kochkurse waren nur über Mundpropaganda ständig ausgebucht. Im Sunday Telegraph schrieb ich gleichzeitig Restaurantkritiken, und als ich dann vor 20 Jahren bei Vogue anfing, hörte ich nach und nach mit den Kochkursen auf.

Früher nannte ich mich Buschkoch und legte stets Wert auf Einfachheit und frische Zutaten. Abgesehen davon glaube ich aber nicht, daß ich einen bestimmten Stil habe ... Im Grunde ist es mir einfach nur wichtig, ein gelungenes Gericht zuzubereiten und von allen zu hören, daß es köstlich ist.«

OBEN: Curry aus gegrillter Ente (Seite 121). Dieses Gericht ist wirklich sehr einfach zuzubereiten. Es besteht aus einer Mehrzwecksauce, die man anstatt zur fetten Ente auch zu frischem Fisch, zu Muscheln oder Hühnerfleisch zubereiten kann. Alle Zutaten bekommt man im Supermarkt. Wenn man keine gegrillte chinesische Ente bekommt (asiatischer Supermarkt!), tut es auch ein gedämpftes Huhn, aber die Ente macht das Gericht zu einem Festessen.

GEGNÜBERLIEGENDE SEITE, RECHTS: Fritierte Kalmarringe (Seite 56): Knusprig und bekömmlich, mit feinem Basilikumaroma. Als Beilage kann man Kecapsauce, süße Chilisauce und Limettenviertel reichen.

50 SUPPEN UND VORSPEISEN

Sue Fairlie-Cuninghame

»Mutter und ich haben uns das Kochen selbst beigebracht. Man sollte sich immer auf den eigenen Geschmackssinn verlassen, Mengenangaben sollten nur als Anhaltspunkte dienen. Um einzigartigen Geschmack zu erzielen, sollte man sich die besten Zutaten leisten. Am besten sind einfache Dinge. Ich messe Perfektion an Vanilleeis und Kartoffelbrei.«

Nach zehn Jahren als leitende Vogue-Redakteurin für Unterhaltung, Reisen, Essen und Wein, gab Sue Fairlie-Cuninghame ihren Job zugunsten einer freischaffenden Karriere auf. Noch immer schreibt sie neben ihren anderen Tätigkeiten für Vogue.

»Ich bin auf dem Land aufgewachsen, dadurch hat alles, womit ich mich beschäftige, einen landwirtschaftlichen Hintergrund. Ich weiß, was ›tough in the bush‹ heißt. Die Ausschüsse, in denen ich arbeite, ermuntern Produzenten, kreativ zu denken, ihre Waren regional selbst zu vertreiben, bis überregionale Händler auf sie aufmerksam werden.« Sue arbeitet in ganz Australien mit Menschen zusammen, die sich mit dem Essen der Zukunft beschäftigen. Als Mitglied des Culinary Advisory Committee of Tourism von New South Wales besteht ihre Arbeit darin, die Qualität des Essens und der Bewirtung in den ländlichen Regionen zu sichern. Am Wochenende widmen sich Sue und ihr Ehemann den Rindern und Trauben auf ihrer Farm. »Ich glaube an meinen Beruf als Farmer, an die Integrität meiner Erzeugnisse und die der Menschen, mit denen ich arbeite. Den Spitzenköchen, die geholfen haben, meinen Geschmack auszubilden, habe ich einen großen Teil meines Erfolgs zu verdanken.«

SUPPEN UND VORSPEISEN 51

Michael Moore, Küchenchef

Knusprige Wachteln

ZUTATEN

600 ml Wasser

1 EL Malzzucker

1 TL Salz

3 EL Weißweinessig

4 große Wachteln von etwa je 140 g

5 EL Öl zum Braten

Meersalz

2½ EL Olivenöl

1 EL Balsamicoessig bester Qualität

4 dünne Scheiben Bauch- oder
   Schinkenspeck

4 reife dunkle Feigen

12 Rucolablätter

Wasser, Malzzucker, Salz und Essig in einen Topf geben und zum Kochen bringen. Die Wachteln 20 Minuten in die kochende Flüssigkeit legen, herausnehmen und zum Abtropfen auf ein Sieb oder Drahtgestell legen.

Öl in einem Topf erhitzen. Es hat die richtige Temperatur erreicht, wenn ein Brotwürfel sofort wieder an die Oberfläche steigt. Eine ganze abgetropfte Wachtel etwa 2 Minuten im Öl braten, bis sie goldbraun und knusprig ist. Herausnehmen, auf einem Stück Küchenkrepp abtropfen lassen und mit dem Meersalz würzen. Mit den übrigen Wachteln auf die gleiche Weise verfahren.

Aus Olivenöl und Balsamicoessig ein Dressing mischen. Den Speck knusprig braten.

Jede Wachtel mit einem schweren Messer halbieren. Die Hälften übereinander auf große Teller legen und mit ein wenig Dressing beträufeln. Jede Feige in 6 Teile schneiden und um die Wachteln drapieren. Zum Schluß das restliche Dressing unter die Rucolablätter mischen und zusammen mit dem Speck auf die Wachteln geben. Warm servieren.

Für 4 Personen mittel

Mietta O'Donnell, Restaurantbesitzerin und Food-Autorin

Ziegenkäsesalat

ZUTATEN

100 ml Crème double

2 EL gehackter Schnittlauch

175 g gehackte Walnüsse

100 g Butter

600 g Ciabatta-Brot, in 2 cm dicke
   Scheiben geschnitten

600 g Ziegenkäse

Salz und frisch gemahlener schwarzer
   Pfeffer

2½ EL Olivenöl

2 Handvoll bunte Salatblätter und
   Kräuter zum Garnieren

2 Stauden Chicorée, dünn geschnitten

1 EL Rotweinessig

Ofen auf 200 °C vorheizen. Sahne und Schnittlauch mischen. Die Walnüsse im Ofen einige Minuten knusprig rösten, aber nicht dunkel werden lassen. Die Butter mit einer Hälfte der Walnüsse vermengen und auf die Brotscheiben streichen. Den Ziegenkäse in Scheiben schneiden und auf die Walnußbutterbrote legen. Mit Salz und Pfeffer abschmecken und mit ein wenig Olivenöl beträufeln.

Salatblätter und Kräuter auf die Teller legen und darauf den Chicorée. Das restliche Öl mit dem Rotweinessig zu einer Vinaigrette verrühren und darüber geben. Die Brotscheiben 3–5 Minuten im Ofen überbacken, auf den Tellern mit jeweils 1 Löffel Schnittlauchsahne anrichten. Die restlichen Walnüsse darüber streuen, noch einmal pikant abschmecken und sofort servieren.

Für 4–6 Personen einfach

Richard Thomas, Käser

Käse–Impressionen

Für mich als Käser dreht sich natürlich die ganze Welt um Käse. Ich habe hier einige Ideen zusammengetragen, die trotz (oder vielleicht gerade wegen) ihrer Einfachheit recht eindrucksvoll sind.

Ein guter Freund, der nahe der französischen Grenze in den italienischen Alpen arbeitete, machte mich mit einigen Bergkäsern bekannt, und ich hatte daraufhin das Vergnügen, einige Tage mit ihnen zu arbeiten. Sie stellten äußerst wohlschmeckende Butter her und viele unterschiedliche Käsesorten: weiche und frische, feste und süßliche, alte, harte und bittere sowie blauschimmlig-scharfe.

Eines Tages bestand unser Mittagessen aus Brot mit Honig, in dem Trüffelschalen und andere Stückchen schwammen. Dazu aßen wir eine Art Berg-Gorgonzola. Wir spülten das Ganze mit einem guten Rotwein hinunter und hielten dann ein Nickerchen. Dies war, in seiner Einfachheit und Eleganz, eine der komplexesten Geschmackserfahrungen meines ganzen Lebens.

Und es ließ mich in Zukunft nach einfachen Dingen in unserer unmittelbaren Umgebung Ausschau halten, die man essen konnte. In Australien mögen wir nicht immer die besten Waren der Welt bekommen, aber im großen und ganzen sind unsere Zutaten ausgezeichnet.

Unsere Olivenölerzeugung ist zwar nicht so hoch entwickelt wie die spanische, aber das Öl ist trotzdem sehr schmackhaft; ein Spritzer gutes einheimisches Öl über einem unserer Pecorinos oder einem Romano aus Italien verleiht dem Käse das gewisse Etwas. Dazu eine Nashibirne, und man kann einen interessanten Wechsel zwischen feuchter und knuspriger Konsistenz genießen.

Kürzlich beobachtete ich ein altes italienisches Ehepaar im Yara Valley, wie es scheinbar Unkraut am Straßenrand pflückte. Es handelte sich aber um Rucola – ein Unkraut, für das die Italiener eine Verwendung gefunden haben. Wilder Rucola hat einen ziemlich pfeffrigen Geschmack, wenn er roh ist, aber wenn man ihn blanchiert und in einen frischen Ziegenkäse gibt, erschließt sich uns ein außergewöhnlicher und unerwarteter Geschmack. Dazu serviere ich gewöhnlich mit Sardellen gefüllte Chillies und besprenkle das Ganze mit Olivenöl.

Ein besonderes Dessert kann man aus einem Stapel frischer Waffeln bereiten. Man belegt eine Waffel mit zwei eiergroßen Stücken Meredith Blue oder einem anderen Blauschimmelkäse, die man mit einem Löffel aus dem Käse schneidet. Darauf kommt eine Scheibe Nashibirne, die man, ohne daß sie ihren Biß verliert, ganz leicht in einem Dessertwein pochiert hat. So belegt man den ganzen Stapel und gibt ganz obenauf eine Waffel und einen Löffel Mascarpone. Um das Ganze herum gießt man warmen Honig mit Trüffelaroma.

Meine anderen Lieblingsspeisen sind Gruyère mit Senf; Quitten- oder Süßkartoffelmus mit Blauschimmelkäse; Tokayer, getrunken mit reifem Bauerncheddar; und Feta, den man eine Nacht in Olivenöl mit zerdrücktem rohem Knoblauch eingelegt hat.

Suppen und Vorspeisen 53

Paul Merrony, Küchenchef

Ziegenkäseterrine

ZUTATEN

500 g sehr fester Ziegenkäse,
    zimmerwarm
150 ml Naturjoghurt
150 ml Sauerrahm
1 EL Olivenöl
Salz und frisch gemahlener weißer Pfeffer
1 Prise Muskat
4 Tomaten
1 rote süße Paprikaschote
Tabasco
5–6 EL Vinaigrette
½ Salatgurke, geschält und in feine
    Streifen geschnitten
1 kleines Bund Kerbel, gezupft, oder
    gehackter Schnittlauch

Den Ziegenkäse am Vortag durch das feine Kartoffelsieb eines Fleischwolfs passieren oder mit einer Kartoffelpresse in eine große Schüssel pressen. Joghurt, Sauerrahm und Olivenöl mit einem Holzlöffel gründlich untermischen und mit Pfeffer und ein wenig Muskat würzen. In eine kleine, mit Plastikfolie ausgelegte Terrinenform geben. Die Masse fest in die Ecken drücken. Mit Plastikfolie abdecken und kühl stellen.

Am nächsten Tag die Tomaten blanchieren, häuten und das Fleisch in ½ cm große Würfel schneiden (die Kerne der Tomaten aufheben). Die Paprika mit etwas Öl beträufelt unter den Grill legen, bis die Haut schwarz wird, und dann unter fließendem Wasser schälen. Das Paprikafleisch mit den Tomatenkernen im Mixer pürieren und danach durch ein feines Sieb passieren. Mit Salz, Pfeffer und einigen Spritzern Tabasco würzen und den größten Teil der Vinaigrette unterheben. Diese Sauce sollte an einem Löffelrücken klebenbleiben; ist sie zu dick geraten, kann man sie mit Hühnerbrühe oder Wasser verdünnen.

Die Gurke mit Salz bestreuen und in einem Sieb abtropfen lassen. Nach etwa 20 Minuten mit Wasser abspülen und erneut abtropfen lassen.

Die Paprikasauce mit einem Löffel in die Mitte des Tellers geben. Gurkenstreifen ringsherum legen, mit den Tomatenwürfeln bestreuen und mit übriger Vinaigrette begießen. Die Käseterrine in 1 cm dicke Scheiben schneiden und auf der Sauce anrichten. Abschmecken und mit etwas Kerbel garniert servieren.

Für 12 Personen mittel

Robert Castellani, Küchenchef

Arme-Leute-Suppe

ZUTATEN

1 kg Bohnenkerne, eingeweicht
4 Karotten
4 rote Zwiebeln
4 Stangen Bleichsellerie
1 kleine Mangoldstaude
2–3 EL natives Olivenöl extra
1 Knoblauchknolle, geschält
1 Laib Sauerteigbrot
1,5 kg geschälte Dosentomaten
1 Bund glatte Petersilie, gehackt
Parmesanrinde
500 g frische grüne Bohnen
eine Handvoll altbackenes Sauerteigbrot,
    in groben Stücken

Die eingeweichten Bohnenkerne abspülen und in einen Topf geben. Großzügig mit Wasser bedecken, aufkochen und so lange köcheln lassen, bis die Bohnen weich sind (etwa 40 Minuten). Den Backofen auf 180 °C vorheizen.

Karotten, Zwiebeln, Sellerie und Mangold grob zerkleinern und mit Olivenöl in einem großen, ofenfesten Topf dünsten, bis sie weich sind. Den Knoblauch zugeben und den Topf zudecken. Das Sauerteigbrot von der Rinde befreien und gründlich in Wasser einweichen, bis es die Konsistenz von Haferbrei erreicht. Die Tomaten abtropfen lassen (den Saft aufheben), dann zusammen mit drei Vierteln der gekochten Bohnenkerne in einer Küchenmaschine oder mit einem Pürierstab zerkleinern; zum Gemüse in den Topf geben. Das eingeweichte Brot, den Tomatensaft, die Petersilie, den Parmesan und die grünen Bohnen zur Suppe geben und knapp mit Wasser bedecken. Zudecken und für 2 Stunden in den Backofen stellen.

Zum Servieren ein Stückchen Brot in die Teller geben, Suppe darüber schöpfen, mit den Bohnenkernen garnieren und mit ein wenig Olivenöl beträufeln.

Für 6–8 Personen einfach

Links: Ziegenkäseterrine. Mit knusprig geröstetem Brot kann diese einfach zubereitete Terrine auch als Ergänzung einer Käseplatte gereicht werden. Das Rezept ist für zwölf Gäste berechnet, denn eine Terrine für vier macht wenig Sinn. Feuchter Ziegenkäse läßt sich schwer in Form bringen; nehmen Sie in diesem Fall weniger Sauerrahm und Joghurt.

Oben: Arme Leute-Suppe – ein Eintopf im klassischen Sinn, ein echtes Familienessen. Ursprünglich kochte man das Gericht langsam auf dem Herd oder im Holzofen. Es ist ein nahrhaftes Essen mit starken, angenehmen Geschmacksnoten, die sich sehr gut mit der weichen Konsistenz der Bohnen und des Brotes verbinden.

Suppen und Vorspeisen 55

Joan Campbell, Food-Autorin

Fritierte Kalmarringe

ZUTATEN
500 g kleine bis mittelgroße Kalmarringe

1 EL Thailändische Fischsauce (nam pla)

2–3 Knoblauchzehen (je nach Geschmack), zerdrückt

3 EL frisch gehacktes Basilikum

grob gemahlener schwarzer Pfeffer

1 l Erdnußöl

Maismehl oder Maisstärke zum Bestreuen

ZUM SERVIEREN
kecap manis (süße indonesische Sojasauce)

süße Chilisauce

2 Limetten, geviertelt

Dies ist eine leichte Vorspeise für heiße Sommertage. Besonders köstlich schmeckt sie zu einem kleinen Bier vor dem Essen.

Die Kalmarringe unter fließendem Wasser abspülen und abtropfen lassen. Fischsauce, Knoblauch, Basilikum und Pfeffer mischen, die Kalmarringe hineinlegen und bei Zimmertemperatur zugedeckt 1 Stunde marinieren. Gelegentlich umrühren.

Überschüssige Marinade von den Ringen abschütteln. Das Öl in einem Wok oder einer Friteuse erhitzen – es sollte nicht zu rauchen beginnen. Mit einem kleinen Brotwürfel die Temperatur testen; wenn er sofort wieder an die Oberfläche kommt, ist das Öl heiß genug. Die Kalmarringe mit etwas Maismehl bestäuben, überschüssiges Mehl wieder abschütteln. Immer einige Ringe gleichzeitig etwa 2 Minuten fritieren; auf Küchenkrepp abtropfen lassen und den Vorgang wiederholen, bis alle Ringe fritiert sind.

Kurz vor dem Servieren das Öl erneut erhitzen und die Ringe noch einmal etwa 30 Sekunden fritieren, bis sie goldbraun sind. Noch einmal abtropfen lassen und unverzüglich mit kecap manis, süßer Chilisauce und Limettenvierteln auftragen.

Für 4 Personen einfach

Leo Schofield, Restaurantkritiker

Kleine Muschelkasserolle

ZUTATEN
6 große Miesmuscheln, gekocht

6 Kammuscheln

6 große Austern

60 g Butter

125 ml Fisch- oder Muschelfond

300 ml Sekt oder Champagner

250 g Fischfilet, in kleine Kugeln geschnitten; vorzugsweise vom Schnapper oder einem anderen Fisch mit festem weißem Fleisch

1 Eigelb

Salz und frisch gemahlener schwarzer Pfeffer

Sechs kleine Kasserollen oder feuerfeste Förmchen von etwa 8 cm Durchmesser vorwärmen. In jede eine Miesmuschel, den Rogen der Kammuschel und eine Auster legen.

Butter, Fond und Champagner erhitzen. Die Kammuscheln und die Fischbällchen 2–3 Minuten darin köcheln lassen, bis sie beinahe gar sind. Herausnehmen, abtropfen lassen und beiseite stellen. Die Flüssigkeit in eine feuerfeste Schüssel geben und im Wasserbad mit dem Eigelb binden (nach Belieben eignet sich hierfür auch etwas Sauce hollandaise). Gut durchschlagen, bis sie an einem Löffelrücken kleben bleibt. Mit Salz und Pfeffer abschmecken.

Die Kammuscheln und die Fischstücke auf die Kasserollen veteilen und mit der Sauce bedecken. Deren Hitze sollte ausreichen, um die Kasserolle durchzuwärmen.

Für 6 Personen mittel

Philippe Mouchel, Küchenchef

Sautierte Kalmare
auf Ratatouille

ZUTATEN

RATATOUILLE

1 kg reife Tomaten oder 200 g halb getrocknete Tomaten

1 EL Zucker

Salz und frisch gemahlener schwarzer Pfeffer

4 Knoblauchzehen

1 rote Paprikaschote

Olivenöl

1 mittelgroße Zucchini

1 mittelgroße Aubergine

2 frische Basilikumblätter, in feine Streifen geschnitten

300 g frische Kalmare, in dünne Streifen geschnitten

3 TL Butter

1 EL Sojasauce

Salz und frisch gemahlener schwarzer Pfeffer

5 Basilikumblätter, feingehackt

1½ EL natives Olivenöl extra

4 Basilikumblätter, ganz

etwas Öl zum Fritieren

Im Sommer gibt es so gute Kalmare, daß ich mich zu diesem Gericht inspirieren ließ. Ich sautierte die Kalmare nur ganz leicht, um ihren Geschmack zu bewahren.

Zur Herstellung der halb getrockneten Tomaten den Backofen auf 100 °C vorheizen. Die Tomaten in kochendem Wasser blanchieren, in Eiswasser abschrecken und die Schalen entfernen. Vierteln und auf ein eingefettetes Backblech legen. Nach Geschmack mit Zucker und Salz bestreuen. 3 Knoblauchzehen kleinhacken und darüber streuen. Etwa 60 Minuten im Ofen lassen, je nach Qualität der Tomaten. Dann beiseite stellen und die Ofentemperatur auf 180 °C erhöhen.

Die Paprika mit etwas Olivenöl und Wasser in Aluminiumfolie wickeln; 20 Minuten im Ofen backen, dann beiseite stellen. Wenn sie abgekühlt sind, Haut und Kerne entfernen und das Fleisch in grobe Streifen schneiden.

Zucchini und Aubergine waschen und in Streifen schneiden. In einer Bratpfanne in etwas Olivenöl leicht sautieren, mit Salz und Pfeffer würzen und noch etwa 2 Minuten auf kleiner Flamme lassen. Die verbliebene Knoblauchzehe fein hacken. Tomaten und Paprika in die Pfanne geben, untermischen, mit Knoblauch und den Basilikumstreifen würzen und beiseite stellen.

Die Kalmare mit Küchenkrepp trockentupfen und in einer sehr heißen, mit Olivenöl ausgeriebenen Pfanne rasch anbraten. Die Butter und die Sojasauce zugeben, um die Kalmare mit einer feinen Schicht zu überziehen, dann mit Salz und Pfeffer abschmecken. Vom Herd nehmen und beiseite stellen. 4 ganze Basilikumblätter fritieren und abtropfen lassen.

Das Gemüse in die Mitte des Tellers geben und die Kalmare darauf anrichten. Das gehackte Basilikum mit dem nativen Olivenöl im Mixer vermengen und über das Gericht sprenkeln. Mit den fritierten Basilikumblättern garnieren und unverzüglich servieren.

Für 4 Personen mittel

SUPPEN UND VORSPEISEN

Martin Webb, Küchenchef

Austern mit Salsa aus roten Zwiebeln

ZUTATEN

SALSA

6 reife Eiertomaten

2 kleine rote Zwiebeln

2 rote Chilischoten, feingehackt

125 ml Koriandergrün, frisch gehackt

2 EL Limettensaft

2 EL Olivenöl

frisch gemahlener schwarzer Pfeffer

24 Austern, geschrubbt und, wenn möglich, ungeöffnet

2 Limetten, quer halbiert

LINKS: Austern mit Salsa aus roten Zwiebeln. Ein erfrischender Einstieg zu einem sommerlichen Mittagessen im Freien, zu dem hervorragend ein Chardonnay paßt. In dieser einfachen Vorspeise, die man mit wenig Aufwand zubereiten kann, verbindet sich der klare Geschmack des Meeres mit einem Hauch asiatischer Gewürze.

Australier sind verrückt nach Austern und glücklicherweise mit großen Mengen an Fels-austern gesegnet. Salsa und Austern passen in Geschmack und Konsistenz großartig zusammen. Am besten bereiten Sie die Salsa 30–40 Minuten vor dem Servieren zu; wenn sie länger als eine Stunde steht, geben die Tomaten und Zwiebeln Wasser ab, und der Koriander wird schlaff und verliert sein Aroma.

Für die Salsa die Stielansätze der Tomaten mit einem kleinen scharfen Messer entfernen; am anderen Ende kreuzweise einschneiden. 10–15 Sekunden in kochendem Wasser blanchieren, dann sofort in Eiswasser abschrecken und eine Minute darin liegen lassen. Die Tomaten schälen und vierteln. Das Innere der Tomatenviertel mit einem Löffel heraustrennen und wegwerfen. Das Fleisch in kleine Würfel schneiden und beiseite stellen.

Die Zwiebeln schälen und in gleichmäßige Würfel schneiden. Zwiebelwürfel, Chili und Koriander mit dem Limettensaft und dem Olivenöl zu den Tomaten geben. Mit Pfeffer abschmecken, durchrühren und beiseite stellen.

Die Austern auf eine ebene Fläche legen, mit der flacheren Schalenhälfte nach oben und dem Gelenk zu sich gerichtet. Die gegenüberliegende Seite mit einem Küchentuch festhalten und mit der anderen Hand die Spitze eines stabilen Messers in die Öffnung am Scharnier stecken. Das Messer bewegen, bis der Muskel nachgibt. Das Messer hineinschieben und drehen, um die Schalen aufzustemmen, aber darauf achten, daß keine Bruchstücke der Schale auf das Muschelfleisch fallen. Den Muskel durchtrennen, der die Muschel mit der Schale verbindet. Die Auster nicht waschen, und den Muschelsaft nicht verschütten.

Die geöffneten Austern auf 4 Teller mit zerstoßenem Eis verteilen und auf jede 1 Teelöffel Salsa geben. Mit einer Limettenhälfte in der Mitte jedes Tellers servieren.
Für 4 Personen einfach

Richard Thomas, Käser

Schwarze Tagliatelle mediterrane Art

ZUTATEN

500 g getrocknete schwarze (mit Tinte von Tintenfischen gefärbte) Tagliatelle

2 rote Chilischoten oder 2 rote Paprikaschoten, in Öl eingelegt

6 Sardellenfilets, abgetropft und in Stücke geschnitten (Öl aufheben)

2 EL Tapenade

1 TL Kapern

200 g fester, halbreifer Ziegenkäse

Dieses Gericht wird mit frischen Kräutern garniert. Außerdem kann man es mit Knoblauchöl begießen, das man aus zerdrücktem Knoblauch und gutem Olivenöl selbst herstellt. Dieses Öl kann man auf Vorrat zubereiten und im Kühlschrank aufbewahren.

Tagliatelle in reichlich Wasser *al dente* kochen und bis auf einen kleinen Rest Wasser abgießen (dieser Rest hält die Oberfläche der Pasta feucht). Die Chillies klein schneiden und mit den Sardellen, Kapern und der Tapenade zur Pasta geben. Ein wenig vom übrigen Öl der Sardellenfilets über die Nudeln geben und alles vorsichtig vermischen. Zum Servieren den Käse darüber krümeln.
Für 4 Personen einfach

Neil Perry, Küchenchef

Shrimpkuchen und Kammuscheln
mit pikanter Shrimpsauce

ZUTATEN

GARNELENFOND

5 EL Olivenöl

1 kg Shrimppanzer

½ kleine Zwiebel, in kleinen Würfeln

1 kleine Karotte, in kleinen Würfeln

2 Knoblauchzehen, gehackt

½ kleine Stange Lauch, in kleinen Würfeln

6 EL Brandy

6 EL Portwein

250 ml trockener Weißwein

250 ml Hühnerbrühe

4 Strauchtomaten, enthäutet, entkernt
   und kleingehackt

Blätter von ½ Bund frischem Thymian

Blätter von ½ Bund frischem Estragon

MOUSSE

3 Knoblauchzehen

2 rote Schalotten

3 Korianderwurzeln

10 weiße Pfefferkörner

2 TL Meersalz

300 ml Crème double

250 ml Kokosmilchkonzentrat

750 g frische Shrimps (etwa 375 g
   Fleisch), Köpfe und Schalen aufheben

2 Eiweiß

1 Eigelb

SHRIMPSAUCE

8 Knoblauchzehen

6 rote Schalotten

2 Stengel Zitronengras, gehackt

1 Scheibe Galangal, geschält und gehackt

2 Scheiben frische Gelbwurz, gehackt,
   oder ¼ TL gemahlene Gelbwurz

1 Stückchen Schale einer Kaffir-Limette,
   gehackt

8 grüne Chillies, gehackt

Man könnte dieses Gericht wohl einen west-östlichen Diwan nennen. Es ist eine Mischung aus französischen Mousse-Techniken und asiatischen Gewürzen. Durch das Kokosmilchkonzentrat wird die Mousse etwas fester in der Konsistenz als die weichere französische Mousse (deren Konsistenz ich persönlich weniger mag) und hat etwas mehr Biß. Die Mousse kann auf Vorrat hergestellt und bei Bedarf vorsichtig erwärmt werden.

Für den Garnelenfond das Olivenöl in einem gußeisernen Topf stark erhitzen. Die Shrimppanzer zugeben und etwa 5 Minuten rühren, bis sie Farbe annehmen. Zwiebel, Karotte, Knoblauch und Lauch zufügen und weitere 5 Minuten garen. Den Brandy zugeben und fast völlig einkochen lassen. Dann den Portwein zugeben und einkochen lasssen, anschließend den Weißwein und auch diesen fast völlig reduzieren. Hühnerbrühe, Tomaten, Thymian und Estragon zugeben. Die Hitze reduzieren und das Ganze 20 Minuten vorsichtig köcheln lassen. Die Masse durch den Fleischwolf drehen, durch ein feines Sieb passieren und beiseite stellen.

Für die Mousse 6 Soffléförmchen oder backofenfeste Tassen mit Pflanzenöl einfetten. Den Backofen auf 150 °C vorheizen. Knoblauch, Schalotten, Korianderwurzeln, weißen Pfeffer und Meersalz im Mörser zu einer glatten Paste verarbeiten. Die Schüssel der Küchenmaschine im Tiefkühlfach kalt stellen. Die Crème double und das Kokosmilchkonzentrat in einem Krug verrühren und ebenfalls ins Tiefkühlfach stellen. Die Shrimps sollten ebenfalls sehr kalt sein. All dies ist wichtig, damit die Mousse nicht auseinanderfällt.

Die gekühlte Schüssel auf die Küchenmaschine stellen und Shrimps sowie Knoblauchmousse zugeben. Die Maschine anstellen und erst die Eiweiße nacheinander zugeben, dann das Eigelb. Die Kokos-Sahnemischung aus dem gekühlten Krug in dünnem Strahl zugießen, aber darauf achten, daß die Maschine insgesamt nicht länger als 2 Minuten läuft. Die Masse in die gefetteten Backformen füllen. Die Förmchen auf die Arbeitsfläche klopfen, um eventuelle Lufteinschlüsse zu vermeiden. Dann in ein Wasserbad geben – die Förmchen sollten zur Hälfte im heißen Wasser stehen – und 25 Minuten im Ofen backen.

Für die Shrimpsauce Knoblauch, Schalotten, Zitronengras, Galangal, Gelbwurz, Limettenschale und Chillies im Mörser zu einer glatten Paste verarbeiten. Die Pfefferkörner, Fenchel- und Koriandersamen in einer Pfanne ohne Öl rösten und nach dem Abkühlen mahlen. Zur Paste im Mörser geben und untermischen.

Das Erdnußöl bis kurz vor den Rauchpunkt erhitzen. Die von der Mousse übrig gebliebenen Shrimpschalen zusammen mit der Paste zugeben und unter ständigem Rühren braten, bis die Paste duftet, die Schalen rot sind und das Öl die Farbe der Shrimps angenommen hat. Den Whisky zugeben und verdunsten lassen, dann die Hühnerbrühe zufügen und die Tomaten unterrühren. Beim Zufügen der Brühe darf die Sauce nicht kochen, sonst wird sie leicht bitter. Hitze reduzieren und die Sauce 20 Minuten auf dem Herd warm halten, aber nicht kochen lassen.

1 TL weiße Pferrferkörner

1 TL Fenchelsamen

1 TL Koriandersamen

125 ml Erdnußöl

5 EL Whisky

300 ml Hühnerbrühe

2 Tomaten, enthäutet, entkernt und
gehackt

400 ml Garnelenfond (siehe oben)

6 Kaffir-Limettenblätter, in dünne
Streifen geschnitten

1 große Ingwerknolle, in dünnen Streifen

10 frische Wasserkastanien, in Scheiben

6 frische Scheiben Bambussprossen, in
dünne Streifen geschnitten

5 EL Kokosmilchkonzentrat

Palmzucker, nach Geschmack

Thailändische Fischsauce (nam pla)

18 Kammuscheln

10 Blätter süßes thailändisches Basilikum, in dünne Streifen geschnitten

3 EL geröstete Erdnüsse, zerdrückt

Anschließend durch ein feines Sieb abgießen; die Schalen mit einem Löffel ausdrücken.

Den Garnelenfond in einem Suppentopf zum Kochen bringen und leicht köcheln lassen. Limettenblätter, Ingwer, Wasserkastanien, Bambussprossen und Kokosmilchkonzentrat zugeben. Mit dem Palmzucker und der Fischsauce den Geschmack abrunden. Keinesfalls kochen lassen, da das Kokosmilchkonzentrat leicht
ausflockt.

Die Kammuscheln in einer gußeisernen Pfanne auf beiden Seiten goldbraun
braten; darauf achten, daß sie in der Mitte noch glasig und saftig bleiben.

Die Mousseformen auf 6 große weiße Suppenteller stürzen; falls nötig, mit
einem Schälmesser am Rand entlangfahren, um den Inhalt zu lösen.

Je Portion etwa 4 Eßlöffel Shrimpsauce über die Mousses geben; darauf achten,
daß jeder gleich viele feste Stücke bekommt. Mit dem Basilikum und den Erdnüssen bestreuen. Die Kammuscheln um jede Mousse herum legen, die Teller mit
etwas Kokos-Garnelenfond auffüllen und sofort servieren.

Für 6 Personen etwas schwierig

Philip Johnson, Küchenchef

Safran- und Lauchrisotto
mit Kammuscheln und Wodka

ZUTATEN

2 EL Olivenöl

½ Zwiebel, in Ringe geschnitten

2 Stangen Lauch, in Ringe geschnitten

3 Knoblauchzehen, geschnitten

1 große Prise Safranfäden

280 g Arborioreis (auch Avorio genannt)

1,5 l heiße Hühnerbrühe

500 g Kammuscheln

100 g geriebener Parmesan

2 EL Crème fraîche oder Sauerrahm

Saft von ½ Zitrone

Salz und frisch gemahlener schwarzer
Pfeffer

frische Basilikumblätter, zerrupft

Wodka

Das Olivenöl in einem gußeisernen Topf auf mittlerer Stufe erhitzen. Zwiebel,
Lauch und Knoblauch glasig dünsten, dann Safran und Reis zugeben. Rühren, bis
der Reis mit dem Öl benetzt ist.

Die Hitze erhöhen und die heiße Hühnerbrühe allmählich tassenweise zufügen,
während die Flüssigkeit aufgesogen wird. Dabei die Brühe in einem separaten Topf
köcheln lassen, um sie heiß zu halten. Damit fortfahren und weiter rühren, bis der
Reis *al dente* ist. Nun Kammuscheln, Parmesan, Crème fraîche und Zitronensaft
zufügen. Mit Salz und Pfeffer abschmecken. Die Basilikumblätter untermischen
und in vorgewärmte Suppenteller geben; dann mit Wodka beträufeln. Sofort
servieren.

Für 6 Personen einfach

Gegenüberliegende Seite: Eine kleine Auswahl der Käsesorten, die Richard Thomas geschaffen hat. Es ist wichtig, Käse im perfekten Reifezustand zu verzehren. Von links nach rechts: Meredith Blue, reifer Caprini (kleiner Ziegenkäse), Ziegenpyramide im Aschenmantel, Schafskäse mit weißer Rinde (ähnlich einem Camembert), noch einmal Meredith Blue und australischer Pecorino.

Oben: Richard Thomas mit den Früchten seiner Arbeit.

Rechts oben: Eine Scheibe reifer Meredith Blue (ein Schafskäse), mit Trüffelhonig und frischem Weißbrot. Sie können ihren eigenen Trüffelhonig herstellen: Nehmen Sie einfach einige Schnitzer Trüffelschale oder etwas Trüffelpaste, und legen Sie sie in guten Honig. Die Familie Cameron, die den Meredith Blue herstellt, war ursprünglich eine typische Farmerfamilie im Western District. Dann wurden die Camerons äußerst erfinderische Hersteller von Bauernkäse. Sie gehören heute zu den wichtigsten Käseerzeugern Australiens.

Rechts: Ein junger Ziegenkäse, mit Rucolablättern, eingelegten Chillies und frischem Weißbrot serviert und mit gutem Olivenöl übergossen.

62   Suppen und Vorspeisen

Richard Thomas

Künstler und Käser

»Das erste Mal machte ich Meredith Blue in einem Eimer mit Schafsmilch im Hinterzimmer eines Restaurants. Ich verwendete einen Gorgonzolaschimmel aus den norditalienischen Alpen an Stelle des schärferen Roquefortschimmels. Es hat gleich beim ersten Mal geklappt, und ich habe seit acht Jahren das Rezept nicht verändert. Dies war das erste Mal, soweit ich weiß, daß in Australien Blauschimmelkäse aus Schafmilch hergestellt wurde.«

Dies war eine der zahllosen Premieren von Richard Thomas, dem Käser und Berater. Richard hat viele der Bauernkäse geschaffen, die heute in Australien zu Klassikern geworden sind: Gippsland Blue, Yarra Valley Chèvre, Yarra Valley Persian Feta, Milawa Washed Rind, Milawa Fromage Frais, Milawa Chèvre, Milawa Blue, King River Gold, Meredith Blue und Meredith Goat.

Eigentlich arbeitete er als Chemiker in der Molkereibranche, bevor er sich entschloß, seine Liebe zum guten Essen mit dem Käserhandwerk zu verbinden.

»Ich war begeistert von Gorgonzola! Ich war naiv, und daher konnte ich nicht einsehen, warum wir hier nur Cheddar machen konnten und keinen anständigen Käse. Das wollte ich nicht den Lebensmitteltechnikern überlassen, denn ich mag die Arroganz der Wissenschaft nicht. Da wir in Australien ursprünglich keinen Käse herstellten, mußte ich mich selbst darum kümmern. Mit all unseren fremden Geschmackseindrücken können wir neue Dinge probieren und uns von Traditionen abwenden. Es gab einfach keinen Grund, warum man in Australien nicht jeden beliebigen Käse herstellen sollte.

Im Moment arbeite ich an Käsesorten mit noch mehr Geschmack. Wir essen ja nicht nur gegen den Hunger, sondern wegen des Geschmacks. Die Qualität der Milch ist wichtig, und ihre Reifung. Zur Zeit arbeite ich an einer Art Pecorino und an einigen Parmesanvarianten.«

Der Markt in Australien ist jetzt reif für diese großartigen Bauernkäse. Als Richard 1984 anfing, stellte er sechs Tonnen seines ersten bekannten Käses, Gippsland Blue, von Hand her. Es war damals der einzige Blauschimmelkäse, der in Australien hergestellt wurde. Später begann Will Studd, ein Käselieferant, der gerade aus England eingewandert war, mit seinem Käseimport per Luftfracht aus Frankreich. Richard bat ihn um Hilfe, und Will sagte, daß Gippsland Blue genausogut war wie seine europäische Importware. So entstand der erste australische Bauernkäse.

SUPPEN UND VORSPEISEN 63

Victoria Alexander, Gastwirtin

Warme Blauschimmeltarte
mit karamelisierten Zwiebeln

ZUTATEN

225 ml Öl

4 Zwiebeln, in sehr dünne Ringe
  geschnitten

180 g Blauschimmelkäse

60 g Mascarpone

1 Eigelb

500 g Mürbteig

½ Tasse Spinatblätter, ausgedrückt und
  zerhackt

Tomatenchutney zum Servieren

Dies ist eines meiner beliebtesten Gerichte, das ich schon lange serviere.

Zuerst die Zwiebeln karamelisieren: Das Öl in einem mittelgroßen Topf leicht erhitzen. Die Zwiebeln zugeben und vorsichtig etwa 30 Minuten braten, bis sie dunkel-goldbraun und sehr weich sind. Übriges Öl abtropfen lassen und Zwiebeln beiseite stellen.

Den Blauschimmelkäse, den Mascarpone und das Eigelb in einer Schüssel vermengen. Den Teig auf einem mit etwas Mehl bestäubten Brett etwa 7 mm dick ausrollen und 8 kleine, gut 1 cm tiefe Springformen von etwa 10 cm Durchmesser damit auslegen. 30 Minuten im Kühlschrank ruhen lassen.
Den Backofen auf 200 °C vorheizen. Backpapier über die Förmchen legen und mit Bohnenkernen beschweren. Etwa 8 Minuten goldbraun backen, dann die Bohnen und das Backpapier entfernen.

Auf jede Tarte erst etwas karamelisierte Zwiebel legen, darauf dann Spinat. Die Käsemischung darüber geben und die Tartes erneut 10–12 Minuten backen. Sie sollten sich an den Oberseiten goldbraun wölben, in der Mitte aber noch cremig sein. Die Tartes vorsichtig aus den Formen lösen und mit einem Schlag Tomatenchutney auf dem Tellerrand servieren.

Für 8 Personen einfach

Robert Castellani, Küchenchef

Mangold-Ricottabällchen

ZUTATEN

750 g frischer Spinat

750 g Mangold

350 g Parmesan

500 g Ricotta

5 Eigelb

Salz und frisch gemahlener schwarzer
  Pfeffer

½ TL geriebene Muskatnuß

125 g Mehl

2 EL Butter

8 frische Salbeiblätter oder
  8 Blätter junger Spinat

Spinat und Mangold in eine große Schüssel geben. 5 Minuten mit kochendem Wasser überbrühen, dann mit kaltem Wasser abschrecken. Die Flüssigkeit mit den Händen gründlich ausdrücken. Den Spinat beiseite stellen, die Mangoldblätter kleinhacken und in eine Schüssel geben.

Zwei Drittel des Parmesan reiben und mit dem Ricotta und den Eigelben zum Mangold geben. Den restlichen Parmesan in kleine Späne hobeln und beiseite stellen. Die Ricottamischung mit Salz, Pfeffer und Muskat würzen, gut verrühren und zu walnußgroßen Bällchen formen. Diese in Mehl wälzen, daß sie vollständig bedeckt sind. 30 Sekunden in reichlich kochendem Wasser pochieren.

Zur gleichen Zeit den Spinat in der Butter erhitzen und auf vorgewärmte, flache Teller geben. Dazu die Mangoldbällchen legen und mit den Parmesanspänen und den Salbeiblättern garnieren. Sofort servieren.

Für 6 Personen einfach

Suzanne Gibbs, Food-Autorin

Gnocchi aus Süßkartoffeln
mit brauner Buttersauce

ZUTATEN

GNOCCHI

750 g rote Süßkartoffeln, geschält und
    gewürfelt

30 g Butter

225 g Mehl

1 Eigelb

Salz und frisch gemahlener Pfeffer

frische Salbeiblätter

etwas Öl zum Braten

Parmesan, gehobelt (nach Belieben)

BUTTERSAUCE

100 g Butter

1 Knoblauchzehe, zerdrückt

1 EL Salbeiblätter, gehackt

Die Süßkartoffelstücke in eine Pfanne geben und knapp mit Wasser bedecken. Zudecken und weichkochen. Abgießen und zerstampfen, dann durch ein Metallsieb passieren (falls nötig, ein schweres Glas oder ähnliches zu Hilfe nehmen). Das Süßkartoffelpüree wieder in den Topf geben und die Butter bei niedriger Temperatur gründlich unterrühren. Wenn das Püree handwarm ist, Mehl und Eigelb unterheben; dann mit Pfeffer würzen. Rühren, bis der Teig weich und elastisch ist.

Mit der Hand walnußgroße Teigstücke formen. Jedes Stück ein wenig mit den Fingerkuppen eindrücken und mit einer Gabel Rillen formen. Die Wölbung läßt die Gnocchi gleichmäßiger garen, die Rillen dienen als Saucenfänger.

Für die Sauce die Butter in einer kleinen Pfanne schmelzen und Knoblauch sowie Salbei zufügen. Vorsichtig anschwitzen, bis sich die Butter goldbraun verfärbt, aber nicht verbrennt. Vom Herd nehmen und warm stellen.

Die Gnocchi portionsweise in einen großen Topf mit kochendem Salzwasser gleiten lassen. Wenn sie an der Oberfläche schwimmen, weitere 10 Sekunden kochen lassen, dann mit einem Schaumlöffel auf eine vorgewärmte Servierplatte geben.

Die Salbeiblätter bei großer Hitze in etwas Öl knusprig braten. Die Buttersauce über die Gnocchi geben, nach Belieben mit den Parmesanspänen bestreuen und mit den knusprigen Salbeiblättern garnieren. Unverzüglich servieren.

Für 4 Personen einfach

Stefano Manfredi, Küchenchef

Kalbshaxensalat

ZUTATEN

1 Kalbshaxe, von Fett und Haut befreit

1 Karotte, in größere Stücke geschnitten

1 Zwiebel, geviertelt

2 Stangen Bleichsellerie, in Stücken von
    2 cm Länge

1 Stange Lauch, geputzt und gewaschen

3 gelbe Schalotten, in Scheiben
    geschnitten

1 Fenchelknolle, in Scheiben geschnitten

frische Petersilie, gehackt

1 EL natives Olivenöl extra

Balsamico

Meersalz und zerstoßener schwarzer Pfeffer

Diesen Salat kann man sowohl als eigenständige Mahlzeit servieren als auch als Bestandteil eines Antipasto. Kalbshaxe ist sehr zart, das Fleisch fällt fast vom Knochen.

Die Haxe in einen Topf geben und mit reichlich kaltem Wasser bedecken. Karotte, Zwiebel, Sellerie und Lauch zugeben und mindestens 1 Stunde köcheln lassen, bis die Haxe gar ist. Die Haxe herausnehmen und abkühlen lassen. Die Brühe durch ein Sieb abgießen, abkühlen lassen und im Kühlschrank als Suppengrundlage aufbewahren.

Die gekochte Haxe in dünne Scheiben schneiden und mit den Schalotten, dem Fenchel und der Petersilie in eine Salatschüssel geben. Etwas Olivenöl zufügen und darin schwenken. Mit einigen Tropfen Balsamico, Salz und Pfeffer abschmekken, noch einmal schwenken und servieren.

Für 6–8 Personen einfach

Robert Castellani, Küchenchef

Sautierte Kammuscheln
mit schwarzen Orechiette und Mascarpone

ZUTATEN

200 g Mascarpone

30 g geriebener Parmesan

Salz und gemahlener schwarzer Pfeffer

20 Kammuscheln, geputzt

2 EL Olivenöl

200 g schwarze Orechiette (oder eine andere schwarze kleine Pastasorte)

frisch geschnittener Schnittlauch zum Garnieren

frisch geschnittenes Basilikum zum Garnieren

Dies ist einer meiner Favoriten für den Sommer. Benutzen Sie, wenn möglich, luftgetrocknete Pasta aus Italien. Sie hat eine rauhe Oberfläche, an der die Sauce hängenbleibt.

Den Mascarpone bei niedriger Hitze zerlaufen lassen, erhitzen und dann den Parmesan zugeben. Mit Pfeffer würzen, vom Herd nehmen und warm stellen.

Die Kammuscheln mit Salz und Pfeffer würzen und in der Hälfte des Olivenöls sautieren. Die Nudeln in reichlich Salzwasser *al dente* kochen, abgießen und in eine vorgewärmte Schüssel geben. Das restliche Öl über die Nudeln geben und schwenken, dann den Mascarpone, die Kammuscheln, den Schnittlauch und das Basilikum darüber geben. Unverzüglich servieren.

Für 4 Personen einfach

RECHTS: Sautierte Kammuscheln mit schwarzen Orechiette und Mascarpone. Dieses Gericht kann man auch mit gegrilltem Oktopus oder Kalmar zubereiten, den man erst mit Knoblauch und Petersilie füllt und dann zerschneidet.

LINKS: Salat aus warmen Abalonen, Shiitake und Corzetti. Dies ist eine köstliche und dekorative Kombination von verschiedenen Konsistenzen. Die Abalonen sind fest, die Corzetti weich aber *al dente*, und die Shiitake sind weich. Dazu kommen die verschiedenen erdigen Geschmacksrichtungen des Gerichts.

Stefano Manfredi, Küchenchef

Salat aus warmen Abalonen,
Shiitake und Corzetti

Abalonen bestehen im Prinzip aus einem großen Muskel, der in einer wunderschönen ovalen Schale steckt. Um sie zuzubereiten, muß man diesen Muskel erst aus der Schale schneiden. Dazu fährt man mit einem kleinen scharfen Messer einmal um den Rand herum und ertastet den Ansatz, wo der Muskel an der Schale sitzt. Wenn Sie ihn ausgelöst haben, schneiden Sie den Muskel in sehr dünne Scheiben und marinieren diese in nativem Olivenöl und ein wenig Zitronensaft.

FORTSETZUNG AUF SEITE 68

ZUTATEN

SAFRANCORZETTI

250 g Mehl

2 Eier, vermischt mit ½ TL Safranfäden

2 EL Olivenöl

125 g geriebener Parmesan

natives Olivenöl extra

200 g Shiitake-Pilze, in dünne Scheiben
geschnitten

2 Tassen gekochte Corzetti (siehe oben)

8 Knoblauchzehen, kleingehackt

1 Abalone, lebend (siehe Einleitung)

Salz und frisch gemahlener Pfeffer

einige Blätter junger Salat

Das Mehl in eine Schüssel sieben; in die Mitte eine Mulde drücken und die Eier hineingeben. Mit einem Messer durchrühren und etwas kaltes Wasser (ca. 3 Eßlöffel) zugeben. Mit den Händen einen festen Teig formen. Auf ein mit Mehl bestäubtes Brett stürzen und etwa 15 Minuten fest durchkneten, bis der Teig weich und geschmeidig ist. Zu einer Kugel formen und in Plastikfolie 20 Minuten ruhen lassen.

Mit bemehlten Fingern daumennagelgroße Stückchen vom Teig abzupfen. Die Stücke auf der Arbeitsfläche mit dem Daumen annähernd rund drücken; dann in reichlich kochendem Salzwasser *al dente* kochen. Abgießen und mit etwas Olivenöl benetzen, damit sie nicht zusammenkleben. Den Parmesan untermischen. Das restliche Olivenöl in einer Bratpfanne erhitzen und die Corzetti darin schwenken. Wenn sie nach ca. 5 Minuten eine goldene Farbe annehmen, vom Herd nehmen.

Das Olivenöl in einer großen Bratpfanne oder einem Wok erhitzen. Wenn der Rauchpunkt erreicht ist, Shiitake, Corzetti, Knoblauch und Abalone zugeben. 1 Minute schwenken, mit Salz und Pfeffer abschmecken und auf den Salatblättern anrichten.

Für 8 Personen mittel

Dany Chouet, Küchenchef

Salat mit Entenleberparfait

ZUTATEN

ENTENLEBERPARFAIT

200 g Butter

500 g Entenleber

3 frische Thymianzweige

Salz und frisch gemahlener Pfeffer

Sonnenblumenöl

je 1 EL Brandy und Portwein

DRESSING

2½ EL Sherryessig

5 EL Traubenkernöl

5 EL natives Olivenöl extra

Salz und frisch gemahlener Pfeffer

250 g verschiedene junge Salate

1–2 Bunde dünner grüner Spargel

200 g kleine weiße Champignons

Saft von 1 Zitrone

1 Bund Frühlingszwiebeln

1 Bund frischer Kerbel

Für das Parfait die Butter in kleinere Stücke schneiden und warm stellen, bis sie weich geworden ist, ohne zu schmelzen. Den Backofen auf 200 °C vorheizen. Die Lebern säubern, auf ein eingefettetes Backblech legen und mit dem Thymian, Pfeffer und einem Schuß Sonnenblumenöl marinieren. 30 Minuten bei Zimmertemperatur stehen lassen. Wenn die Butter weich ist, die Lebern im Backofen 3–4 Minuten braten; sie sollen rosa bleiben. Wenn sie etwas abgekühlt sind, in einer Küchenmaschine pürieren und noch lauwarm durch ein feines Sieb passieren. Dann wieder in die gesäuberte Küchenmaschine geben. Die warme Butter, Brandy und Portwein zufügen, mit Salz und Pfeffer würzen und nochmals kurz mischen. Die Mischung in eine Porzellanterrine füllen und 2–3 Stunden in den Kühlschrank stellen. Inzwischen das Dressing aus allen Zutaten gut durchmischen und beiseite stellen.

Den Salat waschen und in der Salatschleuder trocknen. Den Spargel putzen und 4 Minuten dämpfen. Die Champignons in sehr dünne Scheiben schneiden und in etwas Zitronensaft schwenken, damit sie weiß bleiben. Die Frühlingszwiebel in sehr dünne Ringe schneiden.

Den Salat auf 4 Teller verteilen, die Pilze darumlegen, den Spargel darauf anrichten und darüber die Frühlingszwiebel streuen. Einen Edelstahllöffel in heißes Wasser tauchen und damit 4 kugelförmige Portionen Parfait in die Mitte jedes Salats geben. Mit einem sauberen Backpinsel das Dressing auftragen, mit etwas Kerbel garnieren und servieren.

Für 4 Personen einfach

Ralph Potter, Küchenchef

Nudelsalat
mit Austern und geschmorten Babykalmaren

ZUTATEN
KALMARE
450 g Babykalmare
Salz
3 Knoblauchzehen, ganz
1 braune Zwiebel, halbiert
3 dicke Scheiben frischer Ingwer
1 Zitrone, halbiert

300 g Vermicelli
3 EL natives Olivenöl extra
36 Rucolablätter, gewaschen und trocken
2 EL Balsamicoessig
3 EL frischer Ingwer, in feine Streifen geschnitten
6 EL salzarme Sojasauce
18 Austern, ohne Schale
½ EL gemahlene Zitronenmyrtenblätter
frisch zerstoßener schwarzer Pfeffer

RUCOLAÖL
eine Handvoll Rucolablätter
150 ml natives Olivenöl extra bester Qualität

Dies ist ein modernes australisches Gericht: einfach, frisch und sommerlich. Verwenden Sie nur kleine Kalmare; alle, die größer als 15 cm sind, sind zu dick. Im Idealfall sollten die geschnittenen Kalmare in etwa so groß sein wie die Nudeln.

Köpfe, Schnabel und Innereien der Kalmare entfernen und die Körper der Länge nach aufschneiden. Flach ausbreiten und die Haut mit einem Messerrücken abschaben. Mit den Fingern die Saugnäpfe von den Fangarmen abstreifen. Die Fangarme vom Kopf abschneiden und die Röhren der Länge nach aufschneiden. Sie sollten nicht breiter als 2–3 mm sein. Die Kalmarestücke abspülen und in eine große Pfanne geben; mit kaltem Wasser bedecken und aufkochen, Schaum gegebenenfalls abschöpfen. Salz, Knoblauch, Zwiebel, Ingwer und Zitrone zugeben und etwa 40–50 Minuten köcheln lassen, bis die Kalmare gar sind.

Vermicelli in reichlich Wasser 5 Minuten kochen und kalt abschrecken; beiseite stellen. Die Kalmare mit einem Schaumlöffel herausnehmen, noch warm mit etwas Olivenöl übergießen und abkühlen lassen.

Eine reichliche Handvoll Rucolablätter im Mixer mit dem nativen Olivenöl extra zu einem öligen Püree verarbeiten. In ein Gefäß geben und beiseite stellen.

Zur Fertigstellung des Gerichts überschüssiges Öl von den Kalmaren abgießen. Die Rucolablätter mit ein wenig Rucolaöl und etwas Balsamico anmachen und auf die Mitte der Teller geben. Die Kalmare mit den kalten gekochten Nudeln vermengen; dann 2 Eßlöffel Ingwer, Sojasauce, den restlichen Balsamico und zwölf Austern zufügen und vorsichtig untermischen. Auf die Rucolablätter geben; in jeder Portion sollten sich zwei Austern befinden. Auf jede Portion noch eine dritte Auster legen.

Zuletzt etwas Sojadressing aus der Mischschüssel auf die Teller träufeln und einen kleinen Schlag Rucolapüree daraufgeben. Den Teller mit der Zitronenmyrte bestreuen und mit Pfeffer würzen. Zuletzt mit dem übrigen Ingwer garnieren.

Für 6 Personen mittel

Raymond Kersh, Küchenchef, und Jennice Kersh, Restaurantbesitzerin

Ziegenkäsesoufflé
mit Zitronenespensalsa

ZUTATEN

ZITRONENESPENSALSA

Saft von 1 Orange

1 Limette

125 g Frucht der Zitronenespe, gesäubert
   und kleingehackt

2 kleine Basilikumblätter, in kleine
   Stücke gerissen

¼ rote Zwiebel, fein gewürfelt

1 kleine gelbe Schalotte, kleingehackt

1 Knoblauchzehe, kleingehackt

4 EL Honig

1 EL Weißweinessig

1½ EL Weißwein

Salz und frisch gemahlener weißer Pfeffer

1 EL gehackte Basilikumblätter

1 EL gehackter Schnittlauch

BÉCHAMELSAUCE

350 ml Milch

½ kleine braune Zwiebel

1 Lorbeerblatt

Prise gemahlene Muskatnuß

2 EL Butter

2 EL Mehl

SOUFFLÉ

130 g Ziegenkäse, zerkrümelt

3 Früchte der Zitronenespe, gesäubert,
   entkernt und kleingehackt

2 Eigelb

1 EL Zitronenespensaft

4 Eiweiß

500 ml Sahne

2 TL gehackter Schnittlauch

Für die Zitronenespensalsa alle Zutaten bis auf den Eßlöffel Basilikum und den Schnittlauch in einen Topf geben und zum Kochen bringen. 20 Minuten kochen lassen; gelegentlich etwas Wasser zufügen, damit die Salsa nicht anbrennt. Vom Herd nehmen und das Basilikum und den Schnittlauch zugeben und vermengen. Beiseite stellen.

Für die Béchamelsauce Milch, Zwiebel, Lorbeerblatt und Muskatnuß zum Kochen bringen. In der Zwischenzeit in einem anderen Topf die Butter schmelzen und das Mehl einrühren; 2 Minuten bei mittlerer Hitze rühren. Die kochende Milch durch ein Sieb in die Mehlschwitze gießen und mit dem Schneebesen schlagen, bis die Sauce glatt ist und eindickt. Unter gelegentlichem Rühren sanft köcheln lassen.

Für das Soufflé den Backofen auf 180 °C vorheizen und 4 Souffléförmchen oder feuerfeste Tassen einfetten. In die noch heiße Béchamelsauce die Hälfte des Ziegenkäses, Zitronenespenfrüchte, Eigelbe und Zitronenespensaft einrühren. Die Eiweiße schlagen und ein Drittel davon unter die Sauce ziehen. Danach vorsichtig den Rest unterheben. Die Mischung mit einem Löffel in die Förmchen geben und in einen Topf mit Wasser stellen, so daß sie 2 cm hoch im Wasser stehen. 15–20 Minuten im Ofen backen.

Den Topf aus dem Ofen nehmen, den Ofen aber noch nicht abschalten. Die Förmchen aus dem Topf nehmen und abkühlen lassen. Die Soufflés fallen jetzt zusammen, gehen aber später beim Aufbacken wieder auf. Wenn sie abgekühlt sind, aus den Förmchen nehmen und auf feuerfeste Teller legen. Den verbleibenen Ziegenkäse mit der Sahne vermengen und auf jedes Soufflé ein Viertel davon geben. Zuletzt ⅓ Teelöffel Zitronenespensalsa auf jedes Soufflé geben und im heißen Ofen 8–10 Minuten backen, bis sie braun sind. Mit dem Schnittlauch garnieren und unverzüglich servieren.

Für 4 Personen mittel

Kapitel 2
Salate und Gemüse

Alan Saunders

Salate und Gemüse

Es gibt zwei literarische Würdigungen des australischen Salats, und sie haben beide eine recht tragische Note. Die erste stammt von dem unglückseligen Philip Muskett, der sich um 1890 durch die fleischhaltigen Speisekarten von New South Wales futtern mußte und von den Gaumenfreuden Frankreichs träumte. Warum nur konnten seine Landsleute nicht Salate wie die Franzosen zubereiten, sondern machten sie wie die Engländer? Diese, berichtet er, schnitten ihre Salatköpfe in Viertel, weichten sie in Wasser ein und ließen sie dann auf einem Teller trocknen. Dieses Verfahren sollte den Salat säubern – die kleinen Insekten zwischen den Blättern blieben trotzdem. Danach wird das Ganze zerschnitten, mit Scheiben von hartgekochten Eiern belegt und mit »einer geheimnisvollen Mischung, die man Salatdressing nennt«, geflutet: »So stellt man den echten englischen Salat her, den jedermann, aus wahrscheinlich patriotischen Motiven, für äußerst lecker hält.« Und Besserung war nicht in Sicht.

70 Jahre später beschrieb Hal Porter in seinen Memoiren *The Watcher on the Cast-Iron Balcony* ein sonntägliches Abendessen um 1920. Es gab grüne Götterspeise, Bisquitkuchen, Makronen und anderes Gebäck; panierten und mit Nelken gespickten Schinken; und an dem Ende des Tisches, wo seine Mutter saß, stand »die Schüssel mit gepfefferten Gurkenscheiben, Tomaten, grünem Salat, Zwiebeln und Radieschen, die in Champion's Malzessig schwammen – worunter Mutter Salat verstand.«

Mittlerweile haben sich die Dinge geändert: Heute muß man Malzessig in australischen Supermarktregalen suchen. Natürlich existiert er noch, aber seine bauchige proletarische Flasche fällt kaum noch auf unter all den aristokratischen Emporkömmlingen: Große, elegante Flaschen Rotwein-, Weißwein- und Balsamicoessig, Reisessig und Essigbrand aus Japan, ganz zu schweigen von jenen verdächtigen Flaschen, in die jemand einen Estragonzweig oder anderes merkwürdi-ges Grünzeug gesteckt hat.

Dr. Muskett scheint tatsächlich Estragonessig gemocht zu haben (»den Crosse & Blackwell so wunderbar herstellen«), aber vielleicht nur, weil er reinen Estragon so schwer bekommen konnte. Gutes Öl, guter Essig und eine Prise Salz waren alles, was er als Salatdressing brauchte, obwohl er sich bereitwillig auch solch komplizierten Machwerken wie Langustensalat und Heringssalat mit warmen Kartoffeln stellte. Wahrscheinlich hätte er auch Geoff Lindsays Rindfleisch in Zucker gepökelt mit Miss Janes Pestobohnen und schwarzem Olivenöl (Seite 75) oder Alain Fabrègues' Warmen Kartoffelsalat mit dünnen Streifen vom Huhn und frisch geräuchertem Lachs (Seite 77) gemocht.

Natürlich geht all dies weit über Mrs. Porters Vorstellungen von einem Salat hinaus, obwohl Peter Doyles Beitrag gleich auf der nächsten Seite etwas typisch Australisches hat. Seine roten Beten sind allerdings frisch, gegrillt und geschält, während sie für Mrs. Porter aus der Dose kommen sollten und das übrige Essen völlig einfärben.

VORHERIGE SEITE: Peter Doyles Salat aus gegrillten roten Beten, Blutorange, rotem Chicorée und Spargel mit Orangenöl. »Ich wollte einen Gegensatz zu den anderen Zutaten, etwas leicht Bitteres, daher nahm ich roten Chicorée und Frisée. Der Feldsalat liefert den neutralen Ton bei dem Ganzen, und das Orangenöl verbindet die einzelnen Elemente.«

Peter Doyle, Küchenchef

Salat aus gegrillten roten Beten,
Blutorange, rotem Chicorée und Spargel mit Orangenöl

ZUTATEN
ORANGENÖL
500 ml Orangensaft, ohne Fruchtfleisch
2½ EL Zitronensaft
Traubenkernöl

2 rote Beten
2 rote Chicorée, in Blätter zerteilt, gewaschen und getrocknet
1 Bund Frisée, gewaschen und getrocknet
Feldsalatblätter
2 Blutorangen, geschält und in Scheiben geschnitten
24 grüne Spargelstangen, geschält, blanchiert und abgeschreckt
2 EL Pinienkerne, in der Pfanne geröstet

WALNUSSVINAIGRETTE
1 EL Weißweinessig
1 EL Walnußöl
4 EL Olivenöl
Salz und frisch gemahlener schwarzer Pfeffer

Blutorangen und Spargel sind wie füreinander geschaffen. Ein Gericht zugeschnitten auf das australische Klima. Rote Beten passen sehr gut zu Blutorangen und Spargel.

Zur Herstellung des Orangenöls die Zitrussäfte auf mittlerer Hitze zu einer sirupartigen Konsistenz einkochen, dann auf Zimmertemperatur abkühlen lassen. Die gleiche Menge Traubenkernöl unterrühren und beiseite stellen.

Den Backofen auf 180 °C vorheizen. Die Stiele der roten Beten bis auf 1 cm zuschneiden, in Aluminiumfolie wickeln und die Beten 1 Stunde im Ofen backen. Abkühlen lassen, schälen und jede Bete in 12 Spalten schneiden.

Für die Walnußvinaigrette den Weinessig, das Walnußöl und das Olivenöl mit dem Schneebesen verrühren. Mit Salz und Pfeffer abschmecken.

Zum Servieren den Chicorée, den Frisée und den Feldsalat mit der Vinaigrette vermischen und in der Tellermitte anrichten. Rote Bete, Blutorangen, Spargel und Pinienkerne um das restliche Grün und darauf arrangieren. Mit dem Orangenöl besprengen und servieren.

Für 6 Personen einfach

SALATE UND GEMÜSE 73

Geoff Lindsay, Küchenchef

Rindfleisch in Zucker gepökelt
mit Miss Janes Pestobohnen und schwarzem Olivenöl

ZUTATEN

500 g Rinderfilet ohne Fett

1 EL frischer Thymian, gehackt

100 g Pfefferkörner (weiß, schwarz und
   Szechuanpfeffer), frisch zerstoßen

150 g Zucker

250 g Steinsalz

2½ EL Weinbrand

SCHWARZES OLIVENÖL

5 EL natives Olivenöl extra

3 EL schwarze Oliven, entsteint

MISS JANES PESTOBOHNEN

250 g junge grüne Bohnen

2 EL Pesto

50 g halb getrocknete Tomaten, in
   Streifen geschnitten

50 g eingelegte Zwiebeln

LINKS: Rindfleisch in Zucker gepökelt mit Miss Janes
Pestobohnen und schwarzem Olivenöl. Die Konsistenz dieses Gerichts ist so eindrucksvoll wie sein
Geschmack: Das Rindfleisch ist zart weich, die öligen Bohnen frisch und knackig, und die Tomaten
haben einen süßlichen Geschmack.

*Diese italienisch inspirierte Vorspeise regt den Appetit an. Das Rindfleisch wird gepökelt,
mit schwarzem Pfeffer gewürzt und schließlich mit schwarzem Olivenöl »ausbalanciert«.*

Zur Zubereitung des Rindfleischs das Filet im Thymian und den Pfefferkörnern
wälzen, bis es ganz bedeckt ist. Zucker, Salz und Weinbrand mischen und das
Fleisch darin einpacken. Zudecken und 48 Stunden kalt stellen; alle 12 Stunden
wenden. Aus der Marinade nehmen und mit Küchenkrepp trockentupfen.

Das Olivenöl mit den Oliven in eine Küchenmaschine geben und zu einer feinen Paste verarbeiten. Durch ein feines Sieb passieren, so daß ein dickes Öl entsteht.

Zum Servieren die Bohnen in sprudelnd kochendem Wasser etwa 5 Minuten
blanchieren, bis sie zart sind. Noch warm mit dem Pesto vermischen, dann die halb
getrockneten Tomaten und die eingelegten Zwiebeln zugeben. Auf jeden Teller ein
Häufchen Bohnen geben; das Rindfleisch in dünne Streifen schneiden und einige
Streifen über den Bohnensalat legen. Den Teller und das Fleisch mit dem schwarzen Olivenöl beträufeln und servieren, solange die Bohnen warm sind.
Für 4 Personen mittel

LINKS: Borlottibohnen mit Petersilie
und Knoblauch. Ein sehr einfaches
Gericht, zu dessen Zubereitung
man allerdings Borlottibohnen
bester Qualität benötigt.

Stefano Manfredi, Küchenchef

Borlottibohnen
mit Petersilie und Knoblauch

ZUTATEN

1 kg frische Borlottibohnen, in der
   Hülse (auch grüne Bohnen eignen sich)

3 EL natives Olivenöl extra

Salz und frisch gemahlener schwarzer
   Pfeffer

½ Tasse glatte Petersilie, grobgehackt

2 Knoblauchzehen, feingehackt

Diese Bohnen passen gut auf eine Antipasti-Platte.

Die frischen Bohnen enthülsen, in einem Topf mit kaltem Wasser bedecken. Zum
Kochen bringen und dann etwa 20 Minuten köcheln lassen, bis sie weich, aber
nicht zerkocht sind. Abgießen, dann in einer Schüssel mit dem Olivenöl anmachen
und mit Salz und Pfeffer abschmecken. Petersilie und Knoblauch zugeben und als
Bestandteil einer Antipasti-Platte servieren.
Für 6–8 Personen einfach

SALATE UND GEMÜSE 75

Tony Bilson, Küchenchef

Tomaten in Pernod geschmort
mit Weinbergschnecken und Miesmuscheln

ZUTATEN

TOMATEN

10 mittelgroße Strauchtomaten

150 g Weinbergschnecken aus der Dose

150 ml Olivenöl

100 g Butter

2 gelbe Schalotten, gehackt

½ Bund glatte Petersilie, gehackt

½ Bund frisches Basilikum, gehackt

1 Knoblauchzehe, zerdrückt

1 EL frischer Ingwer, gehackt

3 Sternanis

Salz und frisch gemahlener Pfeffer

250 ml Pernod

150 g gekochte Miesmuscheln

150 g pochierter Aal

60 g gemahlene Mandeln

PETERSILIENBUTTER

200 g Butter

1 EL gehackter Knoblauch

½ Bund glatte Petersilie, gehackt

Saft von 1 Zitrone

MIREPOIX

2 EL Olivenöl

je 100 g Zwiebel, Karotte, Fenchel und
 Sellerie, feingehackt

1 EL frischer Ingwer, gehackt

3 Knoblauchzehen, gehackt

1 Stückchen Orangenschale

3 Thymianzweige und 2 Estragonzweige

1 Sternanis

1 TL Korianderkörner

250 ml Meeresfrüchtefond

5 EL Muschelfond

5 EL Kalbsfond

2 EL Butter

einige Pfifferlinge

Ein Gericht für den Sommer: Leicht und frisch, mit den Aromen der Provence.

Den Ofen auf 180 °C vorheizen.

Die Tomaten 10 Sekunden in kochendem Wasser blanchieren, in Eiswassser abschrecken und häuten. Die Oberseiten abschneiden und als Deckel aufheben. Die Tomaten vorsichtig entkernen, ohne sie zu beschädigen.

Die Weinbergschnecken in etwas Olivenöl und Butter auf mittlerer Hitze braten. Ein Drittel der Schalotten zugeben, dann Petersilie, Basilikum, Knoblauch, Ingwer und Sternanis. Mit Salz und Pfeffer würzen und mit einem Viertel des Pernods ablöschen. Mit den Miesmuscheln und dem Aal auf dieselbe Weise verfahren, anschließend alles vermischen. Die gemahlenen Mandeln zugeben und die Tomaten mit der Mischung füllen.

Für die Petersilienbutter die Butter bei Zimmertemperatur weich werden lassen und dann die anderen Zutaten untermischen. Zu einer Wurst formen, in Folie wickeln und kalt stellen. Wenn sie fest geworden ist, je eine Scheibe Butter auf die Tomatenfüllung geben und die Deckel wieder daraufsetzen.

In einer Bratpfanne Olivenöl erhitzen und die Zutaten für die Mirepoix weich schmoren. Die gefüllten Tomaten auf die Unterlage der Mirepoix setzen und mit dem restlichen Pernod ablöschen. Einkochen lassen, dann die Fonds zugeben. Die Pfanne 15 Minuten in den Backofen stellen; die Tomaten regelmäßig übergießen.

Die Tomaten aus der Pfanne nehmen, die durch das Schmoren entstandene Flüssigkeit abseihen und mit etwas Butter verfeinern.

Die Tomaten auf einen Teller legen und mit etwas Sauce umgießen, mit dem Pfifferlingen garnieren und unverzüglich servieren.

Für 10 Personen mittel

Alain Fabrègues, Küchenchef

Warmer Kartoffelsalat
mit dünnen Streifen vom Huhn und frisch geräuchertem Lachs

ZUTATEN

16 neue Salatkartoffeln
1 große Hühnerbrust
5 EL Balsamicoessig
3 EL natives Olivenöl
200 ml Sauerrahm
Saft von 1 Zitrone
½ Bund Schnittlauch, feingehackt
½ Bund frischer Kerbel, feingehackt
6 Scheiben frischer geräucherter Lachs
Meersalz und frisch gemahlener weißer Pfeffer
Feldsalat, gewaschen und getrocknet

Nehmen Sie junge Kartoffeln, klein und mit sehr dünner Schale, die gerade aus dem Boden kommen – sie besitzen noch diesen stark nussigen Geschmack.

Die Kartoffeln in Salzwasser kochen. Pellen und wieder ins Kochwasser legen, um sie warmzuhalten. Die Hühnerbrust in etwa 35 Minuten gar dämpfen. Den Balsamico in einem kleinen Topf bei großer Flamme reduzieren, abkühlen und beiseite stellen.

Die Hälfte des Olivenöls mit dem Sauerrahm vermengen, dann Zitronensaft, Schnittlauch und Kerbel zugeben. Die Haut von der Hühnerbrust entfernen und das Fleisch in etwa 3 cm lange Streifen schneiden, ebenso den geräucherten Lachs.

Die Kartoffeln in Scheiben schneiden und zwei Drittel der Sauerrahmmischung unterheben. Mit Meersalz und Pfeffer abschmecken. Das Hühnerfleisch und den Lachs mit dem Rest der Sauerrahmmischung verrühren.

In einer separaten Schüssel das restliche Olivenöl, den reduzierten Balsamico und den Feldsalat mischen.

Zum Servieren den Kartoffelsalat in die Mitte von 4 Tellern geben, einige Feldsalatblätter herumlegen und die Hühnerfleischmischung darübergeben.

Für 4 Personen einfach

SALATE UND GEMÜSE

Tony Bilson

Eine Fest der Sinne

»Kochen ist ein solch grundlegender und wichtiger Bestandteil des Lebens, daß man es nicht den anderen überlassen sollte. Für mich stellt Kochen einen Ausdruck unseres Lebensrhythmus' dar, ein Fest der Sinne und der Jahreszeiten. Gute Küche zelebriert unsere Beziehung mit der Erde und mit der Landwirtschaft, und was den Wein betrifft, ist dieser ein Teil unseres kulturellen Erbes.«

Tony Bilson entwickelte seinen unverkennbar australischen Kochstil vor mehr als 30 Jahren, als er die klassische französische Küche mit mediterranen Gewürzen und australischen Erzeugnissen kombinierte. Seine phantasievollen Gerichte paßten hervorragend zu Australien und seinem Lebensstil. »Meine Einflüsse kommen aus Frankreich und Japan, weil diese Küchen so gut zu Wein passen. Essen wird nur in Verbindung mit Wein zu einer transzendentalen Erfahrung. Die Geschmacksrichtungen in meinen Speisen sind ganz auf australische Weine ausgerichtet..«

Tony gehört mit Cheong Liew und Philip Searle zu den ersten Revolutionären der australischen Küche. Seine Karriere begann bei Paul Harbulot in Johnnie Walker's Bistro in Sydneys Stadtteil Angel Place. Sein erstes Restaurant, Tony's Bon Goût, wurde sofort eine der ersten Adressen der Stadt. Seither hat sich sein Stil ständig weiterentwickelt.

Mit Gay Bilson schuf er das legendäre Berowra Waters und etablierte neue Maßstäbe für die gehobene Küche. Er gründete das Kinsela's, das Bilson's (jetzt Quay), das Fine Bouche und das Treasury.

Tony hat viele der besten Köche im Land ausgebildet und beeinflußt und konnte viele treue Stammgäste um sich scharen. Sein neuestes Restaurant, das Ampersand, wurde 1998 eröffnet und sofort mit Lob überschüttet. Es liegt auf einem Dachgarten mit großartigem Ausblick auf Darling Harbour und widmet sich ganz Australiens Küche, seinen Weinen und seinen Erzeugnissen.

»Die Qualität der Zutaten verstehe ich als eine Metapher für die Freude am Leben.«

Rechts: Schokoladensoufflé, ein klassisches Gericht. Mit ein wenig Übung können auch Heimköche Soufflés in ihr Standardrepertoire aufnehmen.

Links: Tomaten in Pernod geschmort mit Weinbergschnecken und Miesmuscheln (Seite 76). Durch die komplexe Komposition der Sauce wird die Kraft und Klarheit der Muschelfüllung betont.

Ich finde es immer gefährlich, Küchen nach Nationen einzuteilen, besonders im Fall der australischen Küche. Die Qualität der Küche hängt von Individuen ab, nicht von Nationen.
Tony Bilson

Salate und Gemüse 79

Leo Schofield, Restaurantkritiker

Miesmuschelsalat

ZUTATEN
6 Miesmuscheln pro Person
1 Flasche trockener Weißwein
2 Schalotten, gehackt
1 EL frische Petersilie, gehackt
Salz und frisch gemahlener Pfeffer
4 EL natives Olivenöl extra oder Trüffelöl
1 EL Zitronensaft
2 Köpfe Radicchio
1 Bund Spargel
500 g Zucchini
1 Trüffel (nach Belieben)

Dieser Salat ist eine Augenweide; außerdem stellt er, gefolgt von Käse und Obst, einen wunderbar leichten Imbiß dar oder einen ausgezeichneten ersten Gang beim Abendessen. Man kann ihn größtenteils im voraus zubereiten.

Die Muscheln bürsten und säubern. In einen großen Topf geben und mit dem Weißwein übergießen. Schalotten und Petersilie zugeben und mit Salz und Pfeffer würzen. Zum Kochen bringen und etwa 5 Minuten köcheln lassen, bis sich die Muscheln leicht öffnen; keinesfalls länger kochen. Die Muscheln aus der Flüssigkeit nehmen und von den Schalen befreien. Den Sud beiseite stellen.

In einer Schüssel Öl und Zitronensaft zu einem milden Dressing vermischen, die Muscheln leicht damit bestreichen, mit Salz und Pfeffer würzen und kalt stellen.

Den Salat waschen, trocknen und die Blätter nach drei Größen aufteilen: klein, mittel und groß. Die Großen werden aussortiert und für einen anderen Zweck verwendet.

Den Spargel schälen und gar dämpfen. Die Zucchini in der Küchenmaschine oder mit der Hand in dünne, gleichmäßige Scheiben schneiden. Den Muschelsud abseihen und aufkochen. Darin die Zucchinischeiben einige Sekunden blanchieren, herausnehmen und unter fließendem kaltem Wasser abschrecken.

Zum Anrichten 4 der mittelgroßen Salatblätter auf jedem Teller zu einem Kreuz legen. Zwischen jedes Blatt kommt eine Spargelstange, so daß eine Sternform entsteht.

Die Zucchini mit den kleinen Salatblättern in einer leichten Vinaigrette schwenken und eine Portion davon in die Mitte der Sternformen geben. Darauf kommt ein halbes Dutzend der Miesmuscheln. Als besonderen Pfiff kann man Trüffel über die Muscheln hobeln.

einfach

Luke Mangan, Küchenchef

Salat aus gegrilltem Jungmais,

Feta und frischer Birne mit Walnußdressing

ZUTATEN

1 EL Sherryessig
2 EL Walnußöl
1 Prise Meersalz
30 Rucolablätter
20 g Feta guter Qualität
½ reife Birne (vorzugsweise der Sorte
   Beurre Bosc)
6 frische junge Maiskolben

Ein Salat für den Spätsommer oder Herbst. Die Konsistenz wird noch interessanter, wenn Sie ihn mit gegrillten Shrimps oder Walnußstücken garnieren. Ich persönlich bevorzuge australischen Yarra Valley Feta und sehr frischen Jungmais.

Mit dem Schneebesen Sherryessig und Walnußöl mit einer Prise Meersalz verrühren. Die Rucolablätter in eine Schüssel geben, großzügig mit dem Dressing übergießen und gut vermischen. Den Rucola in die Mitte von zwei Tellern geben; darauf achten, daß der Salat etwas bauschig liegt. Den Feta zerbröckeln und über und neben den Rucola streuen. Die Birne in 6 Spalten schneiden und je 3 Spalten am Rand jedes Tellers arrangieren. Den Mais bei sehr hoher Temperatur grillen und zwischen die Birnenspalten legen. Das restliche Dressing darüber gießen.

Für 2 Personen einfach

Simon Johnson, Lebensmittellieferant

Panzanella

ZUTATEN

1 Laib frisches Sauerteigbrot
2 Bund Spargel, kleingeschnitten
10 frische Favabohnen, enthülst
1 rote Zwiebel, halbiert und in feine
   Ringe geschnitten
1 Avocado, grob gewürfelt
1 Gurke, in mundgerechte Stücke
   geschnitten
gute, am Strauch gereifte Tomaten, in
   mundgerechte Stücke geschnitten
1 Bund frisches Basilikum, grobgehackt
Salz und frisch gemahlener Pfeffer
250 ml natives Olivenöl extra
2 EL Cabernet Sauvignon-Essig oder
   ein anderer guter Rotweinessig

Panzanella ist ein klassisches ländliches Brotgericht aus köstlichem Sauerteigbrot. Für die Füllung eignet sich alles, was Sie im Kühlschrank oder im Garten verfügbar haben.

Den Backofen auf 200 °C vorheizen. Die Oberseite des Brotes abschneiden und etwas Teig aus dem Brot und dem Deckel nehmen, um eine Höhlung zu schaffen. 10–15 Minuten im Ofen erhitzen.

Spargel und Bohnen in leicht kochendem Wasser einige Minuten al dente blanchieren. Die Bohnen putzen.

Spargel, Bohnen, Zwiebel, Avocado, Gurke, Tomaten und Basilikum in eine Schüssel geben. Großzügig mit Salz und Pfeffer würzen. Mit etwas Öl und Essig begießen und gut vermischen. Das warme Brot aus dem Ofen nehmen und das restliche Olivenöl in das Brot und auf den Deckel gießen. Die Füllung in die Brothülle geben und den Deckel daraufsetzen.

Für 4–6 Personen einfach

Peter Doyle, Küchenchef

Salat aus Blauen Schwimmerkrabben
mit Avocado, Koriander und Minze

ZUTATEN

TOMATENMOUSSE

10 sehr reife Eiertomaten, enthäutet
   und entkernt
2½ EL natives Olivenöl extra
Salz und frisch gemahlener Pfeffer

DIP-SAUCE

125 ml Thailändische Fischsauce
   (nam pla)
150 ml kaltes Wasser
125 ml Limettensaft
2 EL Zucker
4 Knoblauchzehen, feingehackt
3–4 rote Chilischoten
1 kleiner Bund Minzblätter, feingehackt
1 kleiner Bund Korianderblätter,
   feingehackt

SHRIMPÖL

1,5 l Olivenöl
450 g Shrimppanzer
1 Karotte, gewürfelt
1 Zwiebel, gewürfelt
1 Stange Bleichsellerie, gewürfelt
6 Thymianzweige
4 Estragonzweige
1 Lorbeerblatt
4 Stengel Petersilie
300 ml trockener Weißwein
Saft von 1 Zitrone
Salz und frisch gemahlener Pfeffer

FORTSETZUNG DER ZUTATEN
   AUF SEITE 84

Ein leckeres sommerliches Gericht.

Die Tomatenmousse mindestens 4 Stunden vor Gebrauch zubereiten. Ein Sieb mit einer doppelten Lage Küchentuch oder Musselin auslegen und über eine Schüssel stellen. Die Tomaten in einer Küchenmaschine oder im Mixer cremig pürieren, das Püree in das Sieb geben und in den Kühlschrank stellen. Dort mindestens 4 Stunden oder über Nacht abtropfen lassen, bis das Püree sehr dick ist. In eine Schüssel geben und das Öl unterheben. Mit Salz und Pfeffer abschmecken. Bis zum Gebrauch in einem dicht schließenden Behälter aufbewahren.

Für die Dip-Sauce Fischsauce, kaltes Wasser, Limettensaft, Zucker und Knoblauch in einer kleinen Schüssel vermengen. Die Chillies der Länge nach halbieren, entkernen, fein hacken und in die Sauce geben. Minze und Koriander erst kurz vor dem Servieren zugeben.

Zur Herstellung des Shrimpöls den Backofen auf 220 °C vorheizen. Einige große Backbleche mit Öl einreiben und darauf die Shrimppanzer im Ofen backen, bis sie eine dunkelrosa Färbung angenommen haben. Karotte, Zwiebel und Sellerie in einem separaten großen Topf in etwas Olivenöl anbraten, dann Shrimppanzer, Thymian, Estragon, Lorbeerblatt und Petersilie zugeben. Den Wein zugießen und weitere 15 Minuten kochen lassen. Das restliche Olivenöl zugeben, die Hitze reduzieren und weitere 30 Minuten köcheln lassen; häufig rühren, damit am Topfboden nichts anbrennt. Wenn das Öl und die Zutaten so weit abgekühlt sind, daß sie nicht mehr dampfen, vom Herd nehmen und zudecken. Bei Zimmertemperatur über Nacht stehen lassen. Unbedingt im Topf lassen, da dadurch der Geschmack intensiver wird. Nicht kalt stellen.

Das Öl durch ein feines Sieb abgießen, mit Zitronensaft, Salz und Pfeffer abschmecken und luftdicht verschlossen im Kühlschrank aufbewahren. Dies ist mehr Öl, als für dieses Rezept benötigt wird, aber kleinere Mengen können davon nicht hergestellt werden. Im Kühlschrank hält es sich 3 Monate.

Fortsetzung des Rezepts auf Seite 84

RECHTS: Salat aus Blauen Schwimmerkrabben mit Avocado, Koriander und Minze. Die Kombination aus Erzeugnissen der Saison und der Dip-Sauce betont den besonderen Geschmack der Krabben. Die Aromen von Avocado, Shrimpöl und Tomaten vervollständigen das Gericht.

SALAT

450 g Krabbenfleisch (bevorzugt Blaue
   Schwimmerkrabben), ohne Panzer

1 ½ EL Zitronensaft

150 ml natives Olivenöl extra

Salz und frisch gemahlener Pfeffer

1 Avocado

½ Salatgurke, geschält, entkernt und
   feingewürfelt

30 Korianderblätter, gehackt

20 Minzblätter, gehackt

12 Blätter Feldsalat, gewaschen

1 Friséesalat, gewaschen und zerpflückt

Das Krabbenfleisch von allen Schalenteilen befreien und in 6 Portionen aufteilen.

Aus Zitronensaft und Olivenöl eine nicht zu säuerliche Vinaigrette herstellen.
Mit Salz und Pfeffer abschmecken.

Die Avocado schälen und entkernen, in gleichmäßige Scheiben schneiden und
mit ein wenig Zitronenvinaigrette beträufeln.

Das Krabbenfleisch mit etwas Gurke, Koriander und Minze in eine Schüssel
geben und pro Portion 1 Eßlöffel Dip-Sauce zugeben. Vermischen und mit den
Händen zu einem Ball formen.

Feldsalat und Frisée in einer Schüssel mit ein wenig Zitronenvinaigrette vermischen. Die Krabbenbällchen in die Mitte der Teller setzen. Den Salat in 6 Portionen teilen und auf dem Krabbenfleisch und der Avocado anrichten. Mit dem Löffel
ein Klößchen aus der Tomatenmousse stechen und vor die Krabbenmasse setzen;
dann ein wenig Shrimpöl über den Teller gießen. Nicht zuviel verwenden, es ist
sehr intensiv und soll den Salat nicht dominieren, sondern nur betonen.
Unverzüglich servieren.

Für 6 Personen etwas schwierig

Genevieve Harris, Küchenchefin

Frittatas
mit Tomaten, Oliven und Petersilie

ZUTATEN

4 am Strauch gereifte Tomaten,
   geviertelt, entkernt und in Würfel
   geschnitten

20 Kalamataoliven, entsteint und in
   Würfel geschnitten

½ kleine rote Zwiebel, in kleinen
   Würfeln

1 Tasse Petersilieblätter, gehackt

geriebener Parmesan,

Salz und frisch gemahlener Pfeffer

6 Eier

*Diese Variante der traditionellen Frittata stammt von Frances Grundy, die in der
Küche des Nediz Tu arbeitet. Wir machen sie in kleinen Muffinformen und servieren
sie im Restaurant neu eintreffenden Gästen als Begrüßungshäppchen. Die Zutaten
kommen einzeln in die Förmchen, damit sich das Aroma gleichmäßig verteilt.*

Den Backofen auf 220 °C vorheizen. 12 kleine Muffinformen leicht mit Olivenöl
einfetten.

Tomaten, Oliven, Zwiebel und Petersilie gleichmäßig auf die Förmchen verteilen. Mit Parmesan bestreuen und mit Salz und Pfeffer würzen.

Die Eier in einer Edelstahlschüssel schlagen, in einen Krug mit Ausgießer geben
und die Eimasse vorsichtig in die Formen gießen. Die Förmchen auf ein Backblech
stellen und im Ofen etwa 18 Minuten backen, bis die Masse fest ist. In den Formen
abkühlen lassen und stürzen. Vor dem Servieren vorsichtig wieder erhitzen, falls
notwendig.

Etwa 24 Stück einfach

84 SALATE UND GEMÜSE

Alain Fabrègues, Küchenchef

Terrine mit Auberginen
und Eiertomaten auf Tapenadesauce

ZUTATEN

TERRINE

6 kleine Auberginen

Salz und frisch gemahlener
  schwarzer Pfeffer

5 EL Olivenöl guter Qualität

24 reife Eiertomaten

PESTO

50 g Pinienkerne

50 g geriebener Parmesan

2 Tassen frische Basilikumblätter

3 Knoblauchzehen, zerdrückt

150 ml Olivenöl

TAPENADE

200 g schwarze Oliven, entsteint

3 Sardellenfilets

2 EL Kapern, unter fließendem Wasser
  gespült

2 Knoblauchzehen, zerdrückt

2 EL Olivenöl

natives Olivenöl

grobkörniges Meersalz und frisch zerstoßener weißer Pfeffer

Für die Terrine die Auberginen am Vortag schälen und der Länge nach in 1 cm dicke Streifen schneiden. Auf ein Backblech legen und großzügig mit Salz bestreuen. 1 Stunde Wasser ziehen lassen, dann das Salz mit reichlich kaltem Wasser abspülen und die Auberginen mit Küchenkrepp trockentupfen. Die Auberginenstreifen im Olivenöl anbraten, auf ein sauberes, mit Backpapier ausgelegtes Backblech legen, zudecken und bis zur weiteren Verwendung beiseite stellen.

Für das Pesto Pinienkerne, Parmesan, Basilikum und Knoblauch im Mixer vermengen. Das Öl allmählich bei laufendem Mixer zugeben, bis eine dicke Sauce entsteht. Beiseite stellen.

Den Backofen auf 150 °C vorheizen. Die Tomaten kurz in kochendes Wasser geben, dann in kaltem Wasser abschrecken. Häuten und der Länge nach halbieren, dann entkernen. Die Hälften auf das mit Backpapier ausgelegte Backblech zu den Auberginen legen.

Mit einem Backpinsel die Tomaten großzügig mit Pesto bestreichen. Mit Salz und Pfeffer würzen, mit etwas Olivenöl beträufeln und das Backblech 45 Minuten in den Ofen geben. Das Blech aus dem Ofen nehmen und abkühlen lassen.

Eine Terrinenform mit Plastikfolie auslegen und mit dem Schichten beginnen: Zuerst Tomaten, dann Auberginen, dann wieder Tomaten. Damit fortfahren, bis die Form voll ist oder die Zutaten alle sind. Die Terrine mit Plastikfolie abdecken und mit einem kleinen Brett und einem Gewicht beschweren, um sie zu komprimieren. Im Kühlschrank 24 Stunden ruhen lassen.

Alle Zutaten für die Tapenade einige Minuten in einen Mixer geben, bis ein feines Püree entstanden ist.

Die Terrine aus der Form gleiten lassen und die Folie entfernen. Mit einem elektrischen Messer in 1 cm dicke Scheiben schneiden.

Zum Servieren je eine Scheibe der Terrine in die Mitte eines Tellers legen und die Tapenade kreisförmig darum verteilen. Etwas natives Olivenöl über die Terrine pinseln, damit sie glänzt, und einige Körner Salz und ein paar zerstoßene Pfefferkörner daraufgeben. Dazu paßt Olivenbrot oder auch einfaches Toastbrot.

Für 10 Personen mittel

SALATE UND GEMÜSE 85

Liam Tomlin, Küchenchef

Mille-Feuilles aus Kartoffeln
mit Pilzragout und frischen Trüffeln

ZUTATEN

1 sehr große Kartoffel

2 EL Olivenöl

1 kg Pilzstiele oder ganze Champignons

125 g Butter

1 Zwiebel, gewürfelt

2 Knoblauchzehen

2 frische Thymianzweige

500 ml Milch

Salz und frisch gemahlener Pfeffer

250 g kalte Butter, in Würfel
   geschnitten

750 g gemischte Pilze, z.B. Austernpilze,
   Morcheln, Egerlinge

glatte Petersilie, in dünne Streifen
   geschnitten

Trüffelöl (nach Belieben)

frisch gehobelte Trüffel (nach Belieben)

RECHTS: Mille-Feuilles aus Kartoffeln mit Pilzragout und frischen Trüffeln. Ein einfaches Gericht, bestehend aus erdigen Waldaromen. Die Pilze mit leichtem Biß, die knusprige Kartoffel und die cremige Sauce werden durch die frischen Trüffel gekrönt.

Die leichte Sauce wird aus einem Fond aus Pilzresten, Wasser und Milch hergestellt und wie ein Cappuccino aufgeschäumt. Dieses Gericht sollte man zubereiten, wenn man Trüffel aus Italien oder Frankreich oder andere gute Pilze bekommen kann. Die gebackenen Kartoffelscheiben sind interessanter als Blätterteig.

Den Backofen auf 180 °C vorheizen. Die Kartoffel der Länge nach in möglichst dünne Scheiben schneiden. Ein Backblech mit Backpapier auslegen, mit 1 Eßlöffel Olivenöl einfetten und mit einer Schicht Kartoffelscheiben belegen. Mit Backpapier abdecken und ein weiteres Backblech darauflegen, damit die Kartoffeln flachgedrückt werden. 15 Minuten in den Ofen geben, dann die Kartoffeln wenden und noch einmal 5 Minuten backen. Herausnehmen und die Kartoffeln vorsichtig auf Küchenkrepp abkühlen lassen.

Für den Pilzcappuccino das restliche Olivenöl in eine gußeiserne Pfanne geben und die Pilzstiele goldbraun sautieren. In einem Sieb abtropfen lassen. In einer sauberen Pfanne die Butter schmelzen und Zwiebel, Knoblauch und Thymian anschwitzen. Die Zwiebel glasig dünsten, dann die Pilzstiele zufügen, etwas Wasser angießen und 30 Minuten sanft köcheln lassen. Die Mischung durch ein feines Sieb in eine saubere Pfanne passieren und um zwei Drittel einkochen.

Die Milch aufkochen und über den auf niedriger Hitze köchelnden Pilzfond gießen. Mit Salz und Pfeffer abschmecken, mit einem Handmixer vermengen und dabei allmählich die kalten Butterwürfel zugeben, bis sie vollkommen untergemischt sind. Warm halten, aber nicht mehr kochen lassen.

Die gemischten Pilze in ein wenig Olivenöl goldbraun sautieren und mit Salz und Pfeffer abschmecken. Petersilie und, falls gewünscht, einige Tropfen Trüffelöl zugeben und vorsichtig unterrühren.

Zum Servieren eine Kartoffelscheibe auf einen Teller geben und mit einem Löffel Pilze belegen, gefolgt von ein wenig Pilzcappuccino. Mit einer weiteren Kartoffelscheibe abdecken, gefolgt von einer weiteren Schicht Pilzen und Cappuccino. Die Sauce kann ruhig auf den Teller laufen. Mit einer Kartoffelscheibe abschließen und, wenn gewünscht, mit Trüffelspänen garnieren und mit Trüffelöl besprengen.

Für 4 Personen mittel

Janni Kyritsis, Küchenchef

Roulade mit Spinat und Pilzen

ZUTATEN

SPINATFÜLLUNG

750 g Spinatblätter, gewaschen

1 rote Zwiebel, feingehackt

30 g Butter

1 TL Salz

frisch gemahlener schwarzer Pfeffer

1 Prise gemahlene Muskatnuß

2 TL frischer Thymian

60 g frisch geriebener Parmesan

PILZFÜLLUNG

400 g große Pilze

3 EL Olivenöl

1 Knoblauchzehe, zerdrückt

½ TL frische gehackte Korianderblätter

2 TL Salz

1 TL frisch gemahlener schwarzer Pfeffer

KAPERNBUTTER

125 g Butter

2 EL gesalzene Kapern, blanchiert

PASTA

350 g Mehl, gesiebt

½ TL Salz

2 Eier

5 Eigelb

200 g Ricotta

Parmesanspäne zum Servieren

Ich mag dieses Gericht besonders gerne zum Mittagessen. Die Sauce aus gebräunter Butter und gesalzenen Kapern verleiht ihm eine besondere Note; der gehobelte Parmesan ist nicht unbedingt nötig.

Die Spinatblätter in einen großen Topf kochendes Wasser geben und unter ständigem Rühren ein wenig weich werden lassen. Durch ein Sieb abgießen und das überschüssige Wasser ausdrücken. Die Zwiebel in einer Pfanne glasig dünsten und mit Salz, Pfeffer und Muskat würzen. Thymian und Parmesan untermischen. Vom Herd nehmen und den Spinat unterheben. Beiseite stellen.

Die Pilze in Olivenöl anbraten. Wenn sie halbgar sind, mit Knoblauch, Koriander, Salz und Pfeffer würzen. Vom Herd nehmen und beiseite stellen.

Für die Kapernbutter die Butter in einer kleinen Pfanne schmelzen und braun werden lassen. Die Kapern zugeben, durchrühren, vom Herd nehmen und warm stellen.

Mehl und Salz für die Pasta in einer Schüssel vermischen. In der Mitte eine Kuhle formen und Eier sowie Eigelbe zugeben. Mit einem Messer verrühren. Nach und nach etwa 3 Eßlöffel kaltes Wasser zufügen und kneten, bis ein fester Teig entsteht. Auf ein mit Mehl bestäubtes Brett stürzen und etwa 15 Minuten mit den Handballen kneten, bis der Teig glatt und elastisch ist. Zu einer Kugel formen, in Plastikfolie wickeln und 20 Minuten ruhen lassen. Dann durch eine Nudelmaschine zu möglichst dünnen Teigplatten drehen.

Die Teigplatten in 6 Quadrate teilen, so daß sie auf ein Backblech passen. Die Pilzfüllung auf eine Hälfte jedes Quadrats geben und die Spinatmasse auf die andere. Ricottastücke auf den Spinat legen, dann vorsichtig einrollen. In ein sauberes Küchenhandtuch wickeln und zubinden. In einem großen Topf in reichlich kochendem Salzwasser 20 Minuten kochen, dann vom Herd nehmen. Vor dem Kochen kann die Roulade mehrere Stunden im Kühlschrank aufbewahrt werden; dadurch verlängert sich die Kochzeit um 5 Minuten.

Zum Servieren die Roulade auswickeln und in Scheiben schneiden. Jede Portion besteht aus zwei Scheiben, die mit der Kapernbutter übergossen werden. Dazu kann man ein Schüsselchen mit Parmesanspänen reichen.

Für 6 Personen mittel

Margaret Fulton, Food-Autorin

Salat aus Artischocken,
Bohnen und Kartoffeln

ZUTATEN

4 Artischocken

1 Zitrone

3 EL Olivenöl

3 Knoblauchzehen, geschält und
geviertelt

3 Oregano- oder Majorananzweige

1 Lorbeerblatt

250 ml trockener Weißwein

Salz und frisch gemahlener schwarzer
Pfeffer

4 Salatkartoffeln

200 g grüne Bohnen

1 kleine Karotte

Balsamicoessig

Trüffelöl oder natives Olivenöl extra

Zuerst die Artischocken zubereiten: Die harten äußeren Blätter entfernen und ein Drittel von der Spitze der Früchte abschneiden. Die Stengel zuschneiden; von den äußeren Blättern mit einer Schere die harten Spitzen abschneiden und die Blätter je nach Größe halbieren oder vierteln. Die Artischocken in eine Schüssel mit Wasser und etwas Zitronensaft geben, damit sie sich nicht verfärben. Gründlich abtropfen lassen.

Das Öl in einer gußeisernen Pfanne erhitzen. Die Artischocken 1–2 Minuten goldbraun sautieren, dann Knoblauch, Oregano, Lorbeerblatt und Wein zugeben. Mit Salz und Pfeffer abschmecken. Zudecken und 20 Minuten leicht köcheln lassen; die Artischocken gelegentlich wenden.

In der Zwischenzeit die Kartoffeln in kochendem Salzwasser etwa 15 Minuten garen. Abgießen, pellen und in Scheiben schneiden. Bohnen und Karotte in gesalzemem Wasser in 3–4 Minuten *al dente* kochen. Abgießen und in Eiswasser abschrecken. Noch einmal abgießen, dann die Bohnen in streichholzlange Stücke, die Karotte in Scheiben schneiden.

2 oder 3 Artischockenviertel pro Person auf die Teller geben und um sie herum die Kartoffel- und Karottenscheiben verteilen. Ein Häufchen grüner Bohnen obenauf legen, dann alles mit einigen Spritzern Balsamico und Trüffelöl besprengen.

Für 6 Personen mittel

Richard Thomas, Käser

Ziegenkäse
mit gerösteten Knoblauchknollen und Croûtons

ZUTATEN

1 Knoblauchknolle pro Portion (und
eine zusätzlich zum Testen)

sehr gutes Olivenöl

1 Sauerteigbaguette, in 1 cm dicke
Scheiben geschnitten und großzügig
mit Olivenöl bestrichen

100 g Ziegenfrischkäse pro Portion

Naturjoghurt (nach Belieben)

frisch gemahlener schwarzer Pfeffer

Iain Hewitson brachte mich auf die Idee, aus Ziegenkäse eine Mousse zu machen. Ich denke, er würde mir zustimmen: Unsere Ziegenkäse sind luftig und leicht genug, um sie einfach mit ein wenig Olivenöl oder schwarzem Pfeffer zu genießen.

Den Backofen auf 180 °C vorheizen. Die ganzen Knoblauchknollen mit Olivenöl bepinseln und im Ofen rösten. Es kann 45–60 Minuten dauern, bis sie weich und saftig sind. An der zusätzlichen Knolle Gartest machen.

Etwa 20 Minuten bevor die Knollen gar sind, die Brotscheiben auf dem Rost mitbacken, bis sie knusprig sind. Etwas Olivenöl oder Joghurt unter den Ziegenkäse mischen, um ihn geschmeidiger zu machen. Mit Pfeffer abschmecken.

Wenn der Knoblauch fertig ist, mit 2 oder 3 Brotscheiben pro Person servieren. Ich lege gerne den ganzen Knoblauch auf einen Teller und gebe den Käse in eine tiefe bunte Schüssel, aus der sich jeder selbst bedient. Auf einzelnen Tellern serviert sieht das Ganze aber eleganter aus.

einfach

SALATE UND GEMÜSE

Eindrücke aus Simon Johnsons Laden in Pyrmont, Sydney. Ganz rechts stehen Probiergläser für das Olivenöl, mit Äpfeln, die traditionellerweise den Gaumen für die nächste Probe reinigen.

Simon Johnson

Einkauf mit Qualität

Sauerteig, Saucissons, Sahne, Gruyère der Marke Heidi Farm, Spaghettini von Latini, Tees von Mariage Frères, australische Sardellenfilets, Kaviar, frische Trüffeln und Valrhona-Schokolade: Das sind nur einige Beispiele aus dem Angebot von Simon Johnsons Lebensmittelhandel und Lieferservice. Diese Schatztruhe, gefüllt mit den besten Lebensmittel der Welt, beliefert seit Ende der achtziger Jahre Restaurants, Hotels, Einzelhändler und Endverbraucher. Dort stehen die besten australischen Olivenöle und Essigsorten neben ihren Äqivalenten aus Spanien, Italien und Frankreich, und westaustralische Sardellenfilets teilen sich das Regal mit den spanischen von Ortiz.

»Fünfzig bis sechzig Prozent meiner Waren stammen aus Australien. Wenn ich etwas hier nicht bekommen kann, versuche ich es woanders. Qualität gehört zu meinen ersten Geschäftsprinzipien.«

Simon ist eigentlich gelernter Koch. Nachdem er in einigen Restaurants gearbeitet hatte, gründete er mit Barry McDonald den Einzel- und Großhandel »Paddington Fruit Market«. Richard Thomas und Gabrielle Kervella, zwei der bedeutendsten australischen Käser, kontaktierten ihn damals wegen des Vertriebs ihrer Produkte. Er führte eine ganze Reihe italienischer Erzeugnisse ein, darunter Eingemachtes, native Olivenöle und Pasta. 1991 zog er in ein Lagerhaus in Pyrmont und eröffnete seinen Laden »Simon Johnson, Purveyor of Quality Foods«. Da Simon am liebsten direkt bei den Erzeugern einkauft, erweitert und diversifiziert sich sein Warenangebot ständig. Er wird größtenteils von kleinen selbständigen Unternehmen beliefert, die seine Leidenschaft für hochwertige Produkte teilen.

1998 eröffnete Simon Läden in Woollahra und Fitzroy, Melbourne. In letzterem gibt es einen Seminarraum mit einer voll ausgestatteten Küche, wo die bereits in Sydney erfolgreichen Seminare über Essen und Trinken abgehalten werden. Sie werden von bekannten Köchen und Erzeugern geleitet, die ihr Wissen freigiebig teilen. Simon veröffentlicht außerdem viermal im Jahr einen Katalog für Endverbraucher, der nicht nur sein Angebot an Lebensmitteln enthält, sondern auch faszinierende Details über Produkte, Köche und Erzeuger.

Dieser Katalog bietet dem Verbraucher beispielsweise Informationen über den Unterschied zwischen luft- und maschinengetrockneter Pasta, über die Geschmacksrichtungen von Olivenöl oder Tee, die richtige Lagerung von Käse in einem

kühlen Raum mit befeuchteter Luft oder den unvergleichlichen Geschmack von Süßrahmbutter.

»Ich liebe meine Arbeit. Mein Antrieb ist mein Magen, und mein Anreiz sind meine Kunden. Ich speise bei den Kleinerzeugern zu Hause und lerne ihr Essen, ihre Kultur kennen. Die Arbeit ist sehr abwechslungsreich, niemals langweilig – und gute Qualität spornt mich immer an.«

Marieke Brugman, Küchenchefin und Gastronomielehrerin

Hara Kebab

ZUTATEN
2 Bund Spinat, ohne Stiele, gewaschen
500 g frischer Ricotta
2 TL Garam Masala
2 TL gemahlene Muskatblüte (Macis)
½ TL frisch gemahlener Kardamom
30 g Kichererbsenmehl
2 grüne Chillies, entkernt
15 g frischer Ingwer, geschält
60 g geröstete Cashewkerne, feingehackt
60 g geschälte Pistazien, feingehackt
1 Prise Meersalz
Traubenkernöl

Dieses Spinatgebäck ist inspiriert von einem Gericht aus dem Dum Phukt, einem Restaurant in Delhi, das sich auf ganz feine, gedämpfte Speisen spezialisiert hat. Das Essen im Nordwesten Indiens ist märchenhaft und für unsere Gaumen äußerst ungewohnt, da die Köche dort alle möglichen Pflanzen verwenden, die im Winter in der Wüste wachsen.

Den Backofen auf 120 °C vorheizen. Den Spinat kurz in kochendem Wasser blanchieren, bis er zusammenfällt, dann in Eiswasser abschrecken. Abtropfen lassen und gründlich ausdrücken. 450 g Spinat abwiegen.

Backpapier auf ein Drahtgitter legen und über eine Backform stellen. Einige Löcher in das Backpapier stechen, den Ricotta daraufgeben und sorgfältig mit Alufolie abdecken. 1 ½– 2 Stunden in den Ofen stellen, bis der Ricotta trocken ist. Davon 250 g abwiegen.

Garam Masala, Muskatblüte und Kardamom mit dem Kichererbsenmehl vermengen und ohne Öl bei mittlerer Hitze in einer beschichteten Pfanne rösten. Dabei entfalten die Gewürze ihr Aroma, und das Mehl nimmt etwas Farbe an.

Chillies und Ingwer im Mixer zu einer glatten Paste verarbeiten. Den Spinat zugeben und ein feines Püree herstellen. Den Ricotta zugeben und weiter pürieren. Die Masse in eine Schüssel geben, das geröstete Mehl, Cashewkerne, Pistazien und Meersalz zufügen und gut verrühren.

Ein Backblech mit Backpapier auslegen. Spinatteig ausrollen: Mit einer leicht eingeölten Plätzchenform von 7,5 cm Durchmesser die Küchlein ausstechen und auf das Blech legen. 1 Stunde kühl stellen.

Den Backofen auf 220 °C vorheizen. Eine beschichtete Pfanne dünn mit Traubenkernöl ausstreichen und erhitzen. Die Spinatkuchen auf jeder Seite kurz anbräunen und dann vorsichtig auf das Backpapier zurücksetzen. Im heißen Ofen durchbacken und unverzüglich servieren.

Für 6 Personen mittel

Michael Moore, Küchenchef

Tomatensalat mit Bocconcini

ZUTATEN

DRESSING

100 g Sardellenfilets

2 EL Kapern

4 gelbe Schalotten, gehackt

3 EL Olivenöl

2 EL Pflanzenöl

1 EL Rotweinessig

geriebene Schale von 2 Zitronen

1 TL frisch gemahlener Pfeffer

1 TL frische Thymianblätter

8 am Strauch gereifte Tomaten

100 g Bocconcini (Büffelmozzarella)

½ Tasse frische Basilikumblätter, in
   dünne Streifen geschnitten

12 Rucolablätter

Meersalz und frisch gemahlener Pfeffer

Die Tomaten entwickeln ihr volles Aroma, wenn man sie bei Zimmertemperatur lagert. Der Geschmack des Salats wird noch intensiver, wenn Sie vier zerkleinerte Sardellenfilets und zwei Eßlöffel Kapern zusätzlich hineingeben.

Alle Zutaten für das Dressing im Mixer etwa 2 Minuten pürieren.

Die Tomaten in kochendes Wasser geben und dann sofort in kaltem Wasser abschrecken. Häuten und entkernen, dann in dicke Scheiben schneiden und auf 4 Teller verteilen. Die Bocconcini in Spalten schneiden und ungeordnet über die Tomaten legen, Basilikum und Rucola darüber verteilen. Das Dressing darüber träufeln und mit Meersalz sowie Pfeffer würzen. Wenn gewünscht, noch Kapern und Sardellenfilets extra dazugeben.

Für 4 Personen einfach

Sue Fairlie-Cuninghame, Food-Autorin

Salat aus grüner Papaya

ZUTATEN

500 g grüne Papaya, geschält und
   entkernt

3 kleine grüne Chilischoten, entkernt
   und feingehackt

2 rote Schalotten, geschält und gehackt

1 kleiner Bund frischer Koriander, feingehackt (die Wurzeln abschaben und
   ebenfalls kleinhacken)

DRESSING

5 EL frisch gepreßter Limettensaft

1 TL Palmzucker

das Innere von 2–3 Stengeln Zitronengras, in sehr dünnen Scheiben

2–3 TL Thai-Fischsauce (nam pla)

1–2 TL frischer Ingwer, zerdrückt

1–2 frische Kaffir-Limettenblätter, in
   schmale Streifen geschnitten

Diesen Salat können Sie hervorragend zu Grillenten-Curry (Seite 121) reichen oder zu frischen Austern oder Shrimps. Das Dressing ist das Wichtigste an diesem Gericht. Alle Zutaten müssen so klein wie möglich geschnitten werden.

Die Papaya in sehr dünne Streifen schneiden und mit den Chilischoten, den Schalotten und dem Koriander in eine Schüssel geben.

Alle Zutaten für das Dressing in ein Glas mit Schraubverschluß geben und gut durchschütteln; gegebenenfalls nachwürzen.

Zum Servieren das Dressing über den Salat gießen und gut vermischen. Unverzüglich servieren, da das Salz in der Fischsauce die Papaya schlaff werden läßt, wenn der Salat zu lange steht.

Für 4 Personen einfach

Marieke Brugman, Küchenchefin und Kochlehrerin

Tomatentarte

ZUTATEN

15 große Eiertomaten

2 TL Gewürzsumach (in Asienläden erhältlich)

2 TL körniges Meersalz

2 TL frisch gemahlener schwarzer Pfeffer

4 TL Zucker

4 rote Zwiebeln, in dünne Ringe geschnitten

100 ml natives Olivenöl

20 Basilikumblätter, in dünne Streifen geschnitten

50 frische Estragonblätter, Kerbel oder glatte Petersilie

200 g Feta oder fester Ziegenkäse

TEIG

125 g Mehl

100 g Butter, in kleinen Würfeln

60 ml Sauerrahm

Dieses Gericht, eines der beliebtesten in unserem Restaurant, enthält die Aromen des Sommers. Es entstand aus dem Versuch, den Geschmack von Wintertomaten zu verstärken. Die leicht karamelisierten Tomaten harmonieren hervorragend mit dem Käse; dazu kommen Olivenöl und Basilikum. Wir bereiten dieses narrensichere Gebäck seit 20 Jahren zu, und es gelingt immer.

Den Backofen auf 120 °C vorheizen. Die Tomaten der Länge nach halbieren und mit der Haut nach unten auf ein mit Backpapier belegtes Backblech setzen. Gewürzsumach, Salzkörner, Pfeffer und Zucker gleichmäßig über die Schnittflächen verteilen. Etwa 4 Stunden in den Backofen geben, bis die Tomaten halb getrocknet und leicht karamelisiert sind. Sie sollten wie dicke Dörr-Aprikosen aussehen.

Zwiebeln und Olivenöl in eine große Pfanne geben und bei mittlerer Hitze dünsten, bis die Zwiebeln glasig sind. Durch ein Sieb abtropfen lassen und das Öl für die Vinaigrette aufheben.

Für den Teig Mehl, Butter und Sauerrahm kurz in der Küchenmaschine verrühren, bis sich die Mischung in einer Kugel um das Rührgerät wickelt. Herausnehmen und zu einer flachen Scheibe klopfen; in Plastikfolie wickeln und vor dem Ausrollen mindestens 1 Stunde im Kühlschrank ruhen lassen.

Eine beschichtete runde Backform mit 28 cm Durchmesser und 4 cm Tiefe mit Backpapier auslegen. Die Tomaten mit der Schnittfläche nach unten in konzentrischen Kreisen dicht aneinander in die Backform legen. Basilikum und Estragon über die Tomaten streuen, dann die Zwiebeln. Den Käse in dünne Scheiben schneiden und über die Zwiebeln legen.

Den Teig zu einem Kreis ausrollen, der 2 cm größer ist als die Form, und auf diese legen. Den Rand mit einer Schere zuschneiden und die Teigplatte so in die Form drücken, daß sie sich an den Seiten hochwölbt. Die Tarte mindestens 30 Minuten in den Kühlschrank stellen.

Den Backofen auf 220 °C vorheizen. Die Tarte etwa 25 Minuten backen, bis sie golden und knusprig ist. Auf einen großen flachen Teller stürzen und innerhalb von 30 Minuten servieren. Dazu Salat reichen, der mit dem Olivenöl der Zwiebeln, einem guten Rotweinessig und frisch gemahlenem schwarzen Pfeffer angemacht ist.

Für 10–12 Personen mittel

Kapitel 3
Fleisch und Geflügel

Alan Saunders
Fleisch und Geflügel

On Monday we've mutton, with damper and tea;
On Tuesday, tea, damper and mutton,
Such dishes I'm certain all men must agree
Are fit for peer, peasant, or glutton.
On Wednesday, we've damper, with mutton and tea;
On Thursday, tea, mutton, and damper,
On Friday we've mutton, tea, damper while we
With our flocks over hill and dale scamper.

VORHERIGE SEITE: Paul Merronys Lammhaxen mit roten Paprika, schwarzen Oliven und Tomaten. »Gekochte oder geschmorte Lammhaxe zählt zu den saftigsten Stücken Fleisch, die es gibt. Sie ist außerdem eines meiner Lieblingsgerichte. In diesem Rezept werden die Haxen mit Sauce basquaise serviert. Die Süße der roten Paprika und der würzige Geschmack der schwarzen Oliven bilden einen guten Kontrast zu den saftigen Haxen.«

DIE ARBEITER IN DEN VIEHHÖFEN VOR DER STADT ROMA im Südwesten Queenslands genehmigen sich schon frühmorgens ein Steak zum Frühstück. In ihrer Kantine stehen zwei lange Sitzbänke, das Essen bestellt man an einem Ausgabefenster. Das Steak ist dünn geschnitten, gegrillt und wird mit Toastbrot serviert.

Fleisch zum Frühstück, zum Mittag und zum Abend: Dreimal täglich Fleisch gehörte in Australien genauso zum *way of life* wie in anderen Ländern, in den europäische Rinder die Landschaft bestimmten (in Texas und Argentinien hat sich diese Eßgewohnheit teilweise bis in die Gegenwart erhalten). In Australien haben allerdings auch Schafe dazu beigetragen, den ewigen Hunger nach Fleisch zu stillen.

Heute hat die Begeisterung der Australier für diese eintönigen Freuden merklich nachgelassen, und ihre Aufmerksamkeit richtet sich mehr auf einheimische Tierarten wie zum Beispiel das Känguruh. Diese Tiere kann man ebenfalls gut essen, und sie schaden den australischen Böden weniger als die eingeführten Arten mit ihren harten Hufen.

Der klassische Braten zum Abendessen erfreut sich nach wie vor einiger Beliebtheit, er hat jedoch starke Konkurrenz erhalten. Marieke Brugmans Rezept für Reis mit Tauben (Seite 116) ist aber ein gutes Beispiel dafür, wie man heute in der gehobenen australischen Küche Fleisch verwendet. Es ist ein portugiesisches Gericht (im Original heißt es *Arroz de Pombas Bravos*) und wird hier auch in seiner portugiesischen Einfachheit und Bescheidenheit vorgestellt – nur rudimentär an die australische Küche angepaßt, weder modernisiert noch aufgemöbelt. Anderseits ist Marieke sehr wählerisch, welche Art Taube sie zu dem Rezept empfiehlt. »Ich nehme immer Jungvögel von Ian Milburn in Glenloth,« schreibt sie. »Er ist einer der vielen guten regionalen Produzenten ...«

Man sieht daran, daß die Australier gelernt haben, sich für die Herkunft ihres Fleisches zu interessieren, und für die Sorgfalt bei seiner Zubereitung. Sogar der vergleichsweise simple Verzehr eines guten Steaks erhält dadurch eine gewisse Weihe: Die besten Steakrestaurants geben bekannt, woher das Rind stammt und welches Futter es bekommen hat. Rinder- und Schafzüchter sind nicht mehr nur die Hüter riesiger, anonymer Herden, die sie regelmäßig an Schlachthöfe und Zwischenhändler verkaufen. Sie selbst verarbeiten und veredeln mittlerweile häufig ihre Erzeugnisse, zum Nutzen aller.

Paul Merrony, Küchenchef

Lammhaxen mit roten Paprika,
schwarzen Oliven und Tomaten

ZUTATEN
8 Lammhaxen, etwa 8 cm lang
1 kleine Karotte, geschält
1 Stange Bleichsellerie
2 kleine Zwiebeln, geschält
Salz
10 schwarze Pfefferkörner

SAUCE BASQUAISE
1 EL Olivenöl
18 reife Tomaten, blanchiert, gehäutet, Kerne und Inneres entfernt
150 g Kalamataoliven, entsteint, blanchiert und geviertelt
2 große rote Paprikaschoten, nach kurzem Backen in Öl unter fließendem Wasser enthäutet und in dünne Streifen geschnitten
frisch gemahlener schwarzer Pfeffer
ein wenig Zucker (nach Belieben)

2 EL frisch gehackter Schnittlauch

An kalten Wintertagen ein köstliches Mittagessen, zusammen mit einem dampfenden Teller mehliger Kartoffeln und einem grünen Salat.

Die Haxen in einem großen Topf mit kaltem Wasser bedecken und kurz aufkochen lassen. Durch ein Sieb abgießen. Haxen und Topf abspülen, um den Schaum zu entfernen. Haxen zurück in den Topf geben, wieder mit kaltem Wasser bedecken und aufkochen. Neuen Schaum gegebenenfalls abschöpfen. Karotte, Sellerie, eine der Zwiebeln, Salz nach Belieben und die Pfefferkörner zufügen. Nach dem erneuten Aufkochen etwa 1–1 ½ Stunden köcheln lassen, bis die Haxen weich sind (nach 1 Stunde mit einem Spieß testen), dann in der Flüssigkeit liegen lassen.

Während der Kochzeit der Haxen die Sauce basquaise zubereiten. In einem großen Topf die restliche Zwiebel im Olivenöl glasig anschwitzen. Die Tomaten in etwas größere Stücke hacken, zur Zwiebel geben, kurz durchkochen und 10 Minuten köcheln lassen. Die Oliven und roten Paprika beifügen und mit Salz und Pfeffer würzen. Wenn gewünscht, etwas Zucker zugeben, um den Geschmack der Tomaten zu verbessern. Weitere 15 Minuten unter gelegentlichem Rühren sanft köcheln lassen, bis die Sauce eindickt.

Zum Servieren vier Teller vorwärmen und auf jeden zwei heiße Haxen geben. Mit einem Löffel die Sauce über die Haxen geben und mit dem Schnittlauch bestreuen. Sofort servieren.

Für 4 Personen   mittel

Michael Lambie, Küchenchef

Geschmorte Ochsenbacken
mit Wintergemüse

Ein Essen für das Kaminfeuer im Winter.

Zutaten

- 8 ganze Ochsenbacken von etwa 200 g, ohne Fett
- 2 Karotten, grobgehackt
- 2 Zwiebeln, grobgehackt
- 2 Stangen Lauch, gründlich gewaschen und grobgehackt
- ½ Sellerieknolle, grobgehackt
- ½ Knoblauchzehe, grobgehackt
- ¼ Bund frische Thymianblätter, gehackt
- 1 Lorbeerblatt, grobgehackt
- 1 l Shiraz oder anderer Rotwein
- Salz und frisch gemahlener schwarzer Pfeffer
- 5 l Rinderbrühe
- 12 junge Karotten, geschält
- 12 junge Steckrüben, geschält
- 12 kleine Salatkartoffeln, geschält
- 12 gelbe Schalotten
- Butter
- Kerbel zum Garnieren

Ochsenbacken, Karotten, Zwiebeln, Lauch, Sellerie, Knoblauch, Thymian und Lorbeerblatt mit dem Rotwein bedecken und 24 Stunden marinieren.

Fleisch und Gemüse aus dem Wein nehmen und abtropfen lassen. Den Wein in einen Topf geben und bei hoher Temperatur um die Hälfte einkochen lassen. Inzwischen das Fleisch trockentupfen und mit Salz und Pfeffer gut würzen. In einer heißen Bratpfanne von außen gründlich bräunen, so daß sich die Poren schließen.

Das marinierte Gemüse bei mittlerer Temperatur in einem großen Topf in Öl dünsten. Wenn der Wein und das Fleisch soweit sind, zum Gemüse geben und dann mit der Rinderbrühe bedecken. Aufkochen und 1–2 Stunden weiterköcheln lassen, bis das Fleisch so gar ist, daß es leicht auseinanderfällt.

Das Fleisch aus der Flüssigkeit nehmen und beiseite stellen. Die Kochflüssigkeit abseihen und bei hoher Temperatur zu einem dicken Sirup reduzieren.

Während dessen die Gemüse zubereiten. Die jungen Karotten, Steckrüben und Kartoffeln in kochendem Salzwasser getrennt garen. Die Schalotten in einer Emulsion aus je einem Teil Wasser und Butter garen.

Zum Servieren das Fleisch in die Weinsauce geben und vorsichtig erhitzen. Gemüse in ein wenig Butter erwärmen und mit Salz und Pfeffer abschmecken. Fleisch und Sauce in einem Gemüsekranz auf vier großen flachen Tellern anrichten und mit Kerbel garnieren.

Für 4 Personen mittel

LINKS: Geschmorte Ochsenbacke mit Wintergemüse. Ein herzhaftes Winteressen, sehr kräftig und gehaltvoll. Das Rindfleisch wird weichgekocht, bis es beinahe auseinanderfällt. Verwenden Sie einen kräftigen Shiraz als Wein; wenn Sie keine Ochsenbacken bekommen können, nehmen Sie Rinderschulter.

RECHTS: Peter Doyles Langsam gegarte Rinderbacken mit Knollensellerie und Pilzen (Seite 100). »Ein langsam gegartes Essen kann man zu beinahe allen Jahreszeiten essen. Dieses können Sie auch mit Pastinakenstückchen garnieren.«

Fleisch und Geflügel 99

Peter Doyle, Küchenchef

Langsam gegarte Rinderbacken
mit Knollensellerie und Waldpilzen

ZUTATEN

3 EL Olivenöl

6 Rinderbacken, ohne Fett

5 EL Weißwein

1,5 l Kalbsbrühe

1 Zwiebel, geschält und in grobe Scheiben geschnitten

2 Karotten, geschält und in 2 cm dicke Scheiben geschnitten

2 Stangen Bleichsellerie, in 3 cm lange Stücke geschnitten

1 Gewürzsäckchen mit Thymian, Petersilie, Lorbeerblatt und Pfefferkörnern

1 Knoblauchknolle, waagerecht halbiert

2 Sellerieknollen, geschält, in Scheiben geschnitten, blanchiert und abgeschreckt

100 g Favabohnen, geputzt und enthülst, oder frische grüne Erbsen, jeweils blanchiert und abgeschreckt

6 große Waldchampignons, ohne Stiele geputzt und angebraten

Rinderbacken eignen sich ausgezeichnet zum langsamen Garen, da sie sehr gut ihre Form behalten.

Den Backofen auf 160 °C vorheizen. Das Öl in einer großen Pfanne bei mittlerer Temperatur erhitzen und die Rinderbacken von allen Seiten anbräunen, um die Poren zu schließen. Aus der Pfanne nehmen und auf einen Rost über eine Fettwanne legen. Aus der Pfanne restliches Öl abgießen und bei hoher Temperatur mit Weißwein ablöschen. Kalbsbrühe zugeben und aufkochen.

Die Rinderbacken in eine Schmorpfanne legen, in die sie gerade hineinpassen. Mit Zwiebeln, Karotten, Sellerie, Gewürzsäckchen und Knoblauch umgeben, mit der heißen Kalbsbrühe übergießen und im Backofen je nach Größe der Wangen 2–2 ½ Stunden schmoren. Das Fleisch sollte sehr weich sein.

Die Wangen aus dem Ofen nehmen und beiseite stellen. Die Brühe durch ein Sieb abseihen und einige Minuten absetzen lassen. Fett von der Oberfläche abschöpfen, die Brühe in einen sauberen Topf geben und um die Hälfte reduzieren. Bis zur Verwendung warm halten.

Die Wangen nun mit ein wenig Brühe erneut bei 200 °C in den Backofen geben. In kurzen Abständen mit der heißen Brühe begießen, damit sie einen goldbraunen Glanz erhalten.

Wenn die Wangen durchgewärmt sind, die Selleriescheiben und Bohnen durch Dämpfen und die Pilze im Backofen wieder aufwärmen. Zum Servieren einen Pilz in die Mitte eines vorgewärmten Tellers setzen, darauf eine Selleriescheibe legen, und zuoberst eine Rinderwange. Mit einem Löffel Sauce darübergeben, die Bohnen um die Fleischstücke rundherum verteilen und sofort servieren.

Für 6 Personen mittel

Jacques Reymond, Küchenchef

Lammhirn
mit in Folie gegartem Sellerie und
einem warmen Salat aus Rucola und jungem Spinat

ZUTATEN

1 Sellerieknolle, geschält und in dünne
    Streifen geschnitten

8 rote Schalotten, in Scheiben
    geschnitten

4 Knoblauchzehen

150 g geröstete Haselnüsse, grob
    gemahlen

4 Zweige frischer wilder Thymian

Salz und frisch gemahlener schwarzer
    Pfeffer

2 ½ EL Haselnußöl

5 EL natives Olivenöl extra

100 g Parmesanspäne

1 EL Balsamicoessig

eine Handvoll Rucolablätter

eine Handvoll junge Spinatblätter

Pinienkerne zum Garnieren

frischer grüner Koriander

2 rote Chilischoten, gehackt

LAMMHIRN

4 Lammhirne, über Nacht eingeweicht
    und von allen Blutgefäßen befreit

2 EL Olivenöl

2 EL Butter

1 EL Ingwer, blanchiert und in dünne
    Streifen geschnitten

1 EL Tomatenwürfel

1 EL kleine Kapern

1 EL Balsamicoessig

5 EL Kalbsfond

*Lammhirn ist eine sehr gehaltvolle Innerei und liefert somit den passenden Kontrast zur
Leichtigkeit und Frische von Sellerie, Rucola und Spinat.*

Den Backofen auf 220 °C vorheizen. Ein Backblech großzügig mit Aluminiumfolie auslegen und den Sellerie darauf verteilen. Mit Schalotten, Knoblauch, Haselnüssen und Thymian bestreuen und mit Salz und Pfeffer würzen. Mit Haselnußöl und 4 Eßlöffeln Olivenöl begießen, die Parmesanspäne darüber verteilen und mit einer weiteren Lage Aluminiumfolie abdecken. Dicht verschließen und 10 Minuten im Ofen backen.

    Die Folie öffnen, den Sellerie auf vorgewärmte Teller geben. Den Essig mit den ausgetretenen Säften auf der Folie vermischen und diese Sauce über den Sellerie gießen. Rucola und Spinat im restlichen Olivenöl kurz im Wok schwenken, bis sie zusammenfallen. Selleriescheiben und warmen Salat auf vier Teller berteilen.

    Während man den Salat vorbereitet, die Lammhirne mit dem Olivenöl und der Butter im heißen Backofen 10 Minuten in einer feuerfesten Form schmoren. Ingwer, Tomatenwürfel und Kapern zu den ausgetretenen Säften geben und mit Balsamico und Kalbsfond ablöschen. Die Hirne auf den Sellerie und den Salat setzen und mit den Säften übergießen. Mit Pinienkernen, Koriandergrün und Chillies garnieren und sofort servieren.

Für 4 Personen etwas schwierig

Serge Dansereau, Küchenchef

Gekochte Kalbshaxe
mit grüner Sauce

ZUTATEN

KALBSHAXEN

4 Kalbshaxen

1 Karotte

1 Zwiebel

1 Stange Bleichsellerie

1 Stange Lauch

1 Lorbeerblatt

frischer Thymian

Meersalz und 10 schwarze Pfefferkörner

5 l Wasser

PASTA

250 g getrocknete Linguine

Meersalz und frisch zerstoßener
    schwarzer Pfeffer

2 EL Butter

2 EL geriebener Pecorino oder Parme-
    san, plus einige Späne zu Garnieren

GRÜNE SAUCE

1 Bund Rucola

1 Bund frisches Basilikum

2 Bund Spinat

½ Bund frische glatte Petersilie

1 Zwiebel, in der Schale 60 Min. bei
    180 °C gebacken

6 Knoblauchzehen, in Alufolie 80 Min.
    bei 150 °C gebacken

Saft von 2 Zitronen

200 ml natives Olivenöl

Meersalz und frisch gemahlener
    schwarzer Pfeffer

*Italienische Küche erscheint im Vergleich zur französischen manchmal weniger organi-
siert, was an der Einfachheit und Reinheit der Zutaten liegt. Die Italiener verwenden
im allgemeinen weniger Zutaten, aber sie haben ein ausgezeichnetes Verständnis für die
Produkte und konzentrieren sich darauf, deren natürlichen Geschmack zu verstärken.*

Die Kalbshaxen in einen großen Topf geben und mit kaltem Wasser bedecken. Aufkochen und 2 Minuten köcheln lassen. Das Wasser weggießen und die Haxen kalt
abwaschen. Zurück in den Topf geben; Gemüse, Lorbeerblatt, Thymian, Salz (nach
Belieben) und Pfefferkörner beifügen. Mit Wasser bedecken und 3 Stunden sanft
köcheln lassen. Die Haxen vorsichtig herausnehmen; die Kochflüssigkeit abseihen
und für eine Suppe aufheben. Wenn die Haxen nicht gleich serviert werden, zum
Aufbewahren in Plastikfolie wickeln. Zum Servieren ohne Folie 20 Minuten bei
150 °C im Ofen erhitzen. Sie können am Knochen serviert werden, aber auch
entbeint.

Für die Pasta ausreichend Salzwasser in einem großen Topf zum Kochen bringen und darin die Nudeln *al dente* kochen. Gut abtropfen lassen, in eine Schüssel
geben und Butter, Pecorino und Pfeffer beifügen. Gründlich schwenken.

Für die grüne Sauce Rucola, Basilikum, Spinat und Petersilie kurz in kochendes
Wasser werfen und dann sofort in Eiswasser abschrecken. Abtropfen lassen und in
einem sauberen Tuch alles überschüssige Wasser herausdrücken. Die gebackene
Zwiebel schälen und in einem Mixer mit der Gemüse-Kräuter-Mischung, Knoblauch und Zitronensaft zerkleinern. In eine Schüssel geben und das Olivenöl unterheben. Mit Salz und Pfeffer abschmecken.

Zum Servieren ein Viertel der Linguine um eine große Vorlegegabel zu einem
schönen Büschel wickeln. Auf jeden vorgewärmten Teller neben eine Kalbshaxe
solch ein Büschel geben und mit Pecorinospänen garnieren. Die Haxen mit ein wenig grüner Sauce beträufeln und den Rest der Sauce als Beilage reichen.

Für 4 Personen mittel

RECHTS: Gekochte Kalbshaxe mit grüner Sauce. Die
grüne Sauce verstärkt den Geschmack und bringt
etwas Farbe in dieses bodenständige Gericht, das
hier mit Knochen serviert wird.

Philip Johnson, Küchenchef

Lammsteaks

mit einem Salat aus Auberginen, Lemon Pickle, Chili und Wasserkresse

ZUTATEN

2 kleine Auberginen, in 1,5 cm dicke Scheiben geschnitten

Olivenöl

Salz und frisch gemahlener schwarzer Pfeffer

6 Lammsteaks (ca. 225 g) aus der Hüfte, zurechtgeschnitten, aber mit noch etwas Fett

1 Bund Brunnenkresse, verlesen, gewaschen und gut abgetropft

1 Bund frischer grüner Koriander, verlesen, gewaschen und gut abgetropft

frische Chilischoten nach Geschmack, entkernt und gehackt

1 rote Zwiebel, in Ringe geschnitten

2 TL Lemon Pickle (pikant eingelegte Zitronen)

BALSAMICOVINAIGRETTE

1½ EL Balsamicoessig

3½ EL Olivenöl

1 Prise Zucker

Salz und frisch gemahlener schwarzer Pfeffer

1 Knoblauchzehe, feingehackt

2 frische Thymianzweige

Den Backofen auf 220 °C vorheizen und eine feuerfeste Form darin heiß werden lassen. Die Auberginenscheiben mit Olivenöl bestreichen und unter dem Grill 5–8 Minuten garen. Das Lammfleisch würzen und mit Olivenöl einstreichen. In der sehr heißen Form von beiden Seiten anbraten, damit sich die Poren verschließen. Wenn es gut Farbe angenommen hat, die Form mit dem Fleisch in den Backofen geben und in etwa 15 Minuten medium garen. Vor dem Aufschneiden 10 Minuten ruhen lassen.

In der Zwischenzeit die Balsamicovinaigrette durch Vermengen aller Zutaten herstellen.

Zum Servieren Aubergine, Brunnenkresse, Koriander, Chili, Zwiebel und Lemon Pickle vermischen, die Vinaigrette untermischen und den Salat auf die Teller geben. Das Fleisch darauf anrichten und dieses mit etwas Vinaigrette beträufeln.

Für 6 Personen einfach

Maggie Beer, Food-Autorin und Landwirtin

Polenta mit geräuchertem
Känguruh und Parmesan

ZUTATEN

150 g Parmesan
750 ml Hühnerbrühe
200 g Polenta
1 ½ TL Salz
Butter
4 EL natives Olivenöl extra
200 g geräuchertes Känguruh, in sehr
   dünne Streifen geschnitten
2 Handvoll Rucola
guter Balsamicoessig (nach Belieben)

Dieses Gericht entstand an einem Sonntagabend im Rahmen unserer »Restaurantfamilie«. Wenn ich Lust habe, verwende ich zusätzlich Ziegenkäse.

Den Backofen auf 150 °C vorheizen. Zwei Drittel des Parmesans reiben und beiseite stellen. Die Brühe in einem Topf erhitzen, bis sie köchelt, dann Polenta und Salz unter ständigem Rühren hineingeben. Bei sehr schwacher Hitze 20 Minuten weiterrühren, bis die Polenta im Topf aufzusteigen beginnt. Den Parmesan unterrühren und die Masse in eine feuerfeste Schüssel geben. Mit etwas Butter belegen und zugedeckt im Ofen warm halten.

Das Olivenöl langsam in einer Pfanne erwärmen und das Känguruhfleisch kurz darin schwenken. Die Pfanne darf nicht zu heiß sein, da das Fleisch sonst Farbe und Geschmack verliert. Die Polenta auf eine Servierplatte stürzen und das Fleisch mit dem Rucola darum verteilen. Den restlichen Parmesan mit einem Gemüseschäler darüber hobeln und, wenn gewünscht, einen Spritzer Balsamico daraufgeben.

Für 4 Personen einfach

Matthew Moran, Küchenchef

Gebratene Hühnerbrust
mit marokkanischen Auberginen und jungen Bok Choy

ZUTATEN

MAROKKANISCHE AUBERGINEN

10 Tomaten, gehäutet und entkernt
2 Zwiebeln, in Würfel geschnitten
3 EL Olivenöl
4 große Auberginen, in Würfeln
500 g Mango Chutney
1 l Hühnerbrühe
2 EL gemahlener Kreuzkümmel
2 EL gemahlene Korianderkörner
1 Prise Safranfäden
Saft von 6 Zitronen
frischer Koriander, gehackt
4 Knoblauchzehen, zerdrückt

4 Brüste von Maishühnern, mit Haut
2 EL Olivenöl
4 junge Bok Choy (chin. Weißkraut),
   gedämpft

Den Backofen auf 180 °C vorheizen. Für die marokkanischen Auberginen Tomaten und Zwiebeln in Olivenöl 5 Minuten anschwitzen. Die Auberginen zugeben, umrühren und die restlichen 8 Zutaten beifügen. 10 Minuten garen.

Die Hühnerbrüste in Olivenöl goldbraun braten. Etwa 15 Minuten in den Backofen geben und dann 10 Minuten bis zum Servieren an einem warmen Ort ruhen lassen.

Zum Servieren die gedämpften Bok Choy auf die vorgewärmten Teller verteilen, etwas marokkanische Aubergine dazugeben und eine in Scheiben geschnittene Hühnerbrust darüber anrichten.

Für 4 Personen einfach

Dany Chouet

»Ich liebe Einfachheit und unverfälschten Geschmack über alles. Zubereitung und Zutaten müssen perfekt sein. Mein Gaumen soll nicht mehr als zwei Geschmacksrichtungen erkennen; die Hauptrichtung muß besonders betont sein. Ich liebe eine einfache, elegante, beinahe karge Darbietung.«

Dany Chouet wurde im Perigord in Südwestfrankreich geboren. In ihrer Familie spielte das Essen

eine große Rolle, und sie bereitete schon früh Mahlzeiten zu. In Paris studierte sie Kunst und arbeitete später als Fotografin.

Als Dany das erste Mal nach Sydney kam, war sie vom Standard des Essens entsetzt. Einige Monate später eröffnete sie mit großem Erfolg das Upstairs mit Monique und Michael Manners. Zwei Jahre später machte sie das Au Chabrol auf, das mit einer gehobeneren Speisekarte aufwartete, und hatte wieder jeden Abend ein volles Haus. 1976 verkaufte sie das Au Chabrol, half den Manners bei der Eröffnung des Glenella und kehrte nach Frankreich zurück..

Die Australierin Trish Hobbs überredete sie zur Rückkehr. 1983 eröffneten die beiden in den Blue Mountains das Cleopatra, eine auberge, in der man essen und übernachten kann. Danys Küche und Trishs Innen- und Gartengestaltung schaffen die Atmosphäre eines Familienwohnsitzes aus der Kolonialzeit. Danys Küche ist sowohl traditionell als auch innovativ, ländlich, doch raffiniert: »Französi-

sche Landküche ist meine Leidenschaft. Die Rezepte von 400 Jahren aus den Küchen von Bauern und Bürgersleuten sind einfach unfehlbar und zeitlos gut.«

Die herzliche Atmosphäre und die vielgerühmte Küche machen das Cleopatra zu einem der begehrtesten Gourmet-Ziele außerhalb der Stadt. Es bietet das Beste aus Frankreich und Australien.

OBEN LINKS: Salat mit Entenleberparfait (Seite 68). Ein sehr gehaltvolles Parfait aus Entenlebern. Geben Sie Blüten frischer Kräuter in den Salat, wenn Sie welche bekommen können.

OBEN: Poussin aux Raisins (Seite 121). Knoblauch und Weintrauben passen gut zusammen – aus dieser Erkenntnis entstand dieses Gericht.

OBEN RECHTS: Nudelsalat mit Austern und geschmorten Babykalmaren (Seite 69).

RECHTS: Knusprige Ente mit Anisaroma und Kartoffeln, roten Beten und Kerbel (Seite 117).

106   FLEISCH UND GEFLÜGEL

Dany Chouet und Ralph Potter

Auf dem Land

Ralph Potter

»Man sollte Australien kulinarisch in die städtische Region, die Küstenregion und die ländliche Region einteilen. Wenn man an der Küste ist, ißt man Fisch; auf dem Land bekommt man Hausmannskost, und in der Stadt kann man unterschiedlichstes Essen aller Kulturen erwarten. Das ist, denke ich, ein realistischer Ausblick. Es paßt zu unserer modernen Zeit – Essen muß zu Ort und Klima passen.«

Ralph Potter besteht für sein Restaurant Darleys westlich von Sydney in den Blue Mountains leidenschaftlich auf Erzeugnissen bester Qualität. Er bevorzugt saisonale Ware, da diese immer noch ein Extra  an Qualität bietet. »Wenn man auf dem Land lebt, ist man sich der Jahreszeiten eher bewußt. Heute, da Lebensmittel so weit verschickt werden, hat saisonales Essen an Bedeutung verloren. Wildgeflügel, Spargel und Pilze, die man in ihren eigenen Ernteregionen verzehrt, sind dadurch beinahe verschwunden.«

Ralph begann seine Laufbahn in England und versuchte dann in Frankreich weitere Erfahrungen zu sammeln. Da aber einem jungen Koch aus England viele Türen verschlossen blieben, beteiligte er sich an der Ausschreibung zum Robert Carrier Chef of the Year Award und gewann auch prompt. Zwei Wochen später fing er in Paris im Restaurant Les Princes an. Danach arbeitete er in Genf, London, Sydney und im Elsaß. Im Darley's spezialisierte er sich auf eine zeitgenössische australische Regionalküche, für die man gerne eine lange Anreise in Kauf nimmt.

»Ich passe meinen Kochstil gerne an Rohstoffe und Umgebung an. Im Moment koche ich vor allem Hausmannskost, was aber nicht heißt, daß das Essen schwer ist. Ich spiele gerne mit verschiedenen Konsistenzen und Geschmacksrichtungen. Dabei bin ich spontan und ändere die Speisekarte, sobald sich das Wetter ändert. Ich liebe es zu kochen, und wenn man glücklich ist, kocht man gut.«

FLEISCH UND GEFLÜGEL 107

Raymond Kersh und Jennice Kersh, Küchenchefs und Restaurantbesitzer

Mit Quandongs gefüllte Maishuhnbrust
auf Wildpilzen, Warrigal Greens und Thymianbrühe

ZUTATEN
- 4 Maishuhnbrüste
- 200 g Quandongs oder Pfirsiche
- 75 g Butter
- 8 Tassen Warrigal Greens oder Mangold, blanchiert
- Salz und frisch gemahlener schwarzer Pfeffer
- 4 quadratische Stücke Schweinenetz, etwa 20 cm Seitenlänge
- 1 EL Olivenöl
- 1 kleine Zwiebel, in Würfel geschnitten
- 1 Knoblauchzehe
- 100 g Egerlinge, in Scheiben geschnitten
- 45 g Shiitakepilze, in Scheiben geschnitten
- 45 g Shijemipilze, in Scheiben geschnitten

THYMIANBRÜHE
- 825 ml Hühnerbrühe
- ½ TL Thymian
- 1 TL Ingwer
- 1 Stange Zitronengras, nur den weichen Teil, gehackt
- 2 TL gemahlener Koriander
- frische Korianderblätter zum Garnieren
- Salz und frisch gemahlener schwarzer Pfeffer

Den Backofen auf 200 °C vorheizen. Die Hühnerbrüste entlang der Mitte aufschneiden und aufklappen. Die Quandongs in der Hälfte der Butter in einer Pfanne sautieren. Wenn sie weich sind, ein Viertel der Quandongs in die Mitte der Hühnerbrüste geben. ½ Tasse Warrigal Greens (oder Mangold) auf jedes Häufchen Quandongs geben und mit Salz und Pfeffer würzen.

Die Hühnerbrüste aufrollen und in je ein Schweinenetz wickeln. Bei mittlerer Hitze in Olivenöl in der Pfanne anbräunen, dann 10–12 Minuten im Ofen backen. Herausnehmen und warm stellen.

Die Zwiebel im Rest der Butter glasig dünsten, dann den Knoblauch, die drei Pilzsorten und den Rest der Warrigal Greens zugeben.

Für die Thymianbrühe Hühnerbrühe, Thymian, Ingwer, Zitronengras und Koriander in einen großen Topf geben und aufkochen lassen. Bei großer Hitze um die Hälfte einkochen, dann durch ein feines Sieb abgießen. Mit Salz und Pfeffer abschmecken. Das Hühnerfleisch in je vier Scheiben schneiden. Die Pilzmischung in die Mitte der vorgewärmten Suppenteller geben und darauf das Hühnerfleisch setzen. Die Brühe um die Pilze gießen, mit Korianderblättern garnieren und sofort servieren.

Für 4 Personen mittel

FLEISCH UND GEFLÜGEL

Vic Cherikoff, Bushfood-Vermarkter

Gegrilltes Papierborken-Huhn

ZUTATEN

1 Stück dünne Papierborke, befeuchtet

2 EL Öl

1 Schweinelendenfilet, ohne Fett

2 EL Chutney aus Munthari und Zitronenmyrte oder englische Apple Sauce mit Limettenschale

1 rote Paprika, in Streifen geschnitten, oder eine Chilischote, in dünne Streifen geschnitten

Salz

2 Portionen gedämpfter Reis

¼ TL frisch gemahlener schwarzer Pfeffer

Salatblätter nach Wahl

½ TL gemahlener Anis

Die papierdünne Borke der Myrtenheide eignet sich hervorragend zum Einwickeln von Speisen; sie setzt beim Erhitzen Öle frei, die einen rauchigen Geschmack ergeben. Sie wird oft in Rollen verkauft. In Papierborke kann man kinderleicht Fleisch räuchern und garen, vor allem Geflügel, das man einfach einwickelt und auf den Grill oder in die Pfanne legt. Sie enthält wenig Gerbstoffe und ist zwar unverdaulich, aber unschädlich.

Ein Stück Papierborke von etwa 20–38 cm Größe ausrollen. Die Seite, auf der am wenigsten Fasern haften, mit ein wenig Öl bestreichen, damit die Borke später nicht am Fleisch kleben bleibt.

Das Schweinefilet einschneiden, ohne es ganz durchzuschneiden, aufklappen, Chutney hineingeben, dann die Paprika in Schnittrichtung legen. Mit Salz nach Geschmack würzen. Das Filet wieder zuklappen und in zwei gleich große Stücke teilen. Nebeneinander auf die eingefettete Papierborke legen, die Borke der Länge nach darüberwickeln und die Enden umklappen. Mit Pflanzenfasern ein Päckchen schnüren.

Dieses Päckchen auf einem Stück Alufolie auf den heißen Grill legen und dort belassen, bis es zu rauchen beginnt. (Man kann es auch in einer ungefetteten Pfanne auf dem Herd garen, aber dann in einer gußeisernen Pfanne, denn Papierborke greift Edelstahl an.) Von allen Seiten völlig schwarz werden lassen; ob das Fleisch durch ist, kann man spüren: Es sollte sich etwas fest anfühlen und, wenn man es drückt, wieder Form annehmen. 5 Minuten an einem warmen Ort ruhen lassen.

Zum Servieren die nicht verbrannten Pflanzenfasern entfernen, die Enden des Borkenpakets aufklappen und die Borke dicht am Fleisch abschneiden. Weiter auswickeln, das Filet aufschneiden und mit der Borke auf die Teller geben. Dazu großzügig mit Pfeffer gewürzten, gedämpften Reis und einen gemischten grünen Salat servieren, der mit etwas Anis abgeschmeckt wurde.

Für 2 Personen einfach

Luke Mangan, Küchenchef

Hühnerbrust in Salzkruste
mit Topinamburpüree und Lauchgemüse

ZUTATEN

SALZKRUSTE

350 g Mehl

125 g Salz

1 TL Thymianblätter

1 Ei

1, 5 l Wasser

2 Hühnerbrüste, ohne Haut (von der
  besten Qualität, wenn möglich von
  freilaufenden Hühnern)

250 g Topinamburknollen, geschält

100 g Salatkartoffeln, geschält

500 ml Milch

Salz und frisch gemahlener schwarzer
  Pfeffer

1 große oder 2 mittelgroße Stangen
  Lauch, der Länge nach geschnitten

1 EL Butter, plus etwas mehr zum Servieren

bestes natives Olivenöl extra (nach Belieben)

*Topinambur und Lauch sind meine Lieblingsgemüse. Diese ländlichen Gemüsesorten
sind ganz leicht zuzubereiten. Die Süße des Topinambur, die Schärfe des Lauchs und
der salzige Geschmack des Huhns ergänzen sich aufs beste.*

Für die Salzkruste Mehl, Salz und Thymian vermengen, dann Ei und Wasser zugeben. Zu einer Teigkugel kneten und bis zur weiteren Verwendung im Kühlschrank
ruhen lassen.

Das Hühnerfleisch auf einem Grill oder in einer heißen Pfanne von beiden Seiten bei großer Hitze goldbraun anbraten; beiseite stellen und abkühlen lassen.

Die Topinambur und Kartoffeln grob würfeln. In einem Topf mit der Milch
bedecken, etwas Salz zufügen und in etwa 30 Minuten weichkochen. Gut abtropfen
lassen, pürieren und bei sanfter Hitze die restliche Flüssigkeit verdampfen lassen.
Warm stellen.

Den Backofen auf 200 °C vorheizen. Den Salzteig auf einer mit Mehl bestreu-
ten Fläche 2 cm dick ausrollen. In zwei Teile aufteilen und eine Hühnerbrust auf
jede Hälfte geben. Einwickeln und auf ein gefettetes Backblech legen. 15 Minuten
im Ofen backen, herausnehmen und 2–3 Minuten ruhen lassen, bevor die Salzkruste aufgebrochen wird.

In der Zwischenzeit den Lauch 30 Sekunden in kochendes Salzwasser geben.
Abtropfen lassen und kurz in der Butter sautieren, bis er damit bedeckt ist.

Zum Servieren jede Hühnerbrust quer in drei bis vier Stücke aufschneiden.
Ein Stück Butter in das Topinamburpüree geben und mit Salz und Pfeffer abschmecken. Mit einem Löffel in die Mitte der Teller geben; darüber kommt die
ausgeschnittene Hühnerbrust. Außen herum den Lauch anrichten und, wenn gewünscht, mit ein wenig Olivenöl besprengen.

Für 2 Personen einfach

LINKS: Hühnerbrust in Salzkruste mit Topinamburpüree und Lauchgemüse. Dieses Rezept bedient
sich einer alten französischen Methode der Fleisch-
zubereitung. Die Salzkruste verstärkt den Geschmack der Hühnerbrust, verleiht ihr eine gewisse
Erdigkeit und hält sie außerdem saftig.

FLEISCH UND GEFLÜGEL 111

Liam Tomlin, Küchenchef

Geschmorte gefüllte Hühnerbeine
mit Steinpilz-Sahnesauce

ZUTATEN

4 Hühnerbeine

Salz und frisch gemahlener schwarzer Pfeffer

2 TL Butter

225 g kleine Champignons, feingehackt

1 große Zwiebel, in Würfel geschnitten

1 Knoblauchzehe, feingehackt

100 g Speck, ohne Schwarte, in kleine Würfel geschnitten

2 kleine Hühnerbrüste, enthäutet und durch den Fleischwolf gedreht

1 Ei

2 TL frische gehackte Kräuter, etwa Thymian, Petersilie und Schnittlauch

225 g Schweinedarm, 24 Stunden in kaltem Wasser eingeweicht

2 TL natives Olivenöl extra

45 g kleine Champignons oder eine Mischung aus Morcheln, Austernpilzen, Steinpilzen und anderen, im Ganzen

ein wenig Olivenöl

STEINPILZ-SAHNESAUCE

30 g getrocknete Steinpilze

2 ½ EL Madeira

2 ½ EL Portwein

500 ml Kalbsbrühe

250 ml Sahne

Salz und frisch gemahlener weißer Pfeffer

Im Banc servieren wir dieses Gericht auf einem Püree aus Knoblauch und Kartoffeln; es schmeckt aber auch kalt wunderbar, zum Beispiel aufgeschnitten zu einem Salat, etwas Aïoli und einem knusprigen Brot.

Zuerst werden die Hühnerbeine – am besten mit einem scharfen Ausbeinmesser – entbeint. Dazu ein Bein mit der Außenseite nach unten auf ein Schneidebrett legen und entlang des Schenkelknochens in Richtung des Gelenks schneiden. Den Knochen ganz vom Fleisch lösen; die Messerspitze nahe am Knöchelgelenk führen und vorsichtig einmal herumschneiden. Mit dem Messer das Fleisch vom Knochen ziehen, bis dieser mit der Hand zu fassen ist. Dann mit einer Hand am Knochen ziehen und mit dem Messer in der anderen weiter das Fleisch abziehen. Mit einem Ruck das Fleisch umstülpen; so kann man es leicht von Sehnen befreien. Ganz vom Knochen abschneiden, das Fleisch wieder mit der Außenseite nach unten hinlegen, dann mit Salz und Pfeffer würzen.

Für die Füllung 1 Teelöffel Butter in einer Pfanne zerlaufen lassen und die Champignons zugeben. Die Pilze braten, bis sämtliche Flüssigkeit verdampft ist, dann abkühlen lassen. Die restliche Butter in einer anderen Pfanne erhitzen und Zwiebel, Knoblauch und Speck einige Minuten andünsten, ohne daß sie Farbe annehmen. Abkühlen lassen. Die zerkleinerten Hühnerbrüste mit dem gebratenen Inhalt der beiden Pfannen in eine Schüssel geben. Ei und Kräuter zugeben und nach Geschmack mit Salz und Pfeffer würzen. Gut verrühren. Die entbeinten Hühnerbeine mit dieser Masse füllen, so daß sie in etwa wieder ihre ursprüngliche Form annehmen.

Den Schweinedarm ausdrücken und auf der Arbeitsfläche ausbreiten. Die Hühnerbeine darin einwickeln und mindestens 1 Stunde kalt stellen.

Den Backofen auf 200 °C vorheizen. In einer Bratpfanne die Beine von allen Seiten in Olivenöl goldbraun braten. Auf einem Backblech 20–25 Minuten in den Backofen geben. Das Fleisch ist gar, wenn klarer Saft austritt.

In der Zwischenzeit die getrockneten Steinpilze eine Stunde in Madeira und Portwein einweichen. Mit der Flüssigkeit in eine Pfanne geben und braten, bis der Alkohol eine sirupartige Konsistenz annimmt. Mit der Kalbsbrühe aufgießen und um die Hälfte einkochen. Die Sahne zugeben und wieder aufkochen, dann so lange reduzieren, bis die Sauce die Unterseite eines Löffels vollständig benetzt. Mit Salz und weißem Pfeffer abschmecken und durch ein feines Sieb passieren. Die Steinpilze gut ausdrücken, damit sie alle Säfte abgeben.

Zum Servieren die kleinen Champignons oder die Pilzmischung in etwas Olivenöl goldbraun sautieren und abschmecken. Die Hühnerbeine auf eine Unterlage aus Kartoffel-Knoblauchpüree oder ein Kartoffelgratin setzen, die Pilze um die Unterlage verteilen und die Sauce über das Hühnerfleisch gießen.

Für 4 Personen etwas schwierig

Maggie Beer, Food-Autorin und Landwirtin

Entbeintes Huhn,
gefüllt mit Hühnerklein und Prosciutto

ZUTATEN

FÜLLUNG

100 g Hühnerklein

100 g Hühnerherzen

Butter

2 EL frisch gehackte Kräuter, vorzugsweise Rosmarin und Majoran

frisch gemahlener schwarzer Pfeffer

1 große Zwiebel, grobgehackt

250 g Paniermehl

natives Olivenöl extra

200 g Vorderschinken, dünn geschnitten

1 TL Dijonsenf

125 ml Verjuice

4 l gelierte Hühnerbrühe

ein Freilandhuhn von 1,5 kg, entbeint

Salz

Kaufen Sie das beste Freilandhuhn, das Sie bekommen können. Verjuice ist ein sanftes Säuerungsmittel, das den Geschmack der übrigen Zutaten nicht überdeckt.

Den Backofen auf 230 °C vorheizen. Für die Füllung das Hühnerklein und die Hühnerherzen in einer Pfanne in etwas Butter mit den Kräutern und etwas Pfeffer braten, dann fein hacken und beiseite stellen. In der gesäuberten Pfanne die Zwiebel in Butter sanft anschwitzen und zur Hühnerkleinmischung geben. Das Panier-mehl mit etwas Olivenöl im Backofen rösten, aber nicht anbrennen lassen. Mit dem Vorderschinken und dem Senf zum Hühnerklein geben.

Das Verjuice auf großer Hitze um die Hälfte einkochen. Mit der Brühe in ei-nen großen Topf gießen und erwärmen. Das entbeinte Huhn ausbreiten und mit der Füllung bestreichen, dann aufrollen und in ein sauberes Küchenhandtuch wickeln. Dieses Paket in den Topf mit der Brühe geben; mindestens drei Viertel des Huhns müssen bedeckt sein. 20 Minuten bei sehr sanfter Hitze pochieren, dann das Huhn wenden und noch einmal 20 Minuten pochieren. Herausnehmen, in Alufo-lie wickeln und 30 Minuten ziehen lassen. Die Pochierflüssigkeit bei großer Hitze zu einer Sauce einkochen. Das Huhn aufschneiden und mit der Sauce und einem Schlag Salsa Verde (siehe »grüne Sauce«, Seite 102) servieren.

Für 4 Personen mittel

Stefano Manfredi, Küchenchef

Huhn nach Palermo-Art

ZUTATEN

DRESSING

Saft und Schalen von 5 Zitronen

½ Tasse frischer Oregano, gehackt

2 Tassen frische Petersilie, gehackt

8 Knoblauchzehen, zerdrückt

250 ml natives Olivenöl extra

Salz und frisch gemahlener Pfeffer

HUHN

2 Freilandhühner bester Qualität, zerteilt in Beine und Brüste

Salz und frisch gemahlener Pfeffer

junge Rucolablätter

16 Radieschen

Ein schönes Gericht für den Sommer, frisch und einfach. Kaufen Sie unbedingt ein gutes Freilandhuhn.

Die Zitronenschalen mit Wasser in einen kleinen Edelstahltopf geben und aufko-chen lassen. Abgießen und neues Wasser aufgießen. Diesen Vorgang zweimal wie-derholen, das Wasser aus den Schalen drücken und die Schalen grob hacken. Ore-gano, Petersilie und Knoblauch mit Olivenöl und Zitronensaft vermengen; nicht früher als 1 Stunde vor Gebrauch zubereiten, sonst verdirbt die Zitrone.

Den Backofen auf 220 °C vorheizen und die gewürzten Hühnerteile in einer eingefetteten Schmorpfanne 15–20 Minuten schmoren. Die Beine in Ober- und Unterschenkel zerteilen und die Brüste halbieren.

Rucola und Radieschen auf acht Teller verteilen. Das Hühnerfleisch in einer großen Schüssel im Dressing schwenken. Mit Salz und Pfeffer abschmecken, noch-mals schwenken. Auf den Rucola und die Radieschen geben und sofort servieren.

Für 8 Personen einfach

FLEISCH UND GEFLÜGEL 113

Philippe Mouchel, Küchenchef

Tagine mit Hase

ZUTATEN

Hase von 1,5 kg

½ Zwiebel

½ Karotte

1 Bouquet garni

1,25 l Wasser

Salz und frisch gemahlener schwarzer
    Pfeffer

250 ml Olivenöl

1 Zimtstange

1 TL gemahlener Kreuzkümmel

1 TL Ingwerpulver

1 Prise Safranfäden

1 Vanilleschote

250 g getrocknete Aprikosen bester
    Qualität

2 kleine rote Chilischoten

150 g kleine schwarze Oliven

1 rote Paprika, entkernt und in Streifen
    geschnitten

2 mittelgroße braune Zwiebeln,
    in Ringe geschnitten

Koriandergrün zum Garnieren

gekochte Polenta als Beilage

Ich wollte etwas Neues versuchen, daher bereitete ich diese nahöstliche Tagine mit Hase anstatt mit Lamm zu, und mit Polenta anstelle von Couscous. Sie bezaubert mit dem Duft von Zimt, Kreuzkümmel, Ingwer, Safran und Vanille.

Die Hasenläufe an den Hüftgelenken abtrennen, dann halbieren. Filet und Brustkorb entlang des Rückgrats in jeweils zwei Stücke teilen. Aus den verbliebenen Knochen, der Zwiebel, der Karotte, dem Bouquet garni und Wasser eine Brühe zubereiten. Mit Salz und Pfeffer würzen und 1 ½ Stunden auf mittlerer Hitze köcheln lassen. Vom Herd nehmen, abseihen und mit Küchenkrepp das Fett an der Oberfläche abnehmen.

In einer Pfanne die Hasenstücke bei großer Hitze in Olivenöl anbraten, um die Poren zu schließen. Mit Salz und Pfeffer würzen, dann nacheinander Zimt, Kreuzkümmel, Ingwer, Safran und Vanille zufügen, damit das Fleisch die Gewürze aufnehmen kann. Die Brühe zusammen mit Aprikosen, Chilischoten, Oliven und Paprika zugeben. Das restliche Olivenöl zufügen und 30 Minuten köcheln lassen.

Die Zwiebel in einer sauberen Pfanne 15 Minuten sehr weich dünsten.

Das Hasenfleisch in eine Tagineschale oder eine andere feuerfeste Servierform geben. Die Sauce zugeben und mit den Zwiebeln garnieren. Zudecken und weitere 10 Minuten köcheln lassen. Mit etwas Koriandergrün garniert servieren. Als Beilage Polenta reichen.

Für 4 Personen mittel

RECHTS: »In Tagine mit Hase ist die Süße der Gewürze mit der weichen Konsistenz der Polenta und der Aprikosen gut ausbalanciert. Ich lasse gerne die Knochen im Fleisch; so bleibt es saftiger. Dieses Gericht ißt man übrigens mit den Fingern.«

Marieke Brugman, Küchenchefin und Kochlehrerin

Reis mit Tauben

ZUTATEN
GEWÜRZMISCHUNG

2 TL gemahlener Kreuzkümmel

2 TL gemahlener Koriander

2 TL gemahlener Zimt

1 ½ TL Pimentpulver

1 TL gemahlener Kardamom

1 TL Ingwerpulver

1 TL geriebene Muskatnuß

2 TL Meersalz

6 junge Tauben von je 500 g

4 Lorbeerblätter

8 Knoblauchzehen

frischer Thymian

einige Zimtstangen

Orangenschale

1 Bund Frühlingszwiebeln, gehackt

75 ml Olivenöl

45 g Butter

200 ml Weißwein

800 ml Hühnerbrühe

Butter

REIS

45 g Butter

60 ml Olivenöl

2 rote Zwiebeln, feingehackt

2 Knoblauchzehen, feingehackt

1 kleine rote Chilischote, feingehackt

200 g geräucherter Schinken oder
    Pancetta, in Würfel geschnitten

2 scharfe Chorizos, blanchiert, enthäutet
    und in Würfel geschnitten

500 g Ferron Carnaroli oder spanischer
    Reis

einige Safranfäden

In der portugiesischen Küche gibt es eine Menge fabelhafter Reisgerichte, wie Reis mit Ente oder Reis mit Meeresfrüchten. Der Reis sollte weichgekocht werden, aber noch aus einzelnen Körnern bestehen, mit etwas mehr Flüssigkeit als bei einem herkömmlichen Risotto. Einer meiner besten Lieferanten für Jungtauben ist Ian Millburn aus Glenloth. Er ist einer von vielen regionalen Erzeugern und entwickelte schon vor langer Zeit ein spezielles Geflügelangebot; außerdem fing er früh an, sein Angebot an landwirtschaftlichen Erzeugnissen auf mehrere Beine zu stellen, um sorgsam mit seinem Grund und Boden umzugehen.

Die Gewürze mit dem Salz vermengen. Die Köpfe, Krallen und Flügelspitzen der Tauben abschneiden und die Innenseite der Leiber trocknen. Dann von außen und innen mit der Gewürzmischung einreiben. Mit den Lorbeerblättern und dem Knoblauch in eine große Edelstahlschüssel geben, abdecken und über Nacht in den Kühlschrank stellen.

Am nächsten Tag den Backofen auf 180 °C vorheizen. Die Gewürzmischung von den Innenseiten der Tauben wischen, Knoblauch und Lorbeerblätter aufbewahren. Die Tauben mit etwas Thymian, einem Stück Zimt, Orangenschale und etwas Frühlingszwiebel füllen. In einer gußeisernen Backform oder einem Schmortopf Olivenöl und Butter erhitzen und die Tauben bei mittlerer Hitze vorsichtig anbräunen. Knoblauch und Lorbeerblätter wieder zugeben und mit Weißwein ablöschen. Die Tauben in einer Lage im Topf ausbreiten, die Hühnerbrühe zugeben und aufkochen. 40–60 Minuten in den Backofen geben, bis die Tauben gar sind. Aus dem Ofen nehmen und abkühlen lassen. Die Tauben enthäuten (die Haut wegwerfen) und in kleine Stücke schneiden. Mit etwas Kochflüssigkeit bedecken und mit Plastikfolie abdecken. Die Brühe abseihen, das Fett abgießen und beiseite stellen.

Für den Reis den Ofen auf 200°–220 °C vorheizen. Zwiebeln, Knoblauch und Chili in Butter und Olivenöl anschwitzen. Den Schinken zugeben und 5 Minuten mitbraten. Die Chorizo zufügen und warten, bis sie Farbe annimmt. Den Reis zugeben und rühren, so daß er mit dem Fett bedeckt wird, dann Safran zufügen und mit 1 Liter der Taubenbrühe aufgießen. Bei mittlerer Hitze aufkochen, in eine große Edelstahl- oder Steingutform umfüllen und sorgfältig mit Alufolie abdecken. Den Reis etwa 30 Minuten im Backofen garen.

Den Reis aus dem Ofen nehmen, mit einer Gabel durchrühren und das Taubenfleisch hineingeben. Eventuell auf eine hitzebeständige Servierplatte geben und mit ein wenig zusätzlicher Brühe begießen. Mit Butterstückchen belegen und noch einmal etwa 10 Minuten erhitzen, bis der Reis an der Oberfläche trocken aussieht. Mit einem bitteren grünen Salat servieren.

Für 12 Personen mittel

Ralph Potter, Küchenchef

Knusprige Ente mit Anisaroma
und Kartoffeln, roten Beten und Kerbel

ZUTATEN

750 ml Entenbrühe
2 EL Sternanis
2 EL Fünf-Gewürze-Pulver
1 EL frisch zerstoßene schwarze
   Pfefferkörner
4 Entenbrüste
500 g junge rote Beten
Salz
1 kg festkochende Kartoffeln
1 Bund kleinblättrige Brunnenkresse
1 Bund Kerbel
1 Bund Frühlingszwiebeln
ein wenig Pflanzenöl
1 EL Szechuan-Pfefferkörner

SOJA-ZITRONENDRESSING

150 ml Olivenöl
1 ½ EL Zitronensaft
1 ½ EL Balsamicoessig
1 EL milde Sojasauce
1 EL Sesamöl
½ Knoblauchzehe, gehackt
frisch gemahlener schwarzer Pfeffer

Man serviert dieses Gericht entweder im Sommer bei Zimmertemperatur als Hauptgang oder heiß als Vorspeise im Winter. Rote Beten und Kartoffelscheiben sind von fester Konsistenz, während die Ente fleischig und knusprig ist. Der zerstoßene Szechuanpfeffer gibt dem Gericht den letzten Schliff. Reichen Sie dazu einen spritzigen Shiraz.

Die Ente einen Tag zuvor zubereiten. Die Entenbrühe mit dem Sternanis, dem Fünf-Gewürze-Pulver und den Pfefferkörnern aufkochen und 10 Minuten köcheln lassen. Die Entenbrüste hineingeben und weitere 75 Minuten köcheln lassen, bis sie gar sind. Aus der Brühe nehmen und über Nacht in den Kühlschrank stellen; dadurch kann man sie besser in gleichmäßige Stücke schneiden.

Für das Soja-Zitronendressing alle Zutaten gut verrühren und mit reichlich Pfeffer würzen.

Die roten Beten waschen, aber nicht schälen. Etwas Salzwasser aufkochen und die Beten hineingeben. Wenn sie gar sind, in kaltem Wasser abschrecken und die Schale abreiben. Die Kartoffeln schälen und in Salzwasser gar kochen; abgießen und warm stellen.

Zum Servieren die roten Beten in heißem Wasser aufwärmen, abgießen und mit den warmen Kartoffeln in 2–3 cm dicke Scheiben schneiden. Mit ein wenig Soja-Zitronendressing in eine Schale geben. Die Brunnenkresse waschen und in einer Salatschleuder trocknen und beiseite stellen. Den Kerbel grob hacken und beiseite stellen. Die äußere Haut der Frühlingszwiebeln entfernen und die Zwiebeln in etwas Pflanzenöl dünsten, bis sie weich sind. Warm stellen.

Die Entenbrüste in 1,5 cm große Stücke schneiden. In einer gußeisernen Pfanne etwas Pflanzenöl bis zum Rauchpunkt erhitzen und das Entenfleisch hineingeben. Knusprig braten, herausnehmen und auf Küchenkrepp abtropfen lassen. Warm stellen.

Kerbel und Brunnenkresse in die Schüssel zu den Kartoffeln und Beten geben und mit dem Dressing vermengen. Mit den Entenstücken auf sechs Teller verteilen und mit 2–3 Teelöffel warmer Frühlingszwiebel garnieren. Mit dem übrigen Dressing besprengen, mit Szechuanpfeffer bestreuen und sofort servieren.

Für 6 Personen mittel

OBEN: Der Hauptspeisesaal in Jacques Raymonds schönem Restaurant.

RECHTS: Lammhirn mit in Folie gegartem Sellerie und einem warmen Salat aus Rucola und jungem Spinat (Seite 101). Der frische, knackige Salat und die knusprige Konsistenz des Sellerie mit den Haselnüssen betonen die weiche, interessante Konsistenz der Hirne.

118   FLEISCH UND GEFLÜGEL

Jacques Reymond
Mein Lebenstraum

In den frühen Achtzigern flog Jacques Reymond von Frankreich nach Australien, um sich umzusehen. Vom ersten Moment an begeistert, übersiedelte er mit seiner Frau nach Australien. Dort eröffneten sie ihr erstes Restaurant in Melbournes Stadtteil Richmond. Nun, da sie ihr drittes Restaurant eröffnet haben, sind sie die unbestrittenen Könige der feinen Küche Melbournes und jeden Abend ausgebucht.

Jacques sagt, dieses Restaurant sei der Traum seines Lebens, und wenn man es sieht, versteht man auch, warum. Der vortreffliche Speisesaal ist verschwenderisch in einem blumigen französischen Stil ausgestattet und bietet einen trefflichen Rahmen für seine kreativen Gerichte. Er meint, er habe die besten Zutaten, das richtige Land und die passenden Gäste gefunden.

Der hohe Standard der Lebensmittel, die kleine Produzenten nicht zuletzt durch seine Ermunterung und Unterstützung seit einigen Jahren liefern, inspiriert ihn. Oft integriert er in seine Gerichte asiatische Einflüsse.

»Ich lebe in Australien, daher sollte ich auch australische Zutaten verwenden. Wollte ich ein französischer Koch bleiben, müßte ich nach Frankreich zurück. Wozu soll ich jemanden kopieren?«

Jacques wuchs im Burgund auf, wo seine Eltern in einem kleinen Dorf ein Hotel betrieben. Den größten Teil seines Könnens hat er sich selbst beigebracht und dabei einen eigenen Stil entwickelt.

Er ist froh, von niemandem beeinflußt worden zu sein. Er glaubt, daß er in Australien das passende Land gefunden hat, wo er sich verwirklichen kann, und daß seine Gäste dies zu schätzen wissen.

»Sie stellen Fragen, sind an meinem Kochstil interessiert und sehr hilfreich.«

Dieser bescheidene Mensch sagt von sich, er sei nur ein Koch – doch was für ein Koch! Seine Gerichte sind kreativ und sehen gut aus; sie bieten komplexe und harmonische Kontraste. Ein wahres Fest der Sinne.

OBEN: Würziges Erdbeergratin mit Quitten und Grand-Marnier-Zabaione (Seite 184). Asiatische Aromen bereichern die Erdbeeren, die unter einer federleichten Decke aus Zabaione liegen.

Philip Johnson, Küchenchef

Salat von wildem Reis, Haselnüssen und Peking-Ente

ZUTATEN

VINAIGRETTE

1 EL Dijonsenf

2 ½ EL Weißweinessig

150 ml natives Olivenöl extra

150 ml mildes Olivenöl

Salz und frisch gemahlener schwarzer Pfeffer

1 EL Zitronensaft

frische Thymianblätter, feingehackt

1 TL Zucker

150 g Wildreis, 30 Minuten in kaltem Wasser eingeweicht

1 rote Zwiebel, in Würfel geschnitten

1 Knoblauchzehe, zerdrückt

einige Zweige frischer Thymian

Salz und frisch gemahlener schwarzer Pfeffer

½ Fenchelknolle, gewaschen und in dünne Scheiben geschnitten

60 g Haselnüsse, geröstet und von der Haut befreit

2 Topinamburknollen, gehobelt

Schale von 1 Zitrone

1 Granny-Smith-Apfel, in Scheiben geschnitten

1 Ente auf Peking-Art gegrillt, in Streifen geschnitten

Feldsalat

junge Mangoldblätter

Alle Zutaten der Vinaigrette in ein Gefäß mit Schraubverschluß geben und gut durchschütteln. Abschmecken und falls nötig nachwürzen. Dieses Dressing hält sich im Kühlschrank über Wochen.

Den Wildreis mit Zwiebel, Knoblauch und Thymian in einen Topf geben. Nach Geschmack mit Salz und Pfeffer würzen und mit Wasser aufgießen. Bei mittlerer Hitze aufkochen, dann die Hitze reduzieren. Gut verschlossen in etwa 30–40 Minuten gar kochen.

Den Reis abgießen, in kaltem Wasser abschrecken und abkühlen lassen. Fenchel, Haselnüsse, Topinambur, Zitronenschale und Apfel zugeben. Mit der Vinaigrette begießen und gut vermischen.

In der Zwischenzeit die Ente aufwärmen. Den Backofen auf 180 °C vorheizen und das Entenfleisch auf ein Backblech geben. Im Ofen etwa 6–8 Minuten durchwärmen.

Zum Servieren Feldsalat und Mangoldblätter auf den Tellern anrichten und in die Tellermitte je eine Kugel Reis geben. Die warmen Entenfleischstreifen auf den Salat setzen und servieren.

Für 6 Personen einfach

Sue Fairlie-Cuninghame, Food-Autorin

Curry aus gegrillter Ente

ZUTATEN

2 Enten auf asiatische Art gegrillt

750 ml Kokosmilch

2 TL grüne Thailändische Currypaste
bester Qualität

5 frische Kaffir-Limettenblätter

1–2 EL Thailändische Fischsauce (nam
pla)

2–3 kleine grüne Chilischoten, halbiert
und entkernt

125 Auberginen, in Würfel geschnitten

Für dieses Curry kann man auch Huhn oder gegrilltes Schweinefleisch aus Asienläden verwenden. In Lotosblätter gewickelten, gedämpften Klebreis zum Aufwärmen bekommt man dort ebenfalls.

Brüste, Beine, Schenkel und alle anderen fleischigen Teile der Enten auslösen und grob hacken. Ein Drittel der Sahne, die sich auf der Kokosmilch abgesetzt hat, in einem Wok oder einer gußeisernen Pfanne bei mittlerer Stufe unter ständigem Rühren erhitzen. Die Currypaste zugeben und weiterrühren, bis sie zu duften beginnt. 4 Limettenblätter zerreißen und mit der restlichen Kokosmilch, Fischsauce, Chillies und Auberginen in den Wok geben. Die Hitze reduzieren und 15 Minuten sanft köcheln lassen, bis die Aubergine fast gar ist. Das Entenfleisch zufügen und etwa 5 Minuten mitköcheln lassen. Die restlichen Limettenblätter sehr dünn schneiden und in das Curry geben; wenn nötig, mit Fischsauce abschmecken. Weitere 5 Minuten köcheln lassen, dann sofort servieren.

Zum Servieren das Curry auf vorgewärmte tiefe Teller verteilen. Dazu eine Schüssel Klebreis oder Basmati reichen.

Für 6 Personen einfach

Dany Chouet, Küchenchefin

Poussin aux Raisins
Stubenküken mit Trauben, Knoblauch und Petersilie

ZUTATEN

4 Stubenküken

4 frische Thymianzweige

1 Knoblauchknolle

Salz und frisch gemahlener schwarzer
Pfeffer

2–3 kg kernlose grüne oder rote Trauben, nicht zu reif (sie sollten noch
säuerlich sein)

250 ml kräftige Hühnerbrühe

50 g Butter

Saft von 1 Zitrone

½ Bund glatte Petersilie, feingehackt

Den Backofen auf 220 °C vorheizen. Die Küken säubern und dressieren. Thymian und je eine halbe Knoblauchzehe in jedes Küken geben und von innen und außen mit Salz und Pfeffer würzen. Die Trauben von den Stengeln pflücken und vier Handvoll der schönsten Exemplare zum Garnieren beiseite legen.

Die übrigen Trauben im Mixer zerkleinern und durch ein feines Sieb passieren, so daß sich etwa 250 ml Traubensaft ergeben. Mit der Hühnerbrühe in einen Edelstahltopf geben und bei hoher Hitze um die Hälfte einkochen. Beiseite stellen.

Die Küken auf einen Rost legen und über der Fettschale etwa 20 Minuten in den Backofen geben, bis die Haut knusprig goldbraun ist. Abgedeckt an einem warmen Ort ruhen lassen. Den Bratensaft abgießen und das Fett mit Küchenkrepp absaugen. Beiseite stellen.

4 Knoblauchzehen fein hacken. Die Traubensauce erhitzen, gehackten Knoblauch zufügen und 3–4 Minuten kochen. Die Butter unterheben und die Sauce mit Zitronensaft abschmecken. Petersilie und Bratensaft zufügen. Die beiseite gelegten Trauben 1 Minute in dieser Sauce erwärmen. Die Küken halbieren oder im Ganzen auf vorgewärmte Teller geben und die Sauce mit den Trauben auf den Teller gießen.

Für 4 Personen einfach

Greg Malouf, Küchenchef

Marinierte und gebratene Wachteln
mit Hummus Bi Tahini und maurischem Spinatsalat

ZUTATEN
8 Wachteln von je 200 g, am Rückgrat
   aufgeschnitten

MARINADE
250 ml Olivenöl
Saft und Zeste von 1 Zitrone
1 TL frischer Thymian, gehackt
1 Prise Pimentpulver
1 Prise Gewürzsumach (die gemahlenen
   Beeren sind in den meisten Nahost-
   Delikatessläden erhältlich)
½ TL Grenadinesirup

KICHERERBSEN
500 g Kichererbsen, 48 Stunden in
   reichlich kaltem Wasser und einer
   Prise Natron eingeweicht
Saft von 3 großen Zitronen
1 Knoblauchzehe, mit 1 TL Meersalz
   zerdrückt
200 g Tahinipaste

SPINATSALAT
2 Bund Spinat, geputzt und gut
   gewaschen
4 gelbe Schalotten, in dünne Scheiben
   geschnitten
2 TL Korinthen, in 3 EL Sherry
   eingeweicht
1 Prise Pimentpulver
1 Prise Zimtpulver
1½ EL Sherryessig
2½ EL natives Olivenöl extra, und etwas
   mehr zum Garnieren
60 g gehobelte Mandeln, in Olivenöl
   goldbraun und knusprig gebraten
frischer grüner Koriander zum
   Garnieren

Die Wachteln mit der Marinade bedecken und zugedeckt einige Stunden im Kühlschrank ruhen lassen. Gelegentlich wenden.

Die Kichererbsen abgießen, in einen Stahltopf geben und vollständig mit kaltem Wasser bedecken. Es ist etwa die doppelte Menge Wasser für die entsprechende Menge Kichererbsen nötig. Aufkochen und ständig den weißen Schaum an der Oberfläche abschöpfen. Etwa 40 Minuten sanft köcheln lassen, bis die Kichererbsen weich sind. Abgießen und die Kochflüssigkeit aufheben.

Die Kichererbsen mit 125 ml der Kochflüssigkeit, Zitronensaft, Knoblauch und Tahinipaste in einen Mixer geben und zu einer glatten Paste verarbeiten. Wenn das Hummus zu dick wird, mehr Kochflüssigkeit zufügen. Es sollte am Ende die Konsistenz sehr dicker Sahne haben.

Den Spinat in kochendem Salzwasser 10 Sekunden blanchieren. In kaltem Wasser abschrecken und dann so gut wie möglich ausdrücken. Die Schalotten mit den Korinthen vermischen. Die Spinatblätter vorsichtig voneinander lösen und in eine Schüssel geben. Die Schalottenmischung, Piment, Zimt, Sherryessig und 2 ½ EL natives Olivenöl extra zufügen. Gründlich vermengen, abschmecken und am Schluß die Mandeln zugeben.

Eine gußeiserne Pfanne bis zum Rauchpunkt erhitzen und die Wachteln darin 3 Minuten mit der Haut nach unten braten; während der letzten Minute die Hitze auf mittlere Stufe herunterstellen. Die Wachteln wenden und die Hitze wieder erhöhen. Weitere 3 Minuten braten, dann auf Küchenkrepp legen und warm stellen.

Zum Servieren das Hummus mit einem Löffel auf die Teller geben; daneben kommt eine Portion Spinatsalat. Die Wachteln der Länge nach halbieren und je vier Hälften auf das Hummus legen. Mit Korianderblättern und etwas Olivenöl garnieren.

Für 4 Personen mittel

Kapitel 4
Fisch und Meeresfrüchte

Alan Saunders
Fisch und Meeresfrüchte

VORHERIGE SEITE: Janni Kyritsis' Rote Meerbarbe mit sizilianischer Füllung, Petersiliensalat und gegrillten Zitronen. »Rote Meerbarben sind besonders in meinem Heimatland Griechenland sehr beliebt. Dort ist der Fisch ebensoviel wert wie ein Hummer; er gilt als köstlicher Luxus. Ich mag vor allem seinen intensiven Geschmack und seine wundervolle Farbe.«

DAS OFFENE MEER RINGS UM AUSTRALIEN ist voller Leben, aber auch in den seichten Küstengewässern, den mangrovengesäumten Flüssen und Buchten oder den Seen und Bächen im Landesinneren tummeln sich Tiere aller Art. Über 36 000 Fischarten und Zehntausende von Weichtieren gibt es hier, die meisten von ihnen waren bis vor relativ kurzer Zeit völlig unbekannt. Heute nutzt man etwa 200 Fisch- und 90 Weich- und Krustentierarten für kommerzielle Zwecke.

Die Tiefseefischerei war vor 100 Jahren völlig unbekannt, und wer auf Fischfang ging, tat es mit primitiven Methoden und im Vergleich zu Europa völlig veralteter Ausrüstung. Entsprechend sah das Angebot auf den Fischmärkten von Sydney und Melbourne aus. Dabei waren die Australier doch einst aus England eingewandert und damit bereits aufgrund ihrer Herkunft mit dem Meer vertraut.

Vielleicht bedurfte es eben doch der Angehörigen anderer großer Seefahrernationen, um den Lauf der Dinge zu ändern: »Ich habe einen australischen Freund, der bereits als kleiner Junge Babyoktopus in der Double Bay fing und ihn den ›wogs‹ (das waren wir) für zwei Schilling den Eimer verkaufte«, erzählt Stefano Manfredi, der mit seiner Familie als Kind in Australien einwanderte, in seinem Buch *Fresh From Italy*. Die englischstämmigen Australier fingen den Fisch also, aber sie aßen ihn nicht. Heute ißt jeder hier Fisch, und parallel zur Bandbreite der verzehrten Sorten stieg auch die Zahl der Zubereitungsmöglichkeiten.

Neil Perrys Shrimpkuchen und Kammuscheln mit pikanter Shrimpsauce (Seite 60) vermitteln einen guten Eindruck, welche Richtung die Meister der australischen Fischküche eingeschlagen haben. Das Besondere besteht dabei nicht einfach in der Verbindung von europäischer Technik mit asiatischen Geschmacksnoten und Zutaten, sondern in dem Versuch, die Eigenheiten beider Kochkulturen zur Geltung zu bringen. Französische Methoden und marokkanische Zutaten verbindet zum Beispiel Diane Holuigue in ihrem Blauaugenbarsch auf Fenchelgemüse (Seite 133); Raymond Capadli belebt die fast vergessene mittelalterliche Technik des köstlichen Blancmanger in seinem Rezept Confit von tasmanischem Lachs mit Blumenkohl-Blancmanger, Muskatspinat und Zitronenöl (Seite 145).

Ein Industriezweig, den ein scharfsinniger Beobachter vor etwa 100 Jahren als primitiv und unterentwickelt bezeichnete, beliefert die Australier heute mit einer aufregenden Vielfalt unterschiedlicher Fischarten. Zweifellos kann uns niemand mehr vorwerfen, wir würden das Leben um uns nicht wahrnehmen – ganz im Gegenteil liefen wir zeitweise sogar Gefahr, unsere Fanggründe zu überfischen, so daß Quoten eingeführt werden mußten. In Sydney befindet sich heute einer der besten Fischmärkte der Welt, und im Unterschied zur Schaf- und Rinderzucht, die sich mit den Zuchtergebnissen in aller Welt mißt, gehören uns unsere Meeresfrüchte, Schalentiere, Süß- und Salzwasserfische – abgesehen von einigen wenigen Exporten – ganz allein. Tatsächlich zählt der Fang aus unseren Flüssen und dem Meer rings um Australien zum Besten, was unser Kontinent zu bieten hat.

Janni Kyritsis, Küchenchef

Rote Meerbarbe

mit sizilianischer Füllung, Petersiliensalat und gegrillten Zitronen

ZUTATEN

GEGRILLTE ZITRONEN

2 Zitronen

Salz

Olivenöl

PANADE

1 Tasse Petersilie, feingehackt

geriebene Schale von 1 Zitrone

1 Knoblauchzehe, feingehackt

½ TL gemahlener schwarzer Pfeffer

60 g frische Semmelbrösel

SIZILIANISCHE FÜLLUNG

2 EL Pinienkerne, geröstet und
   feingehackt

3 EL Korinthen

Saft von ½ Zitrone

½ TL Salz

1 Prise gemahlener schwarzer Pfeffer

60 g Paniermehl

6 ganze Rote Meerbarben oder
   12 frische Sardinenfilets, gesäubert

Mehl zum Wenden

2 Eier, verquirlt

Olivenöl

PETERSILIENSALAT

3 EL kleine schwarze Oliven, entsteint

3 Tassen glatte Petersilie, grobgehackt

1 rote Zwiebel, gehackt

2 EL gesalzene Kapern, gewässert

4 Sardellenfilets, gehackt

geriebene Schale von ½ Zitrone

6 EL natives Olivenöl extra

1 EL Zitronensaft

Der Petersilien-Oliven-Salat bildet ein Gegengewicht zum eher üppigen pfannengebratenen Fisch. Gleiches gilt für die gegrillte Zitrone, die dem mediterran beeinflußten Gericht eine leicht säuerliche Note verleiht. Damit es sein volles Aroma entfaltet, benötigen Sie ein gutes kaltgepreßtes Olivenöl. Die sizilianische Füllung mit Pinienkernen macht den eigentlichen Reiz aus und verdeutlicht, wie gut es den Australiern gelingt, unterschiedliche Kochkulturen in ihre Küche zu integrieren. Ohne Füllung wäre der Fisch ein griechisches Gericht. Doch gerade diese stellt jenes gewisse Extra dar, das australische Feinschmecker besonders lieben.

Für die gegrillten Zitronen Früchte in schmale Scheiben schneiden, mit Salz bestreuen und 30 Minuten ruhen lassen. Trockentupfen und 24 Stunden mit Öl bedeckt ziehen lassen. Kurz vor dem Servieren auf dem Holzkohlengrill oder in einer sehr heißen gußeisernen Pfanne grillen, bis die Zitronen sich braun zu färben beginnen.

Für die Panade alle Zutaten mischen und beiseite stellen. Für die sizilianische Füllung ebenfalls alle Zutaten mischen und beiseite stellen.

Die ganzen Fische vorsichtig aufschneiden und auseinanderklappen, so daß die Filets noch miteinander verbunden sind. Einen Löffel der Füllung auf jeden Fisch geben und diesen zusammenklappen. Verwendet man Sardinenfilets, die Füllung jeweils auf ein Filet geben, ein zweites darüber legen und die Filets mit Zahnstochern befestigen. Im Mehl wälzen, durch das verquirlte Ei ziehen und anschließend in der Panade wenden. Etwas Olivenöl in einer Bratpfanne erhitzen und die Fische auf jeder Seite etwa 4 Minuten goldbraun braten. Nur einmal wenden.

Kurz vor dem Servieren die Zutaten für den Petersiliensalat mischen. Den Salat in der Mitte der vorbereiteten Teller anrichten, je einen Fisch darauf legen und mit einer gegrillten Zitronenscheibe garnieren.

Für 6 Personen mittel

FISCH UND MEERESFRÜCHTE 125

Kathy Snowball, Food-Autorin

Pochierter Blauaugenbarsch

mit roten Linsen und warmem Tomaten-Fenchel-Dressing

ZUTATEN

DRESSING

6 ½ EL Olivenöl

1 kleine rote Zwiebel, feingehackt

6 EL Fenchel, feingehackt

4 ½ EL Chardonnay-Essig oder guter
Weißweinessig

2 vollreife Tomaten, entkernt und feingehackt

Salz und frisch gemahlener schwarzer
Pfeffer

300 g rote Linsen

Olivenöl

150 g Räucherspeck oder Dörrfleisch
ohne Schwarte, feingehackt

4 Blauaugenbarsch-Filets von je 200 g

½ Tasse glatte Petersilienblätter, eng geschichtet

*Für dieses einfache und dennoch stilvolle Gericht benötigen Sie nur wenige Gewürze
und frische Zutaten. Dazu paßt ein Glas Chardonnay oder ein leichter Pinot Grigio.*

Für das Tomaten-Fenchel-Dressing 2 Eßlöffel Olivenöl in einem Kochtopf erhitzen. Zwiebel und Fenchel zufügen und bei geringer Hitze weich dünsten. Essig
einrühren und aufkochen lassen. Vom Herd nehmen, Tomatenwürfel und restliches Olivenöl zufügen. Nach Geschmack salzen und pfeffern.

Linsen etwa 20 Minuten in kochendem Salzwasser weich garen. Abgießen
und kalt abbrausen. In einem Kochtopf 1 Eßlöffel Olivenöl erhitzen. Speck zufügen und bei mittlerer Hitze leicht bräunen. Linsen zugeben, nach Geschmack salzen und pfeffern und unter Rühren noch einmal leicht erhitzen.

Währenddessen in einem flachen Topf 250–500 ml Olivenöl erwärmen (der
Fisch sollte vollständig bedeckt sein) und den Barsch bei sehr schwacher Hitze
2–3 Minuten je Seite garen.

Petersilienblätter zu der Linsen-Speck-Mischung geben und mit dem Fisch
auf Tellern anrichten. Mit dem warmen Tomaten-Fenchel-Dressing beträufeln.
Für 4 Personen einfach

RECHTS: Der Pochierte Blauaugenbarsch mit roten Linsen und warmem Tomaten-Fenchel-Dressing verbindet unterschiedliche Geschmacksnoten: das erdige, vollmundige Aroma von Linsen mit Speck mit dem
feinen Geschmack des in Olivenöl pochierten Fisches, den der Weißweinessig sanft abrundet.

Mietta O'Donnell, Restaurantbesitzerin und Food-Autorin

Gebratener Baby–Schnapper

nach Kanton-Art

ZUTATEN

6 kleine Schnapper, küchenfertig vorbereitet, jedoch mit Kopf

2 EL frischer Ingwer, geschält und dünn
geschnitten

4 Knoblauchzehen, gehackt

1 EL Sesamöl

1 ½ EL Erdnußöl

3 EL helle Sojasauce

Schale von 3 Mandarinen,
feingeschnitten

1 kleiner Bund frischer Koriander,
ohne Stiele

Den Backofen auf 180 °C vorheizen. Fisch an beiden Seiten mehrfach einstechen.
Mit Ingwer und Knoblauch füllen. Sesam- und Erdnußöl mischen und den Fisch
damit bestreichen. Restliches Öl aufbewahren.

Fisch auf ein geöltes Blech legen und je nach Größe 15–20 Minuten im
Backofen garen, bis sich das Fleisch dunkel färbt. Mit Sojasauce übergießen und
mit Mandarinenschale bestreuen und weitere 10 Minuten garen.

Fisch auf vorgewärmte Teller verteilen, mit dem ausgetretenen Saft übergießen und mit Koriander bestreuen. Das restliche Öl stark erhitzen und eßlöffel-
weise auf dem Fisch verteilen (Achtung, Spritzgefahr). Sofort servieren. Dazu
paßt gekochter Reis.
Für 6 Personen einfach

Cheong Liew, Küchenchef

Roter Schnapper
mit Tintenfischstreifen und Lauchgemüse

ZUTATEN

1 Frühlingszwiebel, feingeschnitten

1 EL frischer Ingwer, feingeschnitten

4 EL Erdnußöl

1 EL helle Sojasauce

1 EL dunkle Sojasauce

2 EL Reiswein

1 TL Zucker

Salz und frisch gemahlener schwarzer
Pfeffer

ca. 1,25 kg Schnapperfilets

SAUCE

2 grüne Chillies

1 EL gehackter Koriander, Blätter und
Wurzeln

2 EL Selleriegrün, gehackt

2 EL Frühlingszwiebeln, gehackt (nur
das Grüne)

1 EL Erdnußöl

1 TL Sesamöl

1 Knoblauchzehe, gehackt

½ EL Ingwer, gehackt

1 EL braune Bohnenpaste

1½ EL Zucker

½ EL Reiswein

2 ½ TL Fischfond

1 EL Austernsauce

½ EL Ingwersaft

4 Butterwürfel, ca. 1 cm groß und eiskalt

LAUCHGEMÜSE

75 g Butter

1 Bund Lauch, nur das Weiße, in dünne
Scheiben geschnitten

3 EL Weißwein oder Noilly Prat

5 EL Crème fraîche

Salz und frisch gemahlener weißer Pfeffer

FORTSETZUNG AUF DER NÄCHSTEN SEITE

Dieses Gericht erfordert aufwendige Vorbereitung, verheißt dafür aber ganz besondere Genüsse. Die äußere Haut des Fisches schmeckt karamelartig, das Fleisch im Innern ist jedoch weich und köstlich. Ein nach meiner Meinung wirklich außergewöhnliches Gericht, denn es verbindet orientalische Zubereitungsarten für Fisch mit der Erdverbundenheit der französischen Landküche. Kurz vor dem Servieren kann man das Gericht mit sautierten Zuckererbsenschoten garnieren.
Der Fisch wird in der grünen Sauce vorsichtig geschmort und entfaltet dadurch ein wundervolles Aroma. Das Lauchgemüse harmoniert gut mit dem Schnapper, und die grüne Sauce verbindet die verschiedenen Elemente des Gerichts ganz vorzüglich. Die Tintenfischstreifen steuern eine zusätzliche Geschmacksnote bei.

Frühlingszwiebel, Ingwer, 1 Eßlöffel Erdnußöl, helle und dunkle Sojasauce, Reiswein, Zucker, Salz und Pfeffer verrühren und den Schnapper 30 Minuten darin marinieren. Fisch aus der Marinade nehmen, trockentupfen und in einer Bratpfanne im restlichen Erdnußöl braten, bis er braun und knusprig ist. Filets wenden, noch 1 Minute braten und vom Herd nehmen.

Für die Sauce Chillies, Koriander, Selleriegrün und Frühlingszwiebelgrün in der Küchenmaschine oder im Mörser zu einer Paste verarbeiten. Erdnuß- und Sesamöl in einer Pfanne erhitzen und erst Knoblauch, Ingwer und Bohnenpaste, anschließend Zucker und Reiswein zufügen. Chilipaste zugeben und 2 Minuten sautieren. Vom Herd nehmen und die Mischung durch ein feines Sieb streichen. Mit dem Löffelrücken soviel Paste wie möglich durch das Sieb drücken. Den aufgefangenen Jus erneut erwärmen und Fischfond, Austernsauce und Ingwersaft zufügen. Um ein Drittel einkochen lassen.

Für das Lauchgemüse ein Viertel der Butter in einer Pfanne erhitzen und die Lauchstreifen zugeben. Einige Minuten durchrühren, dann den Weißwein zufügen. Crème fraîche zugeben und köcheln lassen, bis die Sauce eindickt, dann die restliche Butter zufügen. Etwa 20 Minuten bei geringer Hitze kochen, bis der Lauch sehr zart ist. Nach Geschmack salzen und pfeffern.

Für die Tintenfischstreifen den Tintenfisch der Länge nach in zwei Hälften schneiden, dann an einer Ecke der Innenseite beginnend, in dünne Streifen schneiden. In der Hälfte des Öls marinieren und nach Geschmack salzen. Das restliche Öl mit dem Ingwer in einer Pfanne erhitzen und den Tintenfisch kurz darin schwenken (zusammenklebende Streifen trennen). Nach Geschmack salzen und pfeffern.

Vor dem Servieren einen großen Löffel Lauchgemüse in die Mitte jedes Tellers geben. Die Schnapperfilets auf dem Gemüse verteilen. Die Sauce erwärmen und Butter zufügen. Sauce um das Lauchgemüse verteilen und je 1 Eßlöffel über den Fisch gießen. Mit Tintenfischstreifen garnieren.

Für 4–6 Personen etwas schwierig

TINTENFISCHSTREIFEN

1 Tintenfisch, ohne Innereien

1 EL Erdnußöl

Salz und frisch gemahlener schwarzer
  Pfeffer

Tony Bilson, Küchenchef

Gegrilltes Schnapperfilet
mit Zitrus-Safran-Sauce

ZUTATEN

200 ml Olivenöl

20 kleine Frühlingszwiebeln

1 Prise Zucker

20 kleine Fenchelknollen, gekocht

10 Artischockenherzen, geviertelt und
  gekocht

1 kg Champignons

2 Knoblauchzehen, zerdrückt

1 TL Koriandersamen

1 Prise Safranfäden

2 EL frischer Ingwer, in dünne Scheiben
  geschnitten

Salz und frisch gemahlener Pfeffer

Saft von 1 Grapefruit

Saft von 1 Orange

Saft von 1 Zitrone

Saft von 2 Limetten

500 ml Meeresfrüchtefond

3 EL Butter

200 g Totentrompeten oder Schwarze
  Pilze (Wolkenohren), feingeschnitten

1 EL glatte Petersilie

GEGRILLTER SCHNAPPER

2 EL Olivenöl

10 Schnapperfilets von je 170 g

1 Prise Zucker

Salz und frisch gemahlener schwarzer
  Pfeffer

Orangenfilets, in feine Streifen
  geschnitten

1 EL Koriander, frisch geschnitten

*Die Sauce ist eine ungewöhnliche Mischung aus Fischsud und Schalentierfond, redu-
ziert mit dem Saft verschiedener Zitrusfrüchte.*

Für die Zitrus-Safran-Sauce das Olivenöl in eine große Bratpfanne geben und die
Frühlingszwiebeln mit einer Prise Zucker bei schwacher Hitze glasig dünsten.
Fenchel, Artischockenherzen, Champignons und Knoblauch zufügen, danach Ko-
riandersamen, Safran und Ingwer zugeben. Nach Geschmack salzen und pfeffern.
Wenn das Gemüse gar ist, mit den Fruchtsäften ablöschen. 7 Minuten köcheln
lassen, in einem feinen Sieb gut abtropfen lassen, dabei die Flüssigkeit auffangen.
Gemüse beiseite stellen.

Flüssigkeit in eine saubere Pfanne geben, Meeresfrüchtefond zugeben und reduzieren. Mit dem Schneebesen 1 Eßlöffel Butter unterrühren. Warm stellen.

Pilze in der restlichen Butter bei mittlerer Hitze in einer Pfanne braten. Petersilie zufügen, rühren und Gemüse zufügen. Warm stellen.

Olivenöl in einer Pfanne sehr heiß werden lassen und Schnapperfilets auf
jeder Seite 2 Minuten darin braten. Nach Geschmack salzen und pfeffern.
Anschließend unter den Grill schieben, damit die Haut schön knusprig wird.

Fisch mit den Orangenfilets, Gemüse und Pilzen auf Tellern anrichten. Sauce
darüber verteilen und mit Koriander bestreuen.

Für 10 Personen mittel

Dany Chouet, Küchenchef

Saumon à l'olive noire
tasmanischer Lachs mit schwarzem Olivenpüree und Frühlingszwiebeln

ZUTATEN
1 Bund große Frühlingszwiebeln mit runden Knollen
natives Olivenöl extra, sehr gute Qualität
500 g Kalamata-Oliven, entsteint
frisch gemahlener schwarzer Pfeffer
4 Lachsfilets von je 140 g, mit Haut
½ Bund frische Zitronenmelisse
Saft von 1 Zitrone
Meersalz
Thymianblüten zum Garnieren

Ein sehr einfach zuzubereitendes Gericht, das garantiert jedem schmeckt.

Den Backofen auf 210 °C vorheizen. Vier ganze Frühlingszwiebeln zur Seite legen, die restlichen Knollen sehr fein schneiden. Etwas Olivenöl in einer Bratpfanne schwach erhitzen, dann alle Zwiebeln darin vorsichtig andünsten, ohne daß sie Farbe annehmen. Oliven mit etwas Pfeffer und Olivenöl in der Küchenmaschine pürieren. Lachsfilets pfeffern und Melissenblättchen darüberstreuen. Je 1 ½ Eßlöffel Olivenpüree auf den Filets verteilen, Seiten jedoch frei lassen. Einen Bräter mit Öl ausstreichen, Lachsfilets hineinlegen und Zwiebeln darum verteilen. 8–10 Minuten im Ofen garen. Anschließend Zwiebeln auf den Tellern verteilen und die Lachsfilets darauf legen. Bratensatz mit Zitronensaft ablösen, etwas Olivenöl zufügen, salzen, pfeffern und die Sauce über und um den Fisch verteilen. Mit Thymianblüten garnieren und sofort servieren.

Für 4 Personen einfach

LINKS: Saumon à l'olive noire. »Kräftiges schwarzes Olivenpüree gibt dem Fisch Würze. Oliven harmonieren gut mit Lachs; gart man beide gemeinsam, verleihen sie dem Fisch einen angenehmen Olivengeschmack. Die Frühlingszwiebeln werden nur kurz angedünstet und bleiben dadurch knackig; die Sauce aus Olivenöl und Zitronensaft rundet Lachs und Oliven vorzüglich ab.«

RECHTS: Alla Wolf-Taskers Ganze Forelle wird mit einem warmen Spinat-Linsen-Salat und Sauce Vierge serviert. »Eines meiner Lieblings-Sommergerichte für sonnige Tage, dazu paßt hervorragend ein fruchtiger Riesling«.

Alla Wolf-Tasker, Küchenchefin

Ganze Forelle
auf warmem Spinat-Linsen-Salat mit Sauce Vierge

Zu unserem großen Glück bringen uns begeisterte Angler häufig dicke, braungesprenkelte Forellen in die Küche. Auch die vor Ort gezüchteten Forellen sind sehr fleischig, vielleicht aber etwas weniger geschmacksintensiv. Ich persönlich bereite Fisch am liebsten ganz zu, weil er auf diese Weise seinen natürlichen Saft und Geschmack behält. Mit neuen Kartoffeln serviert, ergibt die Forelle ein phantastisches Mittagsgericht.

FORTSETZUNG AUF DER NÄCHSTEN SEITE

ZUTATEN

SAUCE VIERGE

1 große Tomate, fest, aber reif

185 ml natives Olivenöl extra, gute
   Qualität

Saft von 1 Zitrone

2 EL frischer Koriander, feingewiegt

2 EL frisches Basilikum, feingewiegt

2 EL glatte Petersilie, feingewiegt

8 Koriandersamen, zerdrückt

1 Knoblauchzehe, feingeschnitten

Salz und frisch gemahlener schwarzer
   Pfeffer

1 l Gemüsebrühe

200 g rote Linsen

Salz und frisch gemahlener schwarzer
   Pfeffer

4 Schalotten, feingewürfelt

4 Bach- oder Zuchtforellen von
   je 200–250 g

2 ½ EL natives Olivenöl extra

2 EL Zitronensaft, frisch gepreßt

½ TL Balsamicoessig

4 Koriandersamen, zerdrückt

2 Handvoll frischer junger Spinat

Für die Sauce Tomate häuten, entkernen und fein würfeln. Olivenöl, Tomate, Zitronensaft, Koriander, Basilikum, Petersilie, Koriandersamen und Knoblauch in einer Schüssel mischen. Bei Zimmertemperatur ruhen lassen. Salzen und pfeffern. Vor dem Servieren vorsichtig auf etwa 40 °C erwärmen.

Für den Salat die Gemüsebrühe aufkochen, Linsen zufügen und etwa 30 Minuten bis zur gewünschten Bißfestigkeit kochen. Abgießen und mit Salz und Pfeffer würzen. Warm stellen.

Den Backofen auf 200 °C vorheizen. Schalotten in einer Pfanne mit wenig Olivenöl vorsichtig sautieren, bis sie weich und leicht karamelisiert sind. Fisch auf jeder Seite dreimal einstechen und in einen flachen Bräter legen. Kaltgepreßtes Olivenöl, Zitronensaft, Balsamico, Schalotten und Koriandersamen in einer kleinen Schüssel mischen. Fisch auf beiden Seiten mit der Mischung bestreichen und ca. 12 Minuten im Ofen backen. Bräter mit Alufolie bedecken, damit der Fisch bis zum Servieren warm bleibt.

Linsen in einem Topf oder in der Mikrowelle erwärmen und in eine Schüssel geben. Spinat waschen und trocknen. Mit etwas warmer Sauce zu den Linsen geben und mischen, bis der Spinat leicht zusammenfällt. Auf jedem der 4 Teller ein Salatbett anrichten und vorsichtig eine Forelle darauf plazieren. Etwas Sauce über die Fische träufeln und sofort servieren.

Für 4 Personen einfach

Paul Merrony, Küchenchef

Gebratener Lachs
mit Auberginenpüree, Zucchini und Salbei

ZUTATEN

1 Aubergine

200 ml Olivenöl

Salz und frisch gemahlener schwarzer
   Pfeffer

½ EL Kreuzkümmel

2 kleine Zucchini

10 Salbeiblätter ohne Stiele

FORTSETZUNG AUF DER NÄCHSTEN SEITE

Gebratene, krosse Fischhaut schmeckt wunderbar. Für dieses Rezept habe ich Lachs verwendet, aber auch andere Fische mit ähnlicher Haut wie Schnapper oder Blauaugenbarsch eignen sich gut.

Den Backofen auf 240 °C vorheizen. Aubergine der Länge nach halbieren. Hälften mit dem Messer mehrfach tief einritzen, damit sie gleichmäßig garen. In eine Form geben, mit 2 ½ Eßlöffel Olivenöl übergießen, salzen und pfeffern. Form mit Alufolie bedecken und etwa 30 Minuten im Ofen garen, bis das Fleisch weich ist. Aus dem Ofen nehmen, abkühlen lassen, Ofen jedoch nicht ausschalten.

1 kleine Frühlingszwiebel (nur die weiße Knolle), feingehackt

2 ½ EL Vinaigrette aus Olivenöl und Weißweinessig

2 ½ EL Kalbsfond

4 Lachskoteletts von je 150 g, kleine Gräten entfernt, geschuppt, jedoch mit Haut

Kerbel oder Schnittlauch zum Garnieren

feingewiegte Petersilie zum Garnieren

2 ½ Eßlöffel Olivenöl erwärmen, Kreuzkümmel zufügen, vom Herd nehmen und 15 Minuten ruhen lassen. Auberginenfleisch aus der Schale lösen und im Mixer oder in der Küchenmaschine pürieren. Die Öl-Kümmel-Mischung nach und nach in dünnem Strahl einfließen lassen, so daß eine sämige Masse entsteht.

Zucchini in 8 mm dicke Scheiben schneiden. 2 ½ Eßlöffel Olivenöl in einer gußeisernen Pfanne erhitzen und Zucchini darin auf einer Seite gut anbraten. Die andere Seite muß nicht gebraten werden. Aus der Pfanne nehmen, auf Küchenpapier abtropfen lassen und warm stellen.

Salbei fein wiegen und in einem kleinen Topf mit Frühlingszwiebel, Vinaigrette und Kalbsfond mischen. Aufkochen lassen und warm halten.

Vor dem Servieren das Auberginenpüree in einem Topf oder der Mikrowelle aufwärmen. Einen Bräter mit Öl ausstreichen und stark erhitzen. Lachs mit der Haut nach unten in den Bräter legen und 1 Minute braten. Dann den Bräter mit dem Lachs für 2 Minuten in den sehr heißen Ofen schieben. Fisch wenden und weitere 2 Minuten im Ofen garen, bis das Fleisch rosa und saftig ist. Zucchini mit der gebratenen Seite nach oben auf vorgewärmten Tellern anrichten. Auberginenpüree in der Tellermitte verteilen und Lachs darauflegen. Sauce über dem Fisch verteilen, mit Kerbel und Petersilie bestreuen und sofort servieren.

Für 4 Personen mittel

Diane Holuigue, Food-Autorin und Kochlehrerin

Blauaugenbarsch
auf Fenchelgemüse

ZUTATEN

3 EL Butter

1 große oder 2 kleine Fenchelknollen, sehr dünn geschnitten

Saft von 1 Zitrone

125 ml trockener Weißwein

1 Stück eingelegte Zitrone, in Würfel geschnitten, oder 1 Stück Zitronenschale, in feine Streifen geschnitten

1 EL kleine Kapern, vorzugsweise gesalzen, abgespült und eingeweicht

Dill, frisch geschnitten

Salz und frisch gemahlener schwarzer Pfeffer

2 EL natives Olivenöl extra

6 Blauaugenbarsch- oder Lengfisch-Filets von je 125 g

Wie viele moderne australische Gerichte schöpft auch dieses aus den verschiedensten Kultur- und Küchentraditionen. Unverkennbar ist die Nähe zum französischen Fischgericht Grenoblaise; Olivenöl und Fenchel stammen dagegen aus der Mittelmeerküche, eingelegte Zitrone und Couscous als Beilage verweisen auf Nordafrika.

Butter in einem Topf erhitzen und den Fenchel bei mittlerer Hitze darin sautieren, ohne daß er Farbe annimmt. Nach der halben Garzeit Zitronensaft, Weißwein und eingelegte Zitrone zufügen. Deckel auflegen und Fenchel dünsten, bis er weich ist. Deckel abnehmen und gesamte Flüssigkeit verdampfen lassen. Kapern und Dill zufügen, salzen, pfeffern und mit dem Olivenöl beträufeln.

Fisch kochen. Einen Bräter mit wenig Öl ausstreichen, Fisch mit der Haut nach unten hineinlegen und mit geschlossenem Deckel fertiggaren oder in einer geölten gußeisernen Form mit der Haut nach oben grillen.

Fenchelbett auf Tellern anrichten, Fisch darüber legen und sofort servieren. Dazu paßt Couscous.

Für 6 Personen einfach

David Thompson, Küchenchef

Ausgewogene Thai-Mahlzeit

UNTEN VON LINKS NACH RECHTS: Saures Orangencurry mit Garnelen und Choi Sum, Gegrillter Fisch mit süßer Fischsauce, gedämpfter Thai-Jasminreis. Kai-Jiaw-Omelett und Eingelegte Rinderrippe in Kokosnußcreme.

Die thailändische Küche bemüht sich stets um Ausgewogenheit und versucht, die Geschmacksnoten jedes einzelnen Gerichtes und des gesamten Essens harmonisch zu kombinieren. Die nachfolgenden Gerichte ergeben eine Mahlzeit für vier bis fünf Personen und sollten gleichzeitig serviert werden. Unverzichtbar ist gedämpfter Thai-Jasminreis, die Grundlage der thailändischen Eßkultur.

Geng Som Gung Sy Pak
Saures Orangencurry mit Garnelen und Choi Sum

ZUTATEN

PASTE

5 rote Chillies, getrocknet, entkernt, mindestens 5 Minuten in warmem Wasser eingeweicht

3 EL rote Schalotten, geschnitten
1 EL Gapi oder Thai-Garnelenpaste
2 EL gedünsteter Fisch nach Belieben
1 TL Salz

1 Stück Tamarindenpaste, 3 cm lang
2 EL warmes Wasser
500 ml Hühnerbrühe oder Wasser
2 EL Thai-Fischsauce (nam pla) und etwas zusätzliche Sauce zum Abschmecken
evtl. 1 TL weißer Zucker
1 kleiner Bund siamesische Brunnenkresse, Choi Sum oder Chinakohl, gewaschen und in mundgerechte Stücke geschnitten
6 große grüne Garnelen, geschält und ohne Darmfaden, jedoch mit Schwanz

Dieses gekochte Curry läßt sich leicht zubereiten und verwendet gängige Zutaten wie rote Chillies (frisch oder getrocknet), rote Schalotten, Garnelenpaste und gekochten Fisch. Auf Wunsch können Sie Knoblauch, Zitronengras, Galgant oder Korianderwurzeln zufügen. Auf Thaimärkten bieten alte Frauen an jeder Ecke fertige Gerichte wie nahm prik, Salate oder Currys an. Am bekanntesten ist das hier vorgestellte Saure Orangencurry. Schüssel für Schüssel wandern die Currys über die Theke, einmal mit Fisch und Gemüse oder eingelegtem Bambus, dann wieder mit Garnelen, grüner Papaya oder Muscheln und Bohnen. Die einfache Zubereitung ist das klassische Merkmal der traditionellen Thai-Küche.

Für die Paste alle Zutaten in einem Mörser oder in der Küchenmaschine verarbeiten. Tamarindenpaste unter fließend warmem Wasser abspülen und in warmes Wasser legen, bis sie weich ist. Fruchtfleisch von Kernen und Fasern trennen und ausdrücken. Das Tamarindenwasser bleibt im Kühlschrank etwa 3 Tage haltbar.

Brühe aufkochen, Paste zufügen und nach erneutem Aufkochen 2 Eßlöffel Fischsauce, etwas Tamarindenwasser und evtl. Zucker zugeben. Wasserkresse und Garnelen zugeben und leicht köchelnd garen. Zum Schluß mit einem weiteren Eßlöffel Tamarindenwasser und etwas Fischsauce abschmecken. Das Curry sollte salzig, sauer und leicht scharf schmecken. Das Gemüse verleiht ihm eine leicht bittere Note.

Pla Yang Nahm Pla Warn
Gegrillter Fisch mit süßer Fischsauce

ZUTATEN
1 küchenfertiger Süßwasserfisch, zum Beispiel Forelle oder Wels

FISCHSAUCE
90 g Palmzucker

Dieses Relish wird immer mit gegrilltem Fisch gegessen, meistens mit Welsfleisch, einer besonders fetten Sorte. Der Wels wird ganz langsam über der Glut gegrillt, so daß er einen leicht rauchigen Geschmack erhält.

Die süße Fischsauce paßt hierzu ganz vorzüglich. Die Sauce läßt sich – mit oder ohne Kokosnußcreme – gut vorbereiten. Leicht bittere oder säuerliche Gemüsesorten und Früchte gleichen die Süße aus.

3 EL Thai-Fischsauce (nam pla)
2 EL Tamarindenwasser
etwas Kokosnußcreme
1 kleine Handvoll Schalotten, fritiert
1 kleine Handvoll Knoblauch, fritiert
etwas getrockneter roter Chili, fritiert
frische Korianderblätter

ROHKOST
1 Chicorée, gewaschen
frischer Ingwer, geschält und in Scheiben
weiße Kurkuma, geschnitten
Thai-Basilikum (ram rau) und Minze
Salatgurke, in Scheiben geschnitten
Flügelbohnen, falls erhältlich, geschnitten
1/8 Weißkohl, grobgehackt
frische Korianderzweige

Für die Fischsauce Palmzucker in einem kleinen Topf auflösen, Fischsauce, Tamarindenwasser und Kokosnußcreme zufügen und einige Minuten köcheln lassen. Nicht zu lange kochen, da der Zucker sonst karamelisiert und nach dem Abkühlen zu einer festen Masse erstarrt. Sauce entfetten, abseihen und abkühlen lassen. Die Sauce muß salzig, süß und zugleich leicht säuerlich schmecken. Kurz vor dem Servieren Schalotten, Knoblauch, Chillies und Koriander untermischen.

Fisch wie oben beschrieben auf dem Holzkohlengrill zubereiten oder auf jeder Seite etwa 4 Minuten unter den Backofengrill schieben. Sauce, Rohkost und Fisch getrennt servieren, Fisch mit Sauce beträufeln und Gemüse dazu reichen oder alles wie einen Salat mischen. Mit Koriander bestreuen.

Kai-Jiaw-Omelett

ZUTATEN
2 Eier
Salz und frisch gemahlener weißer Pfeffer
3 EL Öl
3 rote Schalotten, feingeschnitten
frischer Koriander

Eier mit einer Prise Salz verquirlen. Den Wok vorheizen, Öl zufügen und Eier hineingeben. Bei mittlerer Hitze einige Minuten braten, dann auf eine mit Küchenpapier bedeckte Platte gleiten lassen. Pfeffern und mit Schalotten und Koriander servieren.

FISCH UND MEERESFRÜCHTE

Neaua Kem Sot
Eingelegte Rinderrippe in Kokosnußcreme

ZUTATEN

MARINADE

250 ml Thai-Fischsauce (nam pla) oder helle Sojasauce

1 EL Salz

3 EL weißer Zucker

1 EL frisch gemahlener weißer Pfeffer

250 ml Kokosnußcreme

750 ml Kokosnußmilch

200 g Rinderrippe, abgespült

3 Stengel Zitronengras, nur der weiche Teil, feingeschnitten (verwenden Sie die äußeren Blätter, Wurzeln und Stengel beim Schmoren)

4 rote Schalotten, feingeschnitten

1 kleine Handvoll frische Minzeblätter

1 kleine Handvoll frische Korianderblätter

3–4 kleine, sehr scharfe Chillies, feingehackt

2 Limetten, geviertelt

Eingelegtes Rindfleisch gehört zu den Lieblingsgerichten der Thaiküche, hier stellen wir eine moderne Variante vor. Das Fleisch sollte mindestens 3 Tage ziehen – je länger desto besser –, damit die Fasern die Marinade möglichst gut aufnehmen. Anschließend wird das Fleisch in Kokosnußcreme und Milch geschmort. Beim Kochen tritt Fett aus, und wenn die Milch verdampft, beginnt das Fleisch zu braten. Der Zucker aus der Kokosnußcreme und der Marinade beginnt mit dem Salz zu karamelisieren, so daß das Fleisch zugleich salzig und saftig schmeckt. Rind – auch Schwein, Ente oder Huhn sind üblich –, das auf diese Weise zubereitet wird, muß heiß gegessen werden. Man kann es auf vielerlei Art servieren, als einfache Beilage, geschmort und karamelisiert oder als Salat mit frischen Kräutern wie Minze, Koriander oder pak chii farang (auch langblättriger Koriander oder Zahngras genannt) mit einem Dressing aus Limettensaft und Chillies.

Marinade anrühren und das Fleisch 3 Tage darin einlegen.

Kokosnußcreme und -milch in einen Topf geben, erhitzen und Fleisch mit dem Zitronengras etwa 3 Stunden darin kochen, bis der größte Teil der Flüssigkeit verdampft ist und das Fleisch zu karamelisieren beginnt.

Fleisch vorsichtig aus dem Topf nehmen, Knochen entfernen und Fleisch in Scheiben schneiden. Vor dem Servieren mit Schalotten, Minze, Koriander und Chillies bestreuen und mit den Limettenvierteln garnieren.

Für 4–5 Personen   einfach

Greg Malouf, Küchenchef

Fischfilets in Parmesan-Kataifi
mit syrischem Auberginen-Relish und eingelegter Zitrone

ZUTATEN

AUBERGINEN-RELISH

2 mittelgroße Auberginen

natives Olivenöl extra

Saft von 1 Zitrone

1 TL frischer Thymian, gehackt

½ TL Grenadinesirup

2 Eiertomaten, gewürfelt

1 EL Petersilie, feingehackt

Für das Auberginen-Relish die Auberginen kochen, bis sie weich sind. Haut entfernen. Das noch warme Auberginenfleisch in eine Edelstahlschüssel geben und Olivenöl, Zitronensaft, Thymian und Grenadine zufügen. 30 Minuten ziehen lassen. Tomaten, Petersilie, Knoblauch, Zwiebel, Koriander, Gewürzsumach, Piment und Pfeffer zugeben und vorsichtig untermischen.

Den Backofen auf 220 °C vorheizen. Die Fischfilets mit Salz, Pfeffer und etwas geriebenem Parmesan bestreuen. Kataifi-Teig auseinanderrollen und in 12 x 15 cm lange Stücke mit je 10–12 Kataifi-Fäden schneiden. Teig mit Butter bestreichen und mit dem restlichen Parmesan bestreuen. Fischfilets mit der Haut nach

136   FISCH UND MEERESFRÜCHTE

1 rote Zwiebel, sehr fein gehackt

1 EL Koriander, frisch gehackt

1 Prise Gewürzsumach

1 Prise Piment, gemahlen

frisch gemahlener weißer Pfeffer

12 Fischfilets (Seelachs, Kabeljau)

Meersalz und frisch gemahlener weißer
   Pfeffer

150 g geriebener Parmesan

1 Paket Kataifi-Teig (Teigfäden, in
   griechischen oder türkischen Läden
   erhältlich)

200 g Butter, geschmolzen

3 Eigelb

1 EL Dijonsenf

Saft von 2 Zitronen

1 eingelegte Zitrone, abgespült, ohne
   Schale und weiße Haut, feingewürfelt

2 Knoblauchzehen, mit 1 TL Salz
   zerdrückt

500 ml Olivenöl

oben in der Mitte zusammenklappen. Je ein Filet auf ein Ende des Teigs legen und vorsichtig aufrollen. Dasselbe mit den übrigen Filets wiederholen.

Für die Zitronen-Knoblauchmayonnaise Eigelb mit Senf, Zitronensaft, eingelegter Zitrone und Knoblauch gut verquirlen. Olivenöl vorsichtig nach und nach zugeben, bis eine Mayonnaise entstanden ist. Mit Salz und Pfeffer abschmecken.

Nun die Fischfilets auf ein mit Backpapier belegtes Blech legen und 8 Minuten oder bis zur gewünschten Bräune im Ofen braten.

Vor dem Servieren Weißfisch mit je 1 Löffel Auberginen-Relish und 1 Löffel Zitronen-Knoblauchmayonnaise auf Tellern anrichten. Mit etwas Olivenöl beträufeln und rasch servieren.

Für 6 Personen mittel

Tetsuya Wakuda, Küchenchef

Gebratenes Barramundifilet
mit Wakame und getrüffelten Pfirsichen

ZUTATEN

4 kleine Barramundifilets von je 150 g,
   mit Haut

2 EL Traubenkernöl

2 EL Trüffelöl, plus 2 TL extra

Meersalz

½ großer Chicorée, in Streifen

1 Tomate, gehäutet, entkernt und
   gewürfelt

½ EL feiner Sherryessig

frisch gemahlener weißer Pfeffer

4 EL getrockneter japanischer Wakame-
   Seetang, eingeweicht

4 Wildpfirsiche in Trüffelöl, in schmale
   Spalten geschnitten

2 EL Schnittlauch, feingeschnitten

Wildpfirsiche gibt es in Feinkost- und Delikatessenläden. Für das vorliegende Rezept können Sie sie jedoch auch durch sehr fein geschnittene grüne Oliven (zwei Oliven pro Person) ersetzen.

Den Backofen auf 180 °C vorheizen. Barramundifilets säubern, lose Schuppen entfernen und jedes Filet quer durchschneiden. Filets mit dem Traubenkernöl und dem Trüffelöl bestreichen und mit Meersalz bestreuen. Auf ein Backblech legen und 10–12 Minuten im Ofen braten, bis sich der Fisch weich anfühlt.

Chicorée, Tomate, Sherryessig und 2 Teelöffel Trüffelöl in eine Schüssel geben. Mit Meersalz und weißem Pfeffer würzen und alles vorsichtig mit einem Löffel verrühren. Wakame abgießen und in Portionen teilen. Vor dem Servieren Wakame in der Tellermitte anrichten und Wildpfirsiche sowie Fisch darauf anrichten. Chicorée-Mischung neben den Barramundis anrichten. Mit Schnittlauchröllchen garnieren und sofort servieren.

Für 4 Personen einfach

Geoff Lindsay, Küchenchef

Gelbes Schwertfisch-Thai-Curry
mit grüner Papaya

ZUTATEN

GELBE CURRYPASTE

10 getrocknete rote Chillies

1 gelbe Paprikaschote, entkernt und
ohne Stiel

1 EL Kurkuma, gemahlen

4 gelbe Schalotten, gehackt

6 Knoblauchzehen, gehackt

2 Stengel Zitronengras, nur das Weiße,
feingehackt

1 TL Garnelenpaste

GELBE CURRYSAUCE

200 ml Kokosnußmilch

4 EL gelbe Currypaste

1 l Hühnerbrühe

3 EL Tamarindenwasser (Seite 134)

2 EL Palmzucker

Saft von 2 Limetten

KOKOSNUSSREIS

250 g Jasminreis

250 ml Wasser

5 EL Kokosnußmilch

1 Stück Pandanblatt, ca. 5 cm lang

4 Schwertfischsteaks von je 185 g

1 Bund Schlangenbohnen

1 grüne Papaya

8 frische Minzeblätter

8 frische Basilikumblätter

1 Handvoll junger Spinat

½ Tasse knusprig fritierte Schalotten

Thai-Basilikum zum Garnieren

Mit diesem Rezept lernen Sie ein echtes gelbes Thai-Curry kennen. Es schmeckt erfrischend, leicht säuerlich und enthält nur wenig Kokosnußmilch, da der Schwertfisch selbst ziemlich üppig ist. Frische Minze, Basilikum und Limettensaft runden das Gericht geschmacklich ab.

Für die gelbe Currypaste alle Zutaten in der Küchenmaschine zu einer weichen, gleichmäßigen Masse verarbeiten. Die Menge reicht für ein Curry aus.

Für die gelbe Currysauce die Kokosnußmilch in einen schweren Topf gießen und bei mittlerer Hitze kochen, bis sie fast völlig verdampft ist. Nun die Currypaste zufügen und 15 Minuten unter ständigem Rühren braten, ohne daß die Paste sich braun färbt. Hühnerbrühe zufügen, aufkochen und 30 Minuten köcheln lassen. Tamarindenwasser, Palmzucker und Limettensaft zugeben. Gut umrühren, bis die Flüssigkeit eindickt, vom Herd nehmen und bis zum Servieren ruhen lassen.

Für den Kokosnußreis den Reis mit reichlich kaltem Wasser abbrausen und abtropfen lassen. Alle Zutaten für den Reis mischen und in einem Topf zum Kochen bringen. 10 Minuten kochen lassen, dann einen gut schließenden Deckel auflegen. Den Topf vom Feuer nehmen und den Reis weitere 10 Minuten quellen lassen. Der Reis ist nun servierfertig.

Für das Curry die Schwerfischsteaks auf jeder Seite 2 Minuten unter den vorgeheizten Grill schieben. Anschließend ruhen lassen. Bohnen und Papaya blanchieren, bis sie weich sind. Currysauce aufwärmen.

Vor dem Servieren Schwertfisch in die Sauce geben; Papaya, Bohnen sowie Minze- und Basilikumblätter zufügen. Eine Papayascheibe auf jedem vorgewärmten Teller anrichten und die Gemüsemischung darüber verteilen. Nun den Schwertfisch auf das Gemüse legen und etwas Sauce auf dem Teller verteilen. Mit knusprig fritierten Schalotten bestreuen und mit Thai-Basilikum garnieren. Dazu Kokosnußreis reichen.

Für 4 Personen mittel

RECHTS: Gelbes Schwertfisch-Thai-Curry mit grüner Papaya. In der Thaiküche gelten grüne Papayas als Gemüse; als Gaumenkitzel habe ich Schlangenbohnen zugefügt. Die verschiedenen Geschmacksrichtungen harmonieren gut mit dem weißen Fischfleisch und dem knackigen Gemüse, der Reis bildet die ausgleichende Ergänzung.

Jacques Reymond, Küchenchef

Orientalische Consommé
mit Gelbflossenthunfischtagine und Gemüsespaghetti

ZUTATEN
TAGINE-PASTE

½ EL Kreuzkümmel

1 ½ Zimtstangen

½ EL Paprikapulver

½ EL Koriander, gemahlen

½ TL Safran, gemahlen

3 große Knollen frischer Ingwer, in Stifte geschnitten und dreimal blanchiert

2 ½ EL frische Kurkuma, gerieben, oder
   1 TL Kurkumapulver

3 Chillies, feingehackt

1 EL Pflanzenöl

1 Bund frischer Koriander

CONSOMMÉ

2 l Hühnerfond

6 vollreife Tomaten

4 Knollen frischer Ingwer

5 Stengel Zitronengras

8 Knoblauchzehen, zerdrückt

12 Schalotten, feingeschnitten

3–4 Chillies, entkernt

2 Selleriestangen, feingeschnitten

1 Stange Lauch, feingeschnitten

Salz

1 Bund frisches Basilikum

1 Bund frischer Koriander

GARNIERUNG FÜR DIE CONSOMMÉ

rote Schalotten, feingeschnitten

Chillies, gestiftet

Ingwer, blanchiert und gestiftet

frische Korianderblätter

einige Knoblauchzehen, in Stifte geschnitten

1 Karotte, in Streifen geschnitten

Ingwer, blanchiert und in Streifen geschnitten

1 Zucchini, in Streifen geschnitten

½ Gurke, in Streifen geschnitten

1 EL Pflanzenöl

1 Tasse Bambussprossen

3 Tassen Erbsenkeime

je nach Jahreszeit Morcheln zum Garnieren

6 Gelbflossenthunfisch-Steaks,
   2 cm dick

Tagine-Paste ist eine Würzmischung, die den Geschmack von Thunfisch und Consommé intensiviert.

Für die Tagine-Paste Kreuzkümmel, Zimt, Paprika, Koriander und Safran mahlen. Mit Ingwer, Kurkuma, Chillies und etwas Öl in die Küchenmaschine oder einen Mörser geben und zu einer Paste verarbeiten. Etwas mehr Öl und die Hälfte der Korianderblätter zufügen. Einige Sekunden verarbeiten und den Rest der Blätter zugeben. Weiter zu einer feinen Paste verarbeiten. Sollte sie zu trocken sein, etwas Öl zufügen.

Für das Consommé alle Zutaten außer Basilikum und Koriander in einen großen Topf geben und kalt aufsetzen. Bei mittlerer Hitze 40 Minuten kochen. Nun Basilikum und Koriander zugeben, vom Herd nehmen und 15 Minuten ziehen lassen. Durch ein dünnes Baumwolltuch seihen.

Vor dem Servieren Consommé und Garnierung erwärmen. Karotten, Ingwer, Zucchini und Gurke in einem Wok mit etwas Öl unter Rühren kurz anbraten. Gemüse aus dem Wok nehmen und Bambussprossen und Erbsenkeime hineingeben. Ein- bis zweimal durchschütteln, ohne daß die Sprossen zusammenfallen. Gemüse in die Mitte einer großen Suppenschüssel legen, gegebenenfalls Morcheln zufügen. Den Thunfisch mit Tagine-Paste bestreichen und unter dem heißen Grill 30 Sekunden auf jeder Seite grillen. Thunfisch auf das Gemüse geben, dann das Consommé um den Thunfisch gießen und die Garnierung verteilen. Thunfisch mit Bambus- und Erbsensprossen belegen und sofort servieren.

Für 6 Personen mittel

Genevieve Harris, Küchenchefin

Gedünstete Kokosnußpfannkuchen
mit grüner Currysauce

ZUTATEN

GRÜNE CURRYSAUCE

1 Bund frischer Koriander, Blätter, Stengel und Wurzeln
½ Tasse frische Minzeblätter
1 Pandanblatt
1 große grüne Chilischote
1 Stengel Zitronengras
1 l Kokosnußmilch
1 EL Palmzuckersirup
2 ½ EL Fischsauce (nam pla)
1 EL Zitronensaft

KOKOSNUSSPFANNKUCHEN

3 Eier
1 EL Reismehl
150 ml Kokosnußmilch
1 Schuß Fischsauce
1 Schuß Sesamöl
Pflanzenöl

PFANNKUCHENFÜLLUNG

500 g Fischfilet (Seelachs, Kabeljau)
1 Tasse Korianderblätter
4 frische Kaffir-Limettenblätter, feingeschnitten
½ Gurke, in Stifte geschnitten
2 grüne Frühlingszwiebeln, gehackt
½ Tasse frische Minzeblätter, gehackt

Dieses Gericht eignet sich hervorragend als Zwischengericht, da es wenig Zeit zum Vorbereiten und Anrichten benötigt. Als Füllung eignen sich alle weißfleischigen Fische, aber auch Garnelen oder Flußkrebse. Man kann die Pfannkuchen auch auf einem Salatbett aus Gurke, Koriander und Minze servieren.

Für die grüne Currysauce Koriander, Minze, Padanblatt, Chili und Zitronengras hacken. In der Küchenmaschine oder im Mörser zu einer Paste verarbeiten. Die Paste mit der Kokosnußmilch in einem Topf köcheln lassen, bis sich das Aroma entfaltet und die Sauce auf etwa die Hälfte eingekocht ist. Durch ein feines Sieb streichen und warm stellen.

Für die Kokosnußpfannkuchen Eier, Reismehl, Kokosnußmilch, Fischsauce und Sesamöl verrühren. Durch ein feines Sieb passieren. Eine beschichtete Crêpepfanne nicht zu stark erhitzen, etwas Pflanzenöl hineingeben und anschließend soviel Teig darin verteilen, daß der Boden dünn bedeckt ist. Insgesamt 8 Pfannkuchen backen und beiseite stellen.

Für die Füllung die Fischfilets säubern und in dünne Streifen schneiden. Korianderblätter hacken. Alle Zutaten der Füllung mischen und in 8 gleich große Portionen teilen. Einen Pfannkuchen auf ein Küchenbrett legen, Füllung auf dem unteren Drittel verteilen und Pfannkuchen aufrollen, die Enden wie bei einer Frühlingsrolle falten. Den aufgerollten Pfannkuchen auf Backpapier in den Einsatz eines Dampfkochtopfes legen. Mit den übrigen Pfannkuchen ebenso verfahren. Die Pfannkuchen 8 Minuten dämpfen und mit der warmen grünen Currysauce servieren.

Ergibt 8 Pfannkuchen mittel

FISCH UND MEERESFRÜCHTE 141

Serge Dansereau
Köstliche Regionalküche

»Als ich 1983 bei Kables im Hotel Regent anfing, entdeckte ich erstmals die Qualitätsprodukte der verschiedenen australischen Landesteile – Lammfleisch aus Gippsland, Rind aus Milawa, Muscheln aus der Jervis Bay – und orientierte mich allmählich hin zur Cuisine du marché, einer eher regional geprägten Kochweise mit mehr einheimischen Zutaten.«

Serge Dansereau wurde in Kanada geboren und absolvierte seine Ausbildung in Quebec. Nach seinem Abschluß assistierte er einem Distriktverkaufsleiter, mit dem er Gastronomiestandards für kleinere Hotels entwickelte. Während dieser Zeit lernte er den Wert regionaler Produkte schätzen. Er war Küchenchef in verschiedenen Hotels, bis er nach Australien kam und sich in das Land und seine Küche verliebte.

15 Jahre lang arbeitete er im Regent in Sydney. Seinen Erfolg verdankt er nach eigener Auffassung der Tatsache, daß man ihm völlig freie Hand ließ und er selbst stets einen sehr direkten Bezug zu seinem Beruf wahrte.

Als einer der ersten Chefköche ermutigte er die Anbauer regionaler Produkte, mehr auf Qualität als auf Quantität zu setzen und besonders bei Salat und Käse neue Produkte zu entwickeln. Kabels servierte als erstes Restaurant eine rein australische Käseauswahl. Dansereaus Einfluß auf die Auswahl und den Anbau lokaler Produkte prägte die australische Eßkultur.

Dansereaus Küche ist ausgeprägt australisch. Er beschreibt sie als »intelligente Cuisine, die dem Klima Rechnung trägt und australische Produkte auf hohem Niveau verwendet«.

1999 wechselte er zum neugestalteten Bathers Pavilion, wo er zusammen mit Victoria Alexander arbeitet. »Wir müssen uns über den Umgang mit unseren einzigartigen Produkten klar werden. Ich versuche, immer mehr über den Geschmack und die Zutaten zu lernen. Und ich bemühe mich, möglichst naturnah zu kochen, indem ich für Saucen und Dressings frische Natursäfte verwende oder Gerichte über dem offenen Feuer zubereite. Ich konzentriere mich stärker auf das, was ich tue.«

OBEN: Mandeltarte mit Amaretto-Mascarpone und pochierten Feigen (Seite 196). »Eines meiner Lieblingsgerichte. Die Tarte schmeckt frisch köstlich, läßt sich aber auch gut aufwärmen. Sie hat einen authentischen und einfachen Mandelgeschmack.«
LINKS: Blaue Schwimmerkrabbe auf Gurkensalat mit knusprigem Samosa-Gebäck (Seite 156). »Dieses Rezept ist von einem meiner Küchenchefs, Terence Rego, beeinflußt, der Vorfahren in Birma und Indien hat und beide Kochtraditionen genial miteinander zu verbinden weiß.«

FISCH UND MEERESFRÜCHTE 143

Janet Jeffs, Chefköchin

Summertime Fish and Chips

ZUTATEN

BIERTEIG

200 g Mehl

1 Prise Salz

2 Eier

5 EL Ale oder Weißbier

POTATO CHIPS

6 mittelgroße Kartoffeln, festkochende
   Sorte

2 EL Olivenöl

1 Zweig Rosmarinblätter, gehackt

Meersalz

KNOBLAUCHMAYONNAISE MIT JUNGEN
   KAPERN

3 Eigelb

Saft und geriebene Schale von 1 Zitrone

1 Knoblauchzehe, zerdrückt

500 ml natives Olivenöl extra

2 TL gesalzene junge Kapern, abgespült

12 Wittlingfilets oder anderer weiß-
   fleischiger Fisch, küchenfertig

Mehl

3 EL Olivenöl

Ein Silberstreif in der Brandung, schon zappelt ein Wittling an der Angel. Wenig später brutzeln die glatten Fischfilets im Olivenöl. Dazu ein kühles Cooper's Ale, heiße Potato Chips – an solche Sommergenüsse denkt man auch an kühlen Tagen gerne zurück.

Für den Bierteig Mehl und Salz in eine Schüssel sieben und in die Mitte eine Vertiefung drücken. Eier in die Mulde geben und nach und nach das Bier zufügen. Alles zu einem glatten Teig verrühren.

Für die Potato Chips den Backofen auf 200 °C vorheizen. Kartoffeln schälen und in sehr dicke Scheiben schneiden. Eine flache Form mit Olivenöl ausstreichen und die Kartoffelscheiben gleichmäßig darin verteilen. Mit Öl beträufeln und mit Rosmarin und Meersalz bestreuen. Etwa 50 Minuten backen und mehrmals wenden, bis die Kartoffeln goldbraun sind. Kartoffeln aus dem Ofen nehmen und warm stellen.

Für die Mayonnaise die Eigelbe mit Zitronensaft und -schale sowie dem Knoblauch verrühren. Vorsichtig unter stetigem Rühren das Olivenöl hineinträufeln, bis sich Eigelb, Zitrone und Öl verbinden. Nun das restliche Öl zügiger einrühren, bis eine glatte Mayonnaise entsteht. Kurz vor dem Servieren die Kapern unterziehen.

Den Fisch von allen Gräten befreien, waschen und trockentupfen. Mit Mehl bestäuben und kurz vor dem Braten durch den Bierteig ziehen. Olivenöl bei mittlerer Hitze in einem großen Topf erhitzen. Wenn das Öl sehr heiß ist, den Fisch in zwei oder drei Portionen goldbraun braten. Überschüssiges Fett rasch mit Küchenpapier aufnehmen und den Fisch sofort servieren.

Fisch und Chips auf vorgewärmten Tellern mit der Knoblauchmayonnaise anrichten und sofort servieren.

Für 6 Personen einfach

André Chouvin, Küchenchef

Lachsforelle mit Zitronenmyrte

ZUTATEN

SAUCE

½ Karotte, ¾ Zwiebel, ½ Lauch, gewürfelt

1 Lorbeerblatt

2 TL heller Essig

4 TL Weißwein

500 ml Wasser

Kerbel und Schnittlauch, frisch gehackt

1 Blatt Zitronenmyrte

150 g Butter

Für die Sauce die Karotte, zwei Drittel der Zwiebel, Lauch, Lorbeerblatt, Essig, 2 Teelöffel Weißwein und das Wasser in einem Topf aufkochen. Hitze reduzieren und 30 Minuten köcheln lassen. Flüssigkeit durch ein Sieb gießen und auffangen. Restliche Zwiebel und 2 Teelöffel Weißwein in eine Pfanne geben und die Flüssigkeit fast vollständig reduzieren. Ein Viertel der Sauce zusammen mit dem Kerbel, dem Schnittlauch und dem Myrtenblatt in die Pfanne geben. Etwa 10 Minuten bei starker Hitze auf die Hälfte des Volumens reduzieren. Fein passieren und die Butter zufügen. Rühren, bis die Sauce zu stocken beginnt. Warm stellen.

Für die Pfannkuchen Kartoffeln, Ei und Eigelb, Crème double und Lachs in eine Schüssel geben und mit dem Handrührgerät mischen. In einer Pfanne bei

LACHSPFANNKUCHEN
200 g Kartoffeln, zerstampft
1 Ei plus 1 Eigelb
2 TL Crème double
90 g Räucherlachs
Butter

4 Lachsforellen von je 200 g
Salz und gemahlener schwarzer Pfeffer
Butter
2 Tomaten, gehäutet, entkernt und
    gewürfelt
2 EL Schnittlauchröllchen

starker Hitze etwas Butter schmelzen, bis sich das Molkeneiweiß am Boden absetzt. Butter durch ein feines Sieb zurück in die Pfanne gießen. Kartoffelteig löffelweise in die Pfanne geben. Pfanne etwas schwenken, so daß ein kleiner Pfannkuchen entsteht. Insgesamt acht Pfannkuchen backen. Auf beiden Seiten etwa 8 Minuten braten, bis die Pfannkuchen goldbraun sind. Warm stellen.

Fisch filetieren und würzen. In einer gebutterten Bratpfanne auf jeder Seite braten, bis der Fisch in der Mitte rosa wird. Alle Unreinheiten von der Butter entfernen, damit diese nicht zu stark bräunt und den Fischgeschmack überdeckt.

Vor dem Servieren Tomatenwürfel und Schnittlauchröllchen in die Sauce geben. Den Fisch auf vorgewärmten Tellern anrichten und mit der Sauce übergießen. Zu jeder Portion zwei Lachspfannkuchen reichen.

Für 4 Personen mittel

Raymond Capadli, Küchenchef

Confit von tasmanischem Lachs
mit Blumenkohl-Blancmanger, Muskatspinat und Zitronenöl

ZUTATEN
BLUMENKOHL-BLANCMANGER
100 g Kartoffeln
200 g Blumenkohl
2 TL Butter
1 Knoblauchzehe, zerdrückt
60 g Mandeln, gemahlen
Schale von ½ Zitrone
500 ml Noilly Prat
500 ml Pernod
250 ml Crème double
2 TL Gelatine
Salz und Cayennepfeffer

400 g Gänseschmalz
4 Lachs-Suprêmes von je 200 g
grobes Meersalz
Thymianblüten
Zitronenöl

MUSKATSPINAT
1 Bund frische Spinatblätter
1 EL Butter
1 Knoblauchzehe, zerdrückt
½ TL Muskatnuß, frisch gerieben
Salz und gemahlener schwarzer Pfeffer
1 EL Zitronensaft

Ich verlange stets Lachs-Suprême – das Königsstück eignet sich für dieses Gericht am besten.

Das Blancmanger am Vortag zubereiten. Die Kartoffeln schälen und in Scheiben schneiden. Blumenkohl ebenfalls fein schneiden. Butter in einen Topf geben und Kartoffel, Blumenkohl, Knoblauch, gemahlene Mandeln, Zitronenschale, Noilly Prat, Pernod und Crème double zufügen. Zum Kochen bringen. Die Gelatine in etwas Wasser auflösen, ausdrücken und zur Masse geben. Mit Salz und Pfeffer abschmecken. Wenn sich die Gelatine vollständig aufgelöst hat, mit dem Pürierstab oder in der Küchenmaschine pürieren und anschließend durch ein feines Sieb streichen. 24 Stunden kühl stellen.

Für das Lachsconfit Gänseschmalz in einem Topf bei etwa 40 °C auslassen. Den Lachs häuten, Lachs in das Gänseschmalz geben und zudecken. Vom Herd nehmen, wenn der Fisch in der Mitte rosa ist.

Während der Lachs gart, den Muskatspinat zubereiten. Spinat waschen und Stengel entfernen. Die Butter in einer Pfanne schmelzen, Spinat, Knoblauch, Muskat, Salz, Pfeffer und Zitronensaft zufügen. Auf dem Herd lassen, bis der Spinat zusammenfällt.

Vor dem Servieren Lachs abtropfen lassen und mit Küchenpapier abtupfen. Etwas Blancmanger auf jedem Teller anrichten. Lachs darauf geben und mit Meersalz und Thymianblüten bestreuen. Muskatspinat neben dem Lachs anrichten und den Tellerrand mit etwas Zitronenöl verzieren. Sofort servieren.

Für 4 Personen etwas schwierig

Damien Pignolet, Küchenchef

Muschelsalat
mit Safrankartoffeln, Fenchel und Basilikum

ZUTATEN

2,5 kg Muscheln, abgebürstet

1 kleine Zwiebel, in Ringe geschnitten

1 Bouquet garni mit Thymian, Petersilie, Lorbeerblatt und Knoblauch

1 guter Schuß Weißwein

250 g Kartoffeln, festkochende Sorte

Salz und frisch gemahlener schwarzer Pfeffer

1 große oder 2 kleine Fenchelknollen

6–8 sonnengetrocknete Tomaten, in Streifen geschnitten

6 EL kleine schwarze Oliven

1 kleines Bund Basilikumblätter, in kleine Stücke gezupft

VINAIGRETTE

1 TL Safranfäden

1 kleine Knoblauchzehe, halbiert

125 ml Olivenöl

Salz und gemahlener schwarzer Pfeffer

1 ½ EL Rotweinessig

RECHTS: Muschelsalat mit Safrankartoffeln, Fenchel und Basilikum. Fenchel, sonnengetrocknete Tomaten und Oliven passen wunderbar zum salzigen Geschmack der Muscheln.

Auf einer Provencereise in den frühen achtziger Jahren habe ich ein ähnliches Muschelgericht bei Claude kennengelernt.

Muscheln in mehreren Portionen in einem flachen Topf mit gut schließendem Deckel öffnen. Dazu eine Schicht Muscheln mit Zwiebeln, Bouquet garni und Wein in den Topf geben, Deckel auflegen und stark erhitzen. Wenn Dampf zu entweichen beginnt, den Deckel abnehmen und die Muscheln vom Herd nehmen, sobald sie sich zu öffnen beginnen. Ungeöffnete Muscheln entfernen.

Den Sud durch ein Baumwolltuch sieben und zur Seite stellen. Muschelfleisch aus den Schalen lösen. Bärte oder kleine Krabben gründlich entfernen. Etwa 12 Muscheln mit Schale als Garnierung zurücklegen. Muschelfleisch mit durchgesiebtem Sud bedecken. 1 ½ Eßlöffel Sud für die Vinaigrette zurückbehalten. Kartoffeln schälen und in 2 cm große Würfel oder, bei schmalen Kartoffeln, in 1 cm dicke Scheiben schneiden. Nach Geschmack salzen und pfeffern und etwa 12–14 Minuten kochen, bis sie weich sind.

Vinaigrette zubereiten. Safran in 1 ½ Eßlöffeln aufgewärmtem Muschelsud auflösen. Ein Mischgefäß mit Knoblauch ausreiben und den aufgelösten Safran und das Öl hineingeben. Nach Geschmack salzen und pfeffern, Essig zufügen.

Die Kartoffeln in eine Schüssel geben, mit zwei Dritteln der Vinaigrette beträufeln und gut durchmischen, mit Salz und Pfeffer abschmecken und evtl. noch etwas Muschelsud zugeben. Oberes und unteres Ende der Fenchelknolle entfernen und den Rest in dünne Streifen schneiden.

Vor dem Servieren alle Zutaten miteinander mischen, Fenchel, Tomaten, Oliven und Basilikum zufügen. Auf sechs Teller verteilen und mit je zwei Muschelschalen garnieren. Etwas Vinaigrette darüber träufeln und sofort servieren.

Für 6 Personen einfach

Damien Pignolet, Küchenchef

Garnelensoufflé-Tarte

ZUTATEN

TEIG

250 g Mehl

1 Prise Salz

180 g kalte Butter

1 Prise Cayennepfeffer

60 ml Flüssigkeit aus 1 Eigelb, mit kaltem Wasser verquirlt

FORTSETZUNG AUF SEITE 148

Dieses Rezept habe ich für eine Soufflé-Klasse des Accoutrement erdacht, wo ich einen Kurs über salzige und süße Soufflés hielt. Besonders wichtig ist es, die Mengenangaben für den Teig und die Soufflémischung genauestens zu beachten.

Für den Teig Mehl und Salz auf die Arbeitsfläche sieben. Butter in kleinen Flöckchen auf dem Mehl verteilen. Mehl und Butter mit einem breiten Messer oder Edelstahlspachtel vermengen. Cayennepfeffer mit einer Gabel unter die Ei-Wasser-Mischung rühren. Über Mehl und Butter geben und alle Zutaten mit den Handballen locker zu einem Teig verarbeiten. Zutaten höchstens zwei- oder drei-

146 FISCH UND MEERESFRÜCHTE

GARNELENFOND

300 ml Fischsud

Salz und frisch gemahlener schwarzer
    Pfeffer

600 g Garnelen (Shrimps), geschält und
    ohne Darmfäden (Schalen zurückbe-
    halten)

2 TL Olivenöl

2 Schalotten, in Ringe geschnitten

2 EL Tomatenmark, in etwas Sud
    aufgelöst

3 EL trockener Vermouth, nach
    Möglichkeit Noilly Prat

SOUFFLÉ-MISCHUNG

60 g Butter

50 g Mehl

150 ml Milch

150 ml Garnelenfond (siehe oben)

2 Eigelb, verquirlt

5 Eiweiß

1 Prise Salz

60 g Gruyère, gerieben

mal durchkneten, um den Teig fertigzustellen. Aus dem Teig eine runde Platte formen, in Frischhaltefolie einschlagen und 15 Minuten kalt stellen. Der Teig sollte nicht zu hart werden.

Die Arbeitsfläche mit Mehl bestäuben und den Teig auf die Größe einer runden Springform (ca. 28 cm Durchmesser) oder Form ihrer Wahl ausrollen. Form dünn einfetten, Teig hineinlegen, so daß ein mindestens 1 cm hoher Rand entsteht. Teigboden mehrfach mit einer Gabel einstechen, Form mit Teig in Klarsichtfolie einschlagen und in den Kühlschrank stellen.

Für den Garnelenfond zunächst den Fischsud zum Kochen bringen und gut mit Salz und Pfeffer würzen. Garnelen in einer Schicht in eine große Pfanne legen und mit dem Fischsud bedecken. 1 Minute ziehen lassen und anschließend den Sud in einen sauberen Topf geben. Garnelen in zwei Hälften schneiden und zur Seite stellen.

Öl in einer Pfanne erhitzen. Schalotten zufügen und einige Minuten andünsten. Nun die Garnelenschalen zufügen, Hitze erhöhen und die Garnelen so lange in der Pfanne rütteln, bis sie sich rosa färben. Tomatenmark einrühren, dann den trockenen Vermouth zufügen und einige Minuten köcheln lassen. Garnelensud zugeben, aufkochen, abschmecken und noch einmal 20 Minuten köcheln lassen. Alles durch ein feines Sieb passieren. Sie erhalten mehr Fond, als Sie benötigen. Den Rest können Sie problemlos einfrieren.

Den Backofen auf 200 °C vorheizen. Den Teigboden mit Alufolie bedecken. Eine Schicht getrocknete Bohnen darauf geben und 10–15 Minuten blindbacken. Nach 5 Minuten die Temperatur auf 180 °C herunterschalten. Folie und Bohnen entfernen und Teig weiterbacken, bis er gut durch und trocken ist. Temperatur in den letzten 10 Minuten noch einmal auf etwa 150 °C reduzieren, damit der Teig trocknen kann. Die Gesamtbackzeit beträgt etwa 30 Minuten

Zwischenzeitlich für das Soufflé die Butter in einem Topf schmelzen und einige Minuten abkühlen lassen. Mehl zufügen, zu einer weichen Masse verrühren und etwa 3 Minuten unter dauerndem Rühren anschwitzen. Die Roux (Mehlschwitze) abkühlen lassen. Nun die Milch mit dem Sud aufkochen. Nach Geschmack salzen und pfeffern. Die heiße Flüssigkeit über die Roux gießen und bei geringer Hitze zu einer weichen, dicklichen Sauce verrühren. Mit einem Stück gefettetem Backpapier abdecken und 15 Minuten leise köcheln lassen. Papier abnehmen und Sauce geschmeidig schlagen. Verquirlte Eigelbe unterziehen.

Mittlerweile sollte der Teig fertiggebacken und aus dem Ofen genommen sein. Ofen auf 180 °C einstellen. Die Garnelen mit Küchenpapier trockentupfen. Eiweiß steif schlagen, kurz vor Schluß das Salz zufügen. Ein Viertel des Eiweißes unter die Sauce ziehen, Garnelen und die Hälfte des Käses mit dem übrigen Eiweiß mischen und locker unter die Sauce heben. Die Mischung mit dem Löffel auf dem gebackenen Teig verteilen und mit dem restlichen Käse bestreuen. Etwa 15–20 Minuten backen, bis das Soufflé aufgeht und sich golden färbt. Nach 10 Minuten Ofentemperatur auf 160 °C reduzieren.

Tarte aus der Form lösen (Springformrand abnehmen und anschließend mit einem Tortenlöser die Tarte vom Boden lösen). Sofort servieren.

Für 6 Personen etwas schwierig

Greg Malouf, Küchenchef

Lachs–Kibbeh–Tatar
mit zerstoßenem Weizen und Knoblauchkäse

ZUTATEN

500 g Joghurt

40 g Weizen, fein zerstoßen

250 ml Wasser

600 g Atlantiklachs, durch den
    Fleischwolf gedreht oder feingehackt

2 rote Schalotten, feingehackt

1 kleine Chili, feingehackt

¼ TL frisch gemahlener weißer Pfeffer

⅓ TL Piment, gemahlen

Saft von 1 Zitrone plus etwas Meersalz

1 Knoblauchzehe, mit ½ TL Meersalz
    zerdrückt

je ½ Tasse Koriander, Minze, glatte
    Petersilie und sauer eingelegte
    Artischockenblätter

⅓ Tasse rote Zwiebel, feingeschnitten

100 ml natives Olivenöl extra

Meersalz und weißer Pfeffer, gerieben

1 TL Gewürzsumach

Den Joghurt in ein doppelt gelegtes Baumwolltuch geben und 24–36 Stunden abtropfen lassen.

Eine Metallschüssel kühlen. In einer anderen Schüssel Weizen etwa 8 Minuten in Wasser einweichen, dann abgießen und ausdrücken. In die gekühlte Schüssel füllen und mit Lachs, Schalotten, Chili, weißem Pfeffer, Piment, Zitronensaft und Salz vermengen. Mischung zu 6 Platten formen und kühl stellen.

In einer anderen Schüssel den abgetropften Joghurt mit Knoblauch mischen und zu sechs Kugeln formen.

Vor dem Servieren das Lachstatar in die Mitte von sechs Tellern geben. Korianderblätter mit Minze, Artischockenblättern, Zwiebel, einem Spritzer Zitronensaft und etwas Olivenöl mischen. Leicht salzen und pfeffern. Salat auf dem Lachs verteilen und jeweils eine Kugel Joghurtkäse daraufgeben. Restliches Olivenöl um den Lachs verteilen und mit Sumach bestreuen.

Für 6 Personen einfach

Stephanie Alexander, Chefköchin und Food-Autorin

Gebratene Yabbys mit Thymianöl

ZUTATEN

20 Yabbys, fangfrisch und eisgekühlt

125 ml natives Olivenöl extra

frisch gemahlener schwarzer Pfeffer

1 EL frische Thymianblätter

Meersalz

Zitronenspalten zum Garnieren

Yabbys, kleine australische Flußhummer, eignen sich als Vorspeise und Hauptgericht gleichermaßen. Das Töten der Tiere überlassen Sie am besten Ihrem Fischhändler. Anstelle von Yabbys können Sie auch Flußkrebse verwenden. Vergessen Sie keinesfalls, sie mit Meersalz zu bestreuen. Ein Gläschen Schnaps paßt gut zu diesem Gericht.

Yabbys mit Kopf und Schale vorsichtig mit einem scharfen Messer der Länge nach aufschneiden. Den Darmfaden aus jeder Hälfte lösen. Yabbyhälften mit dem Fleisch nach oben nebeneinander auf einem geölten Backblech anordnen. Leicht pfeffern und mit Thymian bestreuen. Dünn mit etwas Öl bestreichen. Yabbys bei Zimmertemperatur etwa 1 Stunde ruhen lassen.

Den Backofen oder Grill auf höchster Stufe vorheizen. Yabbys 4 Minuten grillen oder braten, bis das Fleisch gerade fest ist. Mit etwas Öl beträufeln. Mit Meersalz und einer Schüssel Zitronenspalten servieren.

Für 4–6 Personen einfach

FISCH UND MEERESFRÜCHTE

Stephanie Alexander

Kochen mit Leib und Seele

»Wenn ich Jungköchen oder auch interessierten Laien einen Rat geben möchte, dann den, der eigenen Neigung zu folgen. Lesen Sie viel, bereisen Sie Ihre Heimat, bekennen Sie sich zu Ihrem eigenen kulturellen Hintergrund, entdecken Sie sich und Ihre kulinarischen Wurzeln.«

Bereits mit 13 Jahren konnte Stephanie Alexander, angeregt durch ihre Mutter, gut kochen. Sie wäre nie auf die Idee gekommen, ihr Hobby zum Beruf zu machen, aber ihre Liebe zur Küche führte sie dann doch ins Jamaica House, und später eröffnete sie ihr eigenes Restaurant, das Stephanie's in Fitzroy.

Als das Stephanie's 1980 in ein altes Herrenhaus in Hawthorn umzog, gab es in Melbourne kaum wirklich gute Restaurants. Das Stephanie's setzte neue Maßstäbe und galt über Jahre hinweg als beste Empfehlung für feine Küche in Melbourne.

Während dieser Zeit bildete Stephanie Alexander viele gute Küchenchefs aus, darunter Janni Kyritsis, Geoff Lindsay, Neil Perry und Steven Pullett. Stephanie Alexander förderte vor allem kleine spezialisierte Produzenten. Ihr anregendes Buch Stepanie's Australia stellt diese Zulieferer vor und unterstreicht die Bedeutung qualitativ hochwertiger Regionalprodukte.

Stephanie Alexander verfaßte auch The Cook's Companion, ein Nachschlagewerk für Zutaten und Rezepte, das ein regelrechter Bestseller wurde.

Seit 1997 steht Stephanie nicht mehr selbst am Herd. Sie wurde Mitinhaberin des Richmond Hill Café and Larder, zu dem die ersten zwei vollbefeuchteten Fermentierräume Australiens gehören.

»Ich lasse mich gerne auf Unbekanntes ein, aber letztlich kehre ich immer zu den Dingen zurück, die ich wirklich mag. Besonders wichtig ist für mich, Zutaten mit Respekt und Freude zu behandeln. Die Qualität und Vielfalt australischer Produkte zu fördern, ist meine große Leidenschaft.«

OBEN: Mandelkuchen auf Rhabarber-Beeren-Sauce (Seite 205). Zitronat verleiht dem erlesenen italienischen Kuchen eine besondere Note. Der trockene, weiche Kuchen wird auf einer köstlichen süßen Sauce gereicht. Schlagsahne ergänzt dieses üppige Dessert.

LINKS: In der Käserei von Will Studds Richmond Hill Café and Larder reift Käse heran. Sein volles Aroma entfaltet der Käse nur, wenn er richtig gelagert wird und vollständig ausreifen kann.

GANZ LINKS: Gebratene Yabbys mit Thymianöl (Seite 149). »Dieses Gericht weckt Kindheitserinnerungen. Warum sind Yabbys nicht beliebter? Es wäre schön, wenn die Kinder von heute noch frische Yabbys zu essen bekämen, auch wenn sie sie nicht mehr selbst fangen können. Bei starker Hitze auf dem Grill zubereitet, schmecken sie einfach herrlich, besonders wenn man sie mit den Fingern ißt.«

FISCH UND MEERESFRÜCHTE 151

Cheong Liew, Küchenchef

Vier Tänze
Marinierte Meeräsche, Oktopus mit Aïoli,
Roher Tintenfisch auf schwarzen Nudeln, Würziges Garnelen-Sushi

MEERÄSCHE-ZUTATEN
WASABI-MAYONNAISE

1 Eigelb
1 TL grüner Wasabi (japan. Meerrettich)
1 EL Reisessig
5 EL warmes Erdnußöl
2 ½ EL Zuckersirup

2 mittelgroße, sehr frische Meeräschenfilets oder anderer feiner, weißer,
  öliger Fisch
1 EL Meersalz
1 EL Zucker
2 ½ EL Mirin (süßer Reiswein)
5 EL Reisessig oder Sherryessig
2 ½ EL Reiswein
6 Avocadoviertel, pro Portion in zwei
  Scheiben geschnitten

OKTOPUS-ZUTATEN

2 kg Oktopusarme
3 EL schwarze Oliven, entsteint und
  zerdrückt
180 ml Olivenöl
4 Knoblauchzehen, zerdrückt
4 Lorbeerblätter
6 Stengel frische Petersilie
Saft von 2 Zitronen
2 rote Chillies

AIOLI

6 Knoblauchzehen
1 große rote Chili
4 Korianderwurzeln
1 Eigelb
5 EL Olivenöl
1 TL Meersalz
Saft von ½ Zitrone

*Die vier Tänze sind mein beliebtestes Gericht und waren in gewisser Weise mein Aus-
hängeschild, als ich das Grange im Hilton von Adelaide eröffnete. 21 unterschiedliche
Elemente und zahlreiche Techniken sind zum Gelingen nötig. Man braucht Geschick
und frische Meeresfrüchte, denn vier verschiedene Geschmacksnoten und vier Techniken
vereinen sich zu einem Ensemble. Unterschiedliche Eßkulturen wie die australische, die
japanische, die griechische, die malaiische und die mediterrane verbindenden sich hier
zu einem gastronomischen Reigen. Die Menge ist für sechs Personen berechnet, doch können Sie die Gerichte auch einzeln als Vor- oder Hauptspeise servieren. Am besten servieren Sie die Gerichte schlicht, aber harmonisch angeordnet auf großen weißen Tellern.*

Marinierte Meeräsche

Für die Wasabi-Mayonnaise Eigelb, Wasabi und Reisessig miteinander verquirlen.
Warmes Erdnußöl unterrühren und schlagen, bis eine Mayonnaise entsteht.
Zuckersirup zufügen, unterrühren und alles zur Seite stellen.

Meeräschenfilets säubern und zurechtschneiden, dabei alle Gräten und nach
Möglichkeit die äußere Hautmembran entfernen. Filets mit der Hautseite nach
unten legen und gleichmäßig mit Salz und Zucker bestreuen. Zudecken und 2
Stunden ruhen lassen.

Meeräsche mindestens 1 Stunde in Mirin, Reisessig und Reiswein marinieren.
Filets an einer Ecke beginnend diagonal in Scheiben schneiden und pro Person
3 Scheiben servieren. Auf einem Bett von zwei Avocadoscheiben mit einem Löffel
Wasabi-Mayonnaise servieren.

Oktopus mit Aïoli

Haut von den Tentakeln entfernen, Saugnäpfe jedoch unbeschädigt lassen und
trockentupfen. Die Oliven in sehr heißem Olivenöl braten, bis sie zu rauchen beginnen. Tentakel am schmalen Ende bündeln und vorsichtig in den Topf gleiten
lassen, so daß sich die Poren rasch schließen. Temperatur so klein wie möglich stellen. Knoblauch, Lorbeerblätter, Petersilie, Zitrone und Chillies zufügen. Zugedeckt
35–40 Minuten köcheln lassen, bis der Oktopus weich ist wie Hummerfleisch.

Für die Aïoli Knoblauch, Chili und Korianderwurzeln in einem Mörser zu
einer feinen, weichen Paste verarbeiten. Je geduldiger man arbeitet, desto feiner
und geschmacksreicher wird die Paste.

In einem Mischgefäß Eigelb und Knoblauchpaste mit der Gabel mischen.
Vorsichtig das Olivenöl zugeben und rühren, bis die Mischung die Konsistenz
einer Mayonnaise hat. Mit Salz und Zitronensaft abschmecken.

Vor dem Servieren den Oktopus zwischen den Saugnäpfen in mundgerechte
Stücke schneiden. Auf einem Teller mit etwas Knoblauchmayonnaise anrichten.

152 FISCH UND MEERESFRÜCHTE

TINTENFISCH-ZUTATEN

200 g frischer und zarter Tintenfisch

300 g schwarze, mit Tintenfischflüssig-
keit gefärbte Taglierini, gekocht und
gekühlt

ASIATISCHES DRESSING

½ TL Sesamöl

½ EL Austernsauce

1 EL Balsamicoessig

2 EL Sonnenblumenöl

1 EL Sojasauce

1 EL Mirin

frisch gemahlener schwarzer Pfeffer

GARNELEN-SUSHI-ZUTATEN

6 Riesengarnelen, geschält und ohne
Darmfaden

1 Prise Salz

2 EL Zucker

Schale von 2 Limetten, feingerieben

3 EL Erdnußöl

2 EL Kokosnußcreme

2 ½ EL Tamarindensaft

3 EL heller Palmzucker

REMPAH-MISCHUNG

2 TL frischer Galgant, feingerieben

1 TL frische Kurkuma, feingerieben

6 Kemirinüsse, feingerieben

1 rote Chili, zu Paste verarbeitet

6–10 Schalotten, feingehackt

3 Knoblauchzehen, feingehackt

2 TL frischer Ingwer, feingerieben

2 TL Blanchan (Garnelenpaste), in
etwas Alufolie kurz gebraten

BANANENBLATT-SUSHI

200 g Klebreis, 1 Stunde eingeweicht

1 EL Erdnußöl

1 TL Meersalz

4 EL Kokosnußcreme

1 großes Stück frisches Bananenblatt
oder mit Pergamentpapier belegte
Alufolie

Roher Tintenfisch auf schwarzen Nudeln

Tintenfisch gründlich säubern und etwaige Tintenrückstände mit einem feuchten Tuch entfernen. 30 Minuten kühl stellen.

Tintenfisch auf der Innenseite in einem sehr stumpfen Winkel mehrmals einschneiden, damit er eine schönere Form bekommt. Mit dem Fleisch eine weiße Rose bilden und zugedeckt im Kühlschrank aufbewahren.

Die Zutaten für das asiatische Dressing in einer Schüssel mischen. Die gekühlten schwarzen Nudeln darüber geben und alles kurz durchrütteln. Nudeln in sechs kleine Portionen teilen. Tintenfisch auf die Nudeln geben.

Würziges Garnelen-Sushi

Garnelen der Länge nach durchschneiden. Mit Salz, Zucker und Limettenschale bestreuen und zur Seite stellen.

Alle Rempah-Zutaten in der Küchenmaschine oder im Mörser zu einer weichen Paste verarbeiten. Erdnußöl in einem Wok bei geringer bis mittlerer Hitze erwärmen. Rempah-Mischung und Kokosnußcreme zugeben. Unter langsamem und stegigen Rühren anbraten, bis das Öl sich von der Masse zu lösen beginnt. Nun die Garnelen, den Tamarindensaft und den Palmzucker zufügen und etwas weniger als 1 Minute weiterrühren, bis die Garnelen gar sind.

Bananenblatt-Sushi

Reis mit Salz und einem Spritzer Öl 15–20 Minuten kochen. Kokosnußcreme unter den gekochten Reis ziehen, bis dieser angenehm feucht ist. Das Bananenblatt auf einem heißen Rost oder in einer geriffelten Pfanne toasten. Harte Stengel und Blattränder entfernen. Den gekochten Reis auf das Bananenblatt geben und alles zu einer 3–4 cm dicken Sushirolle aufrollen. Gesamte Rolle in Alufolie einwickeln und auf dem Holzkohlengrill auf jeder Seite 3–4 Minuten grillen. Dann etwa 15 Minuten im Dampfkochtopf fertig garen. Die Enden der Sushirolle sollten leicht bräunlich sein und intensiv nach getoastetem Bananenblatt duftet.

Vor dem Servieren Sushi in 4 cm lange Stücke schneiden und das Garnelen-Sushi darüber geben.

Für 6 Personen etwas schwierig

Gary Cooper, Küchenchef

Langustenhalsband
in einer Suppe aus Haifischflossen und Kaffir-Limettenblättern

Zutaten
Fischsud
300 g Trevally-Gräten oder Gräten eines beliebigen weißfleischigen Fischs
1 Karotte, grob geraspelt
2 braune Zwiebeln mit Schale, grobgehackt
2 Selleriestangen, grobgehackt
2 Lorbeerblätter
1 TL weiße Pfefferkörner

2 Langusten, nicht schwerer als 1 kg pro Stück, abgekocht
3 Eier aus Freilandhaltung
100 ml Crème double
1 EL Butter
Salz und frisch gemahlener schwarzer Pfeffer
getrocknete Haifischflosse (in guten Asienläden erhältlich)
2 Kaffir-Limettenblätter (in guten Asienläden erhältlich)
1 EL Lachsrogen

Für den Fischsud zunächst die Gräten in kaltem Wasser reinigen. Wasser abgießen und Prozedur wiederholen, um alle Unreinheiten zu beseitigen. Karotte, Zwiebel und Sellerie in einen großen Topf geben, Gräten, Lorbeerblätter und Pfefferkörner zufügen und alles mit kaltem Wasser bedecken. Zum Kochen bringen und etwa 20 Minuten ohne Deckel köcheln lassen. Abgießen und abkühlen lassen.

Langustenköpfe abschneiden und den Schwanz in zwei Hälften schneiden. Fleisch aus dem Panzer lösen und zur Seite stellen.

Für das Rührei die Eier mit Crème double und Butter verquirlen, nach Geschmack salzen und pfeffern. Mischung auf niedriger Stufe in einen Topf geben und die Eier unter gelegentlichem Rühren garen, bis sie cremig und weich sind. In eine Schüssel geben und warm stellen.

Für die Haifischflossensuppe die getrockneten Haifischflossen in kleinen Stücken in die Suppe geben und ein Kaffir-Limettenblatt zugeben. 20 Minuten leise köcheln lassen, bis die Haifischflossen weich sind.

Vor dem Servieren das Schwanzfleisch der Langusten für etwa 2 Minuten in der Suppe mitgaren. Langustenfleisch auf vier große tiefe Teller verteilen. Das Fleisch rollt sich von selbst zusammen. Mit dem warmen Rührei und dem Lachsrogen bedecken. Haifischflossensuppe vorsichtig um die Languste gießen, so daß auf jedem Teller einige Stückchen Haifischflosse liegen. Das zweite Kaffir-Limettenblatt fein schneiden und die Langusten damit garnieren. Sofort servieren.

Für 4 Personen mittel

GANZ RECHTS: Langustenhalsband in einer Suppe aus Haifischflossen und Kaffir-Limettenblättern. Dieses schlichte Mittagsgericht schmeckt Langustenliebhabern besonders gut. Die Konsistenz der Haifischflossensuppe ist gelatineartig, die Languste ist knackig, zergeht aber im Mund, das Ganze wird von weichem Rührei und feinem Lachsrogen bekrönt. Das Gericht heißt Halsband, weil sich das Fleisch der Languste rollt, wenn man sie in zwei Hälften schneidet.

Serge Dansereau, Küchenchef

Blaue Schwimmerkrabbe
auf Gurkensalat mit knusprigem Samosa-Gebäck

ZUTATEN

SAMOSA-TEIG

250 g Mehl

100 ml Naturjoghurt

75 g geschmolzene Butter (Zimmertemperatur)

1 große Prise Salz

2 ½ EL Tintenfischtinte

2 ½ EL reduzierte Safranflüssigkeit
(siehe unten)

3 EL Olivenöl

DRESSING

1 pochiertes Ei

2 ½ EL Gurkensaft (beim Schneiden
auffangen)

2 EL Tahini

5 EL Pflanzenöl

2 ½ EL Weißweinessig

Saft von 1 Limette

Salz und frisch gemahlener schwarzer
Pfeffer

SALAT

1 Schlangengurke, geschält und in feine
Streifen geschnitten (Saft für das Dressing auffangen)

Salz

200 g Schwimmerkrabbenfleisch,
gesäubert

1 kleine rote Chili, entkernt und in
dünne Streifen geschnitten

1 Körbchen Brunnenkresseblätter

Blaue Schwimmerkrabben gehören zu den süßesten Meeresfrüchten. Kaufen Sie sie unbedingt ganz frisch. Manchmal färben wir den Blätterteig mit Spinat, Safran oder anderen natürlichen Farbgebern, die ihn hübscher aussehen lassen und für einen besonderen Geschmack sorgen. Das Gebäck ist weich, blättrig und einfach herzustellen. Das leichte Dressing besteht überwiegend aus Gemüse- und Fruchtsäften.

Für die Samosas Mehl, Joghurt, Butter und Salz in zwei Hälften teilen und in zwei separate Schüsseln geben. Tintenfischtinte in die eine, Safranflüssigkeit in die andere Schüssel geben. Zutaten in jeder Schüssel jeweils zu einem Teig verarbeiten, etwas Wasser zufügen, wenn der Teig zu trocken ist. Den Teig etwa 1 Stunde in den Kühlschrank stellen. Anschließend jede Teigportion dünn auf einer bemehlten Arbeitsfläche ausrollen und kleine Kreise oder Dreiecke ausstechen. Auf ein Brett legen und bis zur weiteren Verarbeitung kühl stellen.

Für das Dressing Ei, Gurkensaft, Tahini, Öl, Essig und Limettensaft im Mixer oder mit dem Handrührgerät verrühren. Nach Geschmack salzen und pfeffern und beiseite stellen.

Den Teig in einer Pfanne bei starker Hitze in Olivenöl etwa 2 Minuten kroß braten. Auf Küchenpapier abtropfen lassen und beiseite stellen.

Die Gurkenstreifen salzen. Krabbenfleisch mit Chillies mischen und mit etwas Dressing anfeuchten.

Vor dem Servieren etwas Krabbensalat auf jedem Teller anrichten, ein Stück Samosa-Gebäck darauflegen und einen weiteren Löffel Krabbensalat darüber geben. Gurkenstreifen darauf geben und Vorgang wiederholen. Einige Spritzer Öl auf die Brunnenkresse geben und den Salat damit bestreuen.

Für 4 Personen mittel

HINWEIS: Für die Safranflüssigkeit 150 ml trockenen Weißwein in einem kleinen Topf bei mittlerer Hitze erwärmen. Ein Tütchen Safranfäden zufügen und auf ein Drittel der Menge reduzieren. Umrühren und aufbewahren.

Guillaume Brahimi, Küchenchef

Yabby-Eintopf mit Venusmuscheln,
Miesmuscheln, Kammuscheln und frischem Estragon

ZUTATEN

16 Yabbys oder Flußkrebse

12 Kammuscheln

1 kg Miesmuscheln

500 g Venusmuscheln

2–3 Schnappergräten

60 g Butter

5 Karotten, gehackt

1 Bund Sellerie, gehackt

12 Schalotten, fein gewürfelt

1 kg Champignons, gehackt

10 vollreife Tomaten

3 EL Olivenöl

Salz und schwarzer Pfeffer, grob zerklei-
    nert

500 ml Pernod

1 Bund Spinat

1 Bund frischer Estragon, ohne Stengel,
    Blätter feingehackt

Ein typisches Seegericht, das der Vielfalt des Meeres Reverenz erweist und sich dennoch einfach und schnell zubereiten läßt. Der Geschmack des Estragons verleiht dem Gericht eine ganz besondere Note.

Yabbys und Muscheln gründlich säubern. Schnappergräten mit kaltem Wasser aufsetzen und etwa 20 Minuten zu einem Sud kochen. Beiseite stellen.

Etwas Butter in einer Pfanne schmelzen. Karotte, Sellerie und die Hälfte der Schalotten zufügen. Weich dünsten, dann die Pilze zufügen.

Tomaten blanchieren, häuten, entkernen und das Fleisch würfeln. Mit den restlichen Schalotten in einem sauberen Topf langsam einkochen.

20 Minuten vor dem Servieren die Hälfte des Olivenöls in einer Pfanne erhitzen. Yabbys und Pilzmischung zufügen, mit Salz und zerstoßenem Pfeffer würzen. Nach 3 Minuten mit Pernod ablöschen. Vom Herd nehmen. Yabbyköpfe von den Körpern trennen und gegebenenfalls für einen Fond aufbewahren.

Fischsud durchsieben und in einem Topf bei starker Hitze etwa 5 Minuten reduzieren. Auf kleinere Stufe drehen und das Tomatenconfit, die Kammuscheln und die Yabbys zufügen. Warm halten. Spinat in einer Pfanne mit der restlichen Butter etwas zusammenfallen lassen und mit Salz und Pfeffer würzen. Das restliche Olivenöl in einer Pfanne erhitzen, Mies- und Venusmuscheln zufügen. Die geöffneten Muscheln in den Eintopf geben. Spinat anrichten und etwas Eintopf darüber geben. Direkt vor dem Servieren mit Estragon garnieren.

Für 4 Personen mittel

Graeme Phillips, Küchenchef

Maria-Island-Venusmuscheln
auf Ingwer-Wakame

ZUTATEN

1 EL Erdnußöl

4 Frühlingszwiebeln, feingeschnitten

1 rote Chili, feingehackt

2 Knoblauchzehen, feingehackt

1 EL frischer Ingwer, feingehackt

50 g getrockneter Wakame, eingeweicht,
    gut ausgedrückt und grob geraspelt

5 EL Reisweinessig

1 ½ EL schwarzer Mirin

1 Schuß Sesamöl

36 lebende Venusmuscheln

In diesem Gericht ergänzen asiatische Gewürze die süßen, fleischigen Venusmuscheln und Wakame-Algen. Ein junger Riesling oder Semillon eignet sich dazu am besten.

Für die Ingwer-Wakame-Algen zunächst das Erdnußöl in einer Pfanne erhitzen und Frühlingszwiebeln, Chili, Knoblauch und Ingwer darin andünsten, bis sich ihr Aroma entfaltet. Wakame, Essig und Mirin zufügen, kurz durchrütteln und etwa 30 Sekunden aufkochen lassen. Vom Herd nehmen und abkühlen lassen. Einen Schuß Sesamöl unterziehen.

Die Muscheln 2–3 Minuten kochen, bis sie sich öffnen und sich das Fleisch von den Schalen zu lösen beginnt. Vom Herd nehmen, je eine Schalenhälfte mit Wakame füllen und das Muschelfleisch in die andere Hälfte legen.

Für 6 Personen einfach

FISCH UND MEERESFRÜCHTE 157

Alain Fabrègues, Küchenchef

Gebratene Parkerville-Flußkrebse
mit Zitronensauce

ZUTATEN

4 frische Flußkrebse von je 250g

1 Zitrone

½ Grapefruit

1 Orange

5 EL Gemüsebrühe

100 g Butter, gekühlt und in Würfel geschnitten, plus etwas Butter zusätzlich

Salz und frisch gemahlener schwarzer Pfeffer

16 grüne Bohnen, Fäden und Enden entfernt

8 junge Möhren

1 EL Olivenöl

200 g frische Fettuccine

frischer Kerbel oder Dill

frischer Schnittlauch, feingewiegt

Kaufen Sie die Krebse nach Möglichkeit lebend. Flußkrebse, die vor dem Kochen sterben, setzen eine Körperflüssigkeit frei, die das Fleisch weich und matschig machen kann. Außerdem sollte man gerade dieses Schalentier der eigenen Gesundheit zuliebe wirklich nur ganz frisch verzehren.

Die Flußkrebse in reichlich kräftig kochendes Salzwasser schütten und zugedeckt etwa 1 ½ Minuten kochen lassen. Mit Eiswasser abschrecken. Schale vorsichtig lösen, Scheren aufbrechen und das Fleisch möglichst in einem Stück herauslösen. Den Backofen auf 210 °C vorheizen.

Krebsköpfe waschen und säubern, mit einer scharfen Küchenschere etwas zurechtschneiden. Zum Garnieren beiseite stellen.

Zitrone, Grapefruit und Orange schälen und in Segmente teilen. Weiße Haut und Kerne sorgfältig entfernen. Gemüsebrühe in einem Topf bei starker Hitze aufkochen und Fruchtspalten hineingeben. 5 Minuten kochen. Anschließend im Mixer oder der Küchenmaschine auf höchster Stufe zerkleinern. 100 g Butter zufügen und alles zu einer weichen Sauce verarbeiten. Abschmecken und evtl. Salz oder Pfeffer zufügen. An einem warmen Ort aufbewahren. Die Temperatur darf 55 °C nicht übersteigen, da die Sauce sonst gerinnt.

Bohnen in kochendem Salzwasser blanchieren und mit Eiswasser abschrecken. Mit den Möhren ebenso verfahren.

Flußkrebse nach Geschmack salzen und pfeffern. Einen Bräter erhitzen, 1 Eßlöffel Olivenöl hineingeben und die Krebsschwänze darin rasch anbraten. Anschließend für 5 Minuten in den Ofen schieben. Scheren zufügen und 4 Minuten ruhen lassen.

Die Fettuccine etwa 1 ½ Minuten in reichlich Salzwasser kochen. Gut abtropfen lassen. Etwas Butter, Salz und Pfeffer zugeben. Bohnen und junge Möhen mit 2 Eßlöffel Wasser und etwas Butter erwärmen.

Vor dem Servieren vier Teller vorwärmen. Je ein Viertel der Nudeln mit einer langen Grillgabel aufrollen und als Nester in die Mitte der Teller setzen. Krebsschwänze mit einem scharfen Messer der Länge nach in zwei Stücke teilen. Die Flußkrebse auf den Fettuccine anrichten, so daß die Schwänze ihre Form behalten. Karotten und Bohnen auf beiden Seiten der Krebse anrichten. Die Teller mit je einem Kopf und einem Scherenpaar garnieren. Sauce mit dem Handrührgerät kurz aufschlagen und über den Schwanz und die Nudeln verteilen. Mit Kerbel und Schnittlauch bestreuen und sofort servieren.

Für 4 Personen mittel

Kapitel 5
Barbecues

Alan Saunders
Barbecues

»Warum regen sich Leute, die angeblich alles über Küche und Essen wissen, beim Anblick eines Grills nur so schrecklich auf, obwohl spießgebratenes Fleisch im Balkan und im gesamten Mittelmeerraum zu den Produkten hoher Kochkunst zählt?« fragte Richard Beckett einst in *Convicted Tastes*, seiner erfrischend frechen Darstellung australischer Eßkultur. Eine Antwort könnte lauten, daß der Grill die ureigenste Domäne männlicher Amateurköche ist, einer Kategorie, die niemand so recht einzuordnen weiß.

Das Ansehen von Profiköchen steht außer Frage – sie bilden die Grundpfeiler des Handwerks gerade in Ländern, die wie Frankreich auf eine sehr alte Küchentradition zurückblicken. Wortreich beschreiben die Einleitungen vieler Kochbücher auch die Rolle der Amateurköchinnen, insbesondere der Mütter am Herd (die nur deshalb nicht zu den Profis gezählt werden, weil sie ihre Arbeit unentgeltlich verrichten). Immerhin gesteht man ihnen zu, daß sie mit ihrem Erfindungsreichtum nicht nur eine Familie ernähren, sondern auch die Kochkunst als solche inspirieren. Männliche Amateurköche gelten hingegen noch immer als rechte Plage, als Angeber, die man am besten in den Hinterhof oder Garten verbannt, wo sie wenig Schaden anrichten können.

Zum Glück zeichnet sich hier, wie in anderen Bereichen der Kochkunst, allmählich ein Wandel ab. Bislang bot das Grillen den Herren der Schöpfung häufig die willkommene Gelegenheit, mit allerlei nützlichem Gerät bewaffnet entschlossenen Blicks über rauchende Fleischberge zu wachen. Bei Gerichten wie Lucio Gallettos Gegrillter Polenta mit Pilzen (rechts) dürfte diese Pose indes kaum zum Gelingen beitragen.

Polenta nämlich erfordert eine andere Art der Aufmerksamkeit: Hier muß man eine gute halbe Stunde im Topf rühren und hat wenig Zeit, sich zu produzieren. Die nachfolgenden Rezepte belegen, daß das Grillen als männliches Ritual ausgedient hat. Noch immer huldigen wir Australier auf diese Weise unserer Natur und ihrem wundervollen Klima, aber heutzutage reicht es nicht aus, die Körper toter Tiere aufs Feuer zu legen, sondern wir erwarten vom Resultat auch eine Befriedigung unserer Geschmacksnerven.

Es scheint fast, als müßten wir zukünftig auf spontane Gartengrillfeste verzichten, doch ist Spontaneität in diesem Bereich ohnehin nicht unbedingt ein gutes Zeichen, vor allem, wenn sie uns nur gelegentlich bei gutem Wetter überfällt. Kochen sollte zum Alltag gehören und nicht nur als plötzliche Eingebung über uns kommen. Ein Gericht wie Raymond Capadlis Ganzer Wolfsbarsch mit eingelegten Limetten und Koriander (Seite 169) weist den Weg zu künftigen Grillfreuden, nicht nur, weil hier ein besonders guter australischer Fisch auf den Rost kommt, sondern auch, weil einige Zutaten bereits Monate im voraus zubereitet werden.

Vorherige Seite: Damien Pignolets Gegrillte Lammkeule mit roter Paprika, ein typisch provenzalisches Gericht. Gegrillte Paprika, Knoblauch und Tapenade bilden ein köstliches Ensemble. Das zarte Fleisch stammt aus der Keule, von dort, wo das Hüftgelenk sitzt. Bitten Sie beim Vorbestellen Ihren Metzger, es für sie zuzuschneiden.

Damien Pignolet, Küchenchef

Gegrillte Lammsteaks
mit roter Paprika

ZUTATEN

MARINADE

1 Knoblauchzehe, grob zerdrückt

2 ½ EL Walnuß- oder Olivenöl

2–3 Zweige frische Rosmarinblätter

1 EL grüne Pfefferkörner, leicht
   zerdrückt

1 EL Koriandersamen

2 ½ EL Olivenöl

6 Lammsteaks aus der Keule von je 250 g

6 rote Paprikaschoten

6 Knollen junger Knoblauch

6 Zweige Rosmarin

125 g Tapenade

3 EL kaltgepreßtes Olivenöl

1 EL Balsamicoessig

Salz und frisch gemahlener schwarzer
   Pfeffer

1–2 Bund Rucola, gewaschen und
   verlesen

4–6 Stunden vor Zubereitung der Marinade eine Schüssel mit Knoblauch ausreiben. Die Lammsteaks mit Walnußöl bestreichen, in die ausgeriebene Schüssel legen und mit Rosmarin, Pfefferkörnern und Koriandersamen bestreuen. Olivenöl zufügen, zudecken und kühl stellen.

Den Grill vorbereiten und die Paprikaschoten auflegen, solange noch Flammen züngeln. Rasch grillen, so daß sich die Haut schwarz färbt. Die Paprika in einen Plastikbeutel geben und gut verschließen, damit sich die Haut löst. Knoblauch und Rosmarin über der Glut grillen.

Gewürze vom Lammfleisch entfernen und Fleisch auf den heißen Rost legen. In geringem Abstand vom Feuer grillen, bis die Poren sich schließen, dann etwas höher hängen und bis zur gewünschten Garstufe weitergrillen. Vor dem Tranchieren an einem warmen Ort 10 Minuten ruhen lassen. Während das Fleisch brät, die Paprika im Ganzen schälen. Keinesfalls abspülen, sondern kleine Hautreste lediglich vorsichtig mit feuchtem Küchenpapier entfernen.

Tapenade mit Olivenöl und Balsamico mischen und nach Geschmack mit Salz und Pfeffer abschmecken.

Vor dem Servieren Rucola, Knoblauch und Rosmarin als Bouquet auf jedem Teller anrichten, Paprika und Lammfleisch daneben legen. Mit etwas Tapenadensauce beträufeln und servieren.

Für 6 Personen einfach

Lucio Galletto, Restaurantbesitzer

Gegrillte Polenta mit Pilzen

ZUTATEN

1 l Wasser

Meersalz

175 g Maismehl, mittelgrob

2 Körbchen Shiitake-Pilze

3 EL Olivenöl

Salz und frisch gemahlener schwarzer
   Pfeffer

geriebener Parmesan (Reggiano)

Trüffelöl

Wasser in einem mittelgroßen Topf zum Kochen bringen. 1 Teelöffel Salz hineingeben, Temperatur auf kleinere Stufe herunterdrehen, so daß das Wasser nur noch leise kocht. Maismehl vorsichtig einrieseln lassen und mit dem Quirl verrühren, damit keine Klumpen entstehen. Die Polenta beginnt nun große Blasen zu werfen. Bei niedrigster Temperatur 20–30 Minuten kochen, dabei ständig umrühren, damit nichts anhängt. Die Polenta ist fertig, wenn sie sich vom Topfrand löst.

Abschmecken und auf einem Backblech 2–3 cm dick verstreichen. Abkühlen lassen und in die gewünschte Form schneiden.

Den Grill auf mittlerer Stufe vorheizen und einölen. Polenta und Shiitake-Pilze mit Olivenöl einpinseln, salzen und pfeffern. Von jeder Seite 3 Minuten grillen und nach dem Wenden erneut mit Öl bestreichen.

Vor dem Servieren die Polenta auf vorgewärmten Tellern anrichten und Pilze darauf verteilen. Mit geriebenem Käse bestreuen und mit Trüffelöl beträufeln.

Für 4–6 Personen einfach

BARBECUES 161

Alla Wolf-Tasker, Küchenchefin

Gegrillte Lammsteaks
in würziger Joghurtmarinade mit Tomaten-Kichererbsen-Salat

ZUTATEN

4 Lammsteaks aus der Keule
von je 185 g

WÜRZIGE JOGHURTMARINADE

1 TL Kardamomkapseln

1 TL Nelken

2 TL schwarze Pfefferkörner

1 TL Kurkuma, gemahlen

1 TL Zimt, gemahlen

3 Knoblauchzehen

½ TL Salz

5 kleine rote Chillies

1 Tasse Korianderblätter, gewaschen und
trockengetupft

300 ml Naturjoghurt

2 EL Pflanzenöl

TOMATEN-KICHERERBSEN-SALAT

250 g Kichererbsen, über Nacht
eingeweicht

½ Zwiebel, gehackt

½ Karotte, gehackt

1 Lorbeerblatt

3 EL natives Olivenöl extra

1 Knoblauchzehe, zerdrückt

3 große Schalotten, feingehackt

½ Tasse Korianderblätter, gewaschen und
feingewiegt

4 mittelgroße Tomaten, geschält, entkernt und in Würfel geschnitten

Zitronensaft

Meersalz und schwarzer Pfeffer aus der
Mühle

LINKS: Gegrillte Lammkeule in würziger Joghurtmarinade mit Tomaten-Kichererbsen-Salat. Dazu
passen gegrillte, mit Olivenöl beträufelte Zucchini-
oder Auberginenscheiben und ein würziger Shiraz
aus Victoria.

Verwenden Sie geschmacksintensives Fleisch von Sommerlämmern, denn die Gewürze würden das sanfte Aroma von Frühlingslämmern übertönen. Ich koche die Kichererbsen am Vortag und mariniere dann auch schon das Fleisch, damit es besonders zart und saftig wird.

Für die Marinade Kardamomkapseln, Knoblauch und Pfefferkörner in einer trockenen heißen Pfanne rösten. Gewürze in einer Gewürz- oder Kaffeemühle mahlen oder im Mörser zerstoßen. Alle Zutaten für die Marinade in der Küchenmaschine verarbeiten, zum Schluß den Joghurt und das Öl zufügen. Lammfleisch mit der Marinade bestreichen und über Nacht kühl stellen.

Für den Tomaten-Kichererbsen-Salat die Kichererbsen in einen Topf geben, mit Wasser bedecken und bei mittlerer Hitze aufkochen. Zwiebel, Karotte und Lorbeerblatt zufügen. Mindestens 1 ½ Stunden oder bis zur gewünschten Bißfestigkeit kochen. In der Flüssigkeit abkühlen lassen und anschließend abgießen.

Olivenöl in einer Pfanne erhitzen, Knoblauch und Schalotten zufügen und weich dünsten. Pfanne vom Herd nehmen und etwas abkühlen lassen, dann den Koriander zufügen und vollständig abkühlen lassen. Tomatenwürfel zufügen und mit Zitronensaft, Salz und Pfeffer abschmecken. Zur Kichererbsenmischung geben und vermengen.

Einen Kesselgrill vorbereiten oder den Backofen auf 220 °C vorheizen. Das Lammfleisch aus der Marinade nehmen, trockentupfen, auf den Rost bzw. ein Backblech legen und je nach Dicke etwa 10 Minuten grillen. Vom Grill nehmen, mit Alufolie abdecken, damit das Fleisch warm bleibt, und 15 Minuten ruhen lassen.

Vor dem Servieren in Scheiben schneiden und auf vorgewärmten Tellern mit dem Tomaten-Kichererbsen-Salat anrichten. Dazu paßt frisches Bauernbrot.

Für 4 Personen einfach

Raymond Kersh und Jennice Kersh, Küchenchefs und Restaurantbesitzer

Gegrilltes Lammfilet
mit frischen Kräutern, Pflaumen-Salsa und Rucola-Macadamia-Salat

ZUTATEN

PFLAUMEN-SALSA

500 g Illawarra-Pflaumen, halbiert

200 ml Balsamicoessig

5 EL Honig

1 EL Fischsauce

1 rote Chili, entkernt und feingehackt

1 Lorbeerblatt

200 ml Rotwein

Saft und geriebene Schale von 1 Orange

Saft und geriebene Schale von 1 Zitrone

½ Bund Basilikum

1 Knoblauchzehe, feingehackt

½ rote Zwiebel

10 rosa Pfefferkörner

1 EL Anissamen

1 EL Zitronenmyrte

3 EL Öl

Salz und gemahlener schwarzer Pfeffer

4 Lamm-Medaillons

3 EL Macadamianußöl

1 EL Zitronensaft

1 Bund Rucola (Rauke)

60 g Macadamianüsse

Für die Pflaumensauce die Pflaumen mit Essig, Honig, Fischsauce, Chili, Lorbeerblatt und Rotwein in einen Edelstahltopf geben. Aufkochen lassen, Hitze reduzieren und 15 Minuten köcheln lassen. Vom Herd nehmen und abkühlen lassen. Restliche Zutaten zufügen. In einem verschlossenen Gefäß hält sich die Sauce im Kühlschrank über zwei Wochen.

Anissamen, Zitronenmyrte, Öl, Salz und Pfeffer mischen und Lammfleisch damit einreiben. Zudecken und 2 Stunden bei Zimmertemperatur marinieren.

Macadamianußöl und Zitronensaft verrühren und nach Belieben mit Salz und Pfeffer würzen. Kurz vor dem Servieren die zartesten Rucolablätter verlesen und mit etwas Dressing beträufeln.

Den Grill mittelstark vorheizen. Das Lammfleisch leicht trockentupfen und auf den heißen Rost legen. Zartrosa wird das Lammfleisch innen, wenn Sie es auf einer Seite 3 und nach dem Wenden auf der anderen Seite nochmals 2 Minuten grillen. Gut durchgebratenes Fleisch dauert einige Minuten länger. Fleisch vom Rost nehmen und vor dem Tranchieren 5 Minuten ruhen lassen.

Einige gewaschene und trockengetupfte Rucolablätter auf jedem der vorgewärmten Teller verteilen und das Lammfleisch in Scheiben darauf anrichten. Pflaumensauce neben das Fleisch gießen. Gehackte Macadamianüsse darüber streuen und das restliche Dressing auf dem Lamm verteilen. Sofort servieren.

Für 4 Personen mittel

Diane Holuigue, Food-Autorin und Kochlehrerin

Warmer Salat vom gegrillten Lamm
auf asiatische Art

ZUTATEN

DRESSING

2 EL Pflaumensauce

2 EL helle Sojasauce

1 EL Mirin oder Sherry

3 EL helles Pflanzenöl

1 TL Sesamöl

1 EL Essig

Für das Dressing Pflaumensauce, Sojasauce, Mirin, Pflanzen- und Sesamöl, Essig und evtl. Chiliöl mischen und beiseite stellen. Spinatblätter in eine Schüssel geben. Die grünen Bohnen einige Minuten in kochendem Salzwasser blanchieren. Mit Eiswasser abschrecken, abgießen und zur Seite stellen.

Lammfleisch auf einen Teller legen, rundum mit Char-Sui-Sauce bestreichen und anschließend leicht im Szechuanpfeffer wälzen. Fleisch 30 Minuten ruhen lassen und anschließend auf einem heißen gewellten Eisenrost oder in einer dünn mit Öl ausgestrichenen Pfanne etwa 2 ½ Minuten auf der einen und 1 ½ Minuten

164 BARBECUES

einige Tropfen Chiliöl, nach Belieben

junger Spinat, Tatsoi und Rucola für
    4 Personen

18 grüne Bohnen, geputzt

3 Lamm-Medaillons, gut zugeschnitten

4 EL chinesische Char-Sui-Sauce oder
    Pflaumensauce

4 EL Szechuanpfefferkörner, fein
    zerstoßen

3 EL Pflanzenöl

12 Austernpilze

15 Zuckererbsenschoten, diagonal in
    zwei Hälften geschnitten, geputzt

3 EL Bohnensprossen

6 Wasserkastanien, geschnitten

auf der anderen Seite braten, so daß das Fleisch innen rosa und außen braun ist. Unter einer Schüssel 2–3 Minuten ruhen lassen.

In der Zwischenzeit das Öl in einer kleinen Pfanne erhitzen und die Pilze darin braten. Vom Herd nehmen und zum Salat geben. Zuckererbsen und blanchierte Bohnen 30 Sekunden sautieren, bis sie warm sind und leicht Farbe angenommen haben. Bohnensprossen und Wasserkastanien zufügen, kurz durchrütteln und alles zum Salat geben.

Dressingzutaten gut durchschütteln und über dem Salat verteilen. Diesen mischen und auf jedem Teller zu einem Bett anrichten. Fleisch in diagonale Streifen schneiden und auf dem Salat verteilen. Sofort servieren.

Für 6 Personen einfach

Matthew Moran, Küchenchef

Lendensteak vom Holzkohlengrill
mit Kartoffelpüree und Salsa Verde

ZUTATEN

6 Kartoffeln, geschält

Salz

50 g Butter

½ TL frisch gemahlener schwarzer Pfeffer

125 ml Sahne, erwärmt

4 dicke Lendensteaks von je 250 g

Olivenöl

frisch gemahlener schwarzer Pfeffer

4 EL Demiglace, erwärmt

SALSA VERDE

½ Bund glatte Petersilie

3 hartgekochte Eier

10 Anchovis

4 Knoblauchzehen

2 Scheiben Brot ohne Kruste, in Milch
    eingeweicht und vorsichtig ausgedrückt

2 EL Kapern

50 g Parmesan

5 EL Olivenöl

Saft von 5 Zitronen

Salz und frisch gemahlener schwarzer
    Pfeffer

Kaufen Sie nach Möglichkeit dicke Lendensteaks, und bringen Sie sie vor dem Kochen auf Zimmertemperatur. Anstelle von Demiglace können Sie auch reduzierten dunklen Kalbsfond verwenden.

Für das Kartoffelpüree die Kartoffeln in einem Topf mit kaltem Wasser bedecken. Auf Wunsch Salz zufügen und zum Kochen bringen. Zudecken und 20–25 Minuten bis zur gewünschten Festigkeit kochen. Wasser abgießen, Kartoffeln bei geringer Wärmezufuhr etwa 1 Minute trocknen lassen. Vom Herd nehmen und mit dem Kartoffelstampfer zerkleinern. Butter und Pfeffer zufügen. Abermals leicht erwärmen, mit einem Holzlöffel gut durchrühren und nach und nach etwas warme Sahne zufügen, bis das Püree leicht und flockig ist.

Während die Kartoffeln kochen, die Salsa verde zubereiten. Dazu alle Zutaten in der Küchenmaschine zu einer Paste verarbeiten.

Holzkohlengrill vorbereiten. Achten Sie darauf, daß keine Flammen mehr züngeln, sondern nur noch heiße Glut vorhanden ist, oder bereiten Sie die Steaks auf dem Gasgrill zu. Fleisch mit Olivenöl und Pfeffer einreiben und 8–10 Minuten auf beiden Seiten grillen. An einem warmen Ort 15 Minuten ruhen lassen.

Die Steaks mit dem Kartoffelpüree auf vorgewärmten Tellern anrichten. Erwärmte Demiglace und etwas Salsa verde über das Fleisch geben.

Für 4 Personen einfach

Oben: Gnocchi aus Süßkartoffeln mit brauner Buttersauce (Seite 65). »Meine Tochter Suzanne ist eine so hervorragende Köchin, daß wir unsere Essen gemeinsam planen. Sie bereitet die köstlichen Gnocchi vor, so daß wir am Tag, an dem die Gäste kommen, nicht mehr viel zu tun haben.«

Rechts: Gegrillter Lachs mit Wasabi-Kartoffelpüree (Seite 172) wird mit sommerlichen Salatblättern serviert. »Solch ein Essen im Kreise meiner Familie ist meine Vorstellung vom vollkommenen Glück«.

Margaret Fulton

Kochen als Leidenschaft

»Ich weiß, daß die Scones fertig sind, weil sie oben goldbraun sind.« »Sie haben einen ganz bestimmten Geruch«, warf einer ein. »Ja, genau, sehr lecker.« Dann klopfte ich auf die Scones: »Hört genau zu, wie sie klingen.«

»Als ich in meinem ersten Job bei den Gaswerken arbeitete, bat man mich, einer Gruppe von Blinden Kochunterricht zu erteilen. Damals lernte ich, alles, was ich tat, klar und verständlich zu beschreiben. Dieses Seminar war ein Wendepunkt in meiner beruflichen Laufbahn, denn ich tat etwas Nützliches, das mir wirklich Freude bereitete. Und ich entdeckte meine pädagogischen Fähigkeiten.«

Margaret Fulton hat ganzen Generationen beigebracht, wie man gut kocht und feines Essen würdigt. Über 35 Jahre lang schrieb sie allwöchentlich eine Kolumne für ein Frauenmagazin. Ihr Margaret Fulton's Cookbook verkaufte sich über eine Million mal.

»Meine Liebe zum Kochen entwickelte sich zuerst und vor allem beim Essen all der köstlichen Dinge, die aus der Küche meiner Mutter kamen. Ein junges, in Butter gebratenes Hühnchen mit goldbrauner Haut und zartschmelzendem Fleisch war ein Fest für Augen und Seele.«

Margaret Fulton absolvierte eine Ausbildung an der East Sydney Technical School bei Jules Weinberg, der sich damals am großen französischen Küchenchef Escoffier orientierte. Während Margaret Fulton die Techniken der hohen Schule erwarb, entdeckte sie gleichzeitig die feine französische Hausmannskost und war hingerissen – noch heute erinnert sie sich genau, wie sie zum ersten Mal hausgemachte Mayonnaise probierte.

Margaret Fulton verdankt ihren Erfolg unter anderem der Fähigkeit, komplexe Vorgänge zu ver-

LINKS: Louise Gibbs, Adrian Smith, Margaret Fulton, Kate, Suzanne und Robert Gibbs (v.l.n.r.) genießen ein wundervolles Essen.

einfachen und Gerichte zu entwerfen, die jeder nachkochen kann. Rezepte von Margaret Fulton gelingen immer. Viele Küchenchefs und Food-Autoren haben von ihr gelernt; kleine, spezialisierte Erzeuger hat sie ermuntert, ihre Arbeit fortzusetzen. Ohne eine kenntnisreiche Zuhörerschaft hätte die Revolution in der australischen Küche nie stattgefunden. Danke Margaret!

»Ich mag die Kunst und Tradition des Essens. Ich liebe es, wenn etwas perfekt gelingt.«

OBEN: Salat aus Artischocken, Bohnen und Kartoffeln (Seite 89), eine perfekte Vorspeise für ein Essen im Freien. »Ich hatte eine Kiste Artischocken da, deshalb entschied ich mich für Artischocken mit Kartoffeln und grünen Bohnen, eines meiner Lieblings-Herbstgerichte.«

BARBECUES 167

Neil Perry, Küchenchef

Rumpsteak
mit Salat von gegrilltem Gemüse und Sardellenbutter

ZUTATEN
SARDELLENBUTTER
250 g Butter
125 g Sardellen
Zitronensaft
frisch gemahlener schwarzer Pfeffer

2 etwa 5 cm dicke Rumpsteaks
  von je 625 g
Olivenöl
Meersalz

GEGRILLTES GEMÜSE
100 ml Olivenöl
6 Scheiben Fenchel
1 große rote Zwiebel, geschält und in
  1 cm breite Ringe geschnitten
3 Knoblauchzehen, zerdrückt
6 große Wiesenchampignons, in 1 cm
  dicke Scheiben geschnitten
5 gekochte Pellkartoffeln (festkochende
  Sorte), geschält
4 EL natives Olivenöl extra
Saft von 2 Zitronen
Meersalz und frisch gemahlener
  schwarzer Pfeffer

Wir in Rockpool hängen unser Rindfleisch selbst ab. Bitten Sie Ihren Metzger, eine stehende Rippe für Sie abzuhängen, das Fleisch reicht für sechs bis acht Personen. Filet ist zarter; ich bevorzuge aber die geschmacksintensiveren Stücke aus dem Rumpf. In Rockpool schneiden wir das Fleisch in sehr große Steaks und grillen jeweils zwei Portionen auf einmal. Auf diese Weise können wir es länger auf dem Grill lassen, so daß es eine wirklich krosse, rauchige Kruste bekommt und dennoch im Innern zart und blutig bleibt. Sardellenbutter, Fleisch und gegrilltes Gemüse sind zusammen ein Gedicht. Wenden Sie das Fleisch nur einmal.

Butter mit Sardellen in der Küchenmaschine zu einer homogenen Masse verarbeiten. Nach Geschmack mit Zitronensaft und Pfeffer würzen. Sardellenbutter in Frischhaltefolie zu einer Rolle formen und in den Kühlschrank legen. Vor dem Servieren herausnehmen und der Breite nach in sechs Scheiben schneiden. Beim Servieren sollte die Butter Zimmertemperatur haben.

Holzkohlen- oder Gasgrill vorbereiten. Beim Holzkohlengrill das Fleisch erst auflegen, wenn keine Flammen mehr züngeln und eine weiße Schicht die heiße Glut bedeckt.

Die Steaks mit Olivenöl bepinseln, großzügig salzen und auf den Rost legen. Auf einer Seite etwa 10 Minuten grillen, wenden und auf der anderen Seite noch einmal 8 Minuten grillen. Auf eine Platte legen und an einem warmen Ort etwa 15 Minuten ruhen lassen.

Für das gegrillte Gemüse den Rost mit Olivenöl bestreichen und mit einem Tuch abreiben. Fenchel mit Öl bestreichen und auf den Rost legen. 3 Minuten grillen, dann vom Feuer nehmen. Nun die leicht geölten Zwiebelringe auf den Rost geben und den Knoblauch darauflegen. Wiesenchampignons mit Öl bestreichen und ebenfalls auf den Rost legen. Nach einigen Minuten wenden. Weiche Pilze, Zwiebeln, Knoblauch und Fenchel in eine Schüssel geben. Die noch warmen Kartoffeln zufügen. Olivenöl und Zitronensaft zufügen, nach Geschmack salzen, pfeffern und kurz mischen.

Vor dem Servieren den Gemüsesalat in Portionen auf sechs großen weißen Tellern anrichten. Fleisch in dünne Scheiben schneiden und auf den Salat legen. Ausgetretenen Saft von der Platte über das Fleisch träufeln, eine Scheibe Sardellenbutter darauflegen und etwas Pfeffer darüber mahlen. Sofort servieren.

Für 6 Personen mittel

Raymond Capadli, Küchenchef

Ganzer Wolfsbarsch
mit eingelegten Limetten und Koriander

ZUTATEN
EINGELEGTE LIMETTEN
6 große grüne Limetten
3 EL Salz
2 EL Senfkörner
150 ml Olivenöl
4 Knoblauchzehen, in Scheiben
1 Stück Ingwer, 3 cm lang, geschnitten
1 EL Koriander, gemahlen
1 EL Chilipulver
1 EL Fenchelsamen
1 EL Kreuzkümmel
1 EL frische Kurkuma oder
   1 TL Kurkumapulver
6 Curryblätter

1 Bund frischer Koriander, gehackt
Schale von 3 Zitronen
1 TL Ingwer, feingehackt
1 TL Knoblauch, gehackt
150 ml Olivenöl
2 kg Wolfsbarsch, küchenfertig
Meersalz und frisch gemahlener
   schwarzer Pfeffer

Wolfsbarsch fängt man in den küstennahen Flüssen und Mündungsgebieten Nord-australiens. Sein saftiges Fleisch hat eine schöne Konsistenz und schmeckt köstlich. Natürlich kann man auch jeden anderen großen, hochwertigen Fisch verwenden, aber nichts schmeckt so gut wie wilder, frischer Wolfsbarsch.

Die Limetten in einem Edelstahltopf mit kochendem Wasser übergießen und 20 Minuten ziehen lassen. Wasser abgießen, jede Limette in 6 Stücke schneiden und mit Salz einreiben. Limetten in einem Glasgefäß gut verschließen. 6 Tage an einem warmen Ort oder in der Sonne stehen lassen, bis die Limetten weich sind.

Senfkörner unter dem heißen Ofengrill rösten, bis sie ihr Aroma entfalten. Öl erhitzen, Senfkörner, Knoblauch, Ingwer, Koriander, Chilipulver, Fenchelsa-men, Kreuzkümmel, Kurkuma und Curryblätter zufügen und 2 Minuten anbra-ten. Limetten mit der gesamten ausgetretenen Flüssigkeit zufügen und bei gerin-ger Hitze 40–60 Minuten unter gelegentlichem Rühren kochen, bis sie gar sind und die Flüssigkeit eindickt. In einem sterilisierten Einmachgefäß bleiben die Li-metten mehrere Monate haltbar.

Korianderzweige in einer Schüssel mit Zitronenschale, Ingwer, Knoblauch und Öl mischen und 4 Stunden ruhen lassen.

Den Fisch mit der Ölmischung bestreichen, salzen und pfeffern. Das Schwanz-ende mit Alufolie umwickeln. Auf den Rost legen und immer wieder mit Marina-de bestreichen. Kurz bevor der Fisch gar ist, die Alufolie entfernen, so daß der Schwanz mitbrät. Mit Kartoffel- oder Rucolasalat und eingelegten Limetten ser-vieren.

Für 4 Personen mittel

Michael Lambie, Küchenchef

Zucchini-Chutney für Meeresfrüchte

ZUTATEN
3 EL Olivenöl
4 Zucchini, feingewürfelt
2 Zwiebeln, feingewürfelt
1 Knoblauchzehe, feingehackt
3 EL weicher brauner Zucker
1 EL Tomatenmark
4 EL Worcestersauce
250 ml Weißweinessig
Salz und gemahlener schwarzer Pfeffer
5 EL natives Olivenöl extra

Dieses pikante Chutney paßt vorzüglich zu jeder Art von gebratenem Fisch, zu Kammuscheln und Garnelen.

Das Olivenöl in einem Topf erhitzen. Zucchini, Zwiebeln und Knoblauch zufügen und 5 Minuten dünsten. Braunen Zucker, Tomatenmark, Worcester-sauce und Essig zugeben und weitere 8 Minuten garen. Mit Salz und Pfeffer abschmecken.

Vom Herd nehmen und das restliche Olivenöl zufügen.

Für 6–8 Personen einfach

Stephanie Alexander, Küchenchefin und Food-Autorin

Grillgemüse

Im Richmond Hill Café and Larder servieren wir das köstliche Grillgemüse garniert mit Labnakugeln, unserem hauseigenen Joghurtkäse.

RECHTS: Grillgemüse, eine besonders köstliche Zubereitungsart. Nötig sind ausgezeichnete Zutaten und sorgfältige Planung, denn die Gemüsesorten haben unterschiedliche Garzeiten. Servieren Sie das Gemüse mit etwas Kalbfleisch oder als eigenes Gericht. Sie können das Gemüse vor dem Servieren kurz im sehr heißen Ofen oder auf dem Grill aufwärmen. Mit Olivenöl und Balsamico beträufeln und großzügig mit gehackter Petersilie bestreuen.

Wählen Sie verschiedene Sorten aus. Einige erfordern etwas Vorbereitung.

Paprika: Halbieren, entkernen, dünn mit Öl bestreichen und grillen, bis sich die Haut schwarz färbt. Schälen und in dicke Streifen schneiden.

Auberginen: In dicke Scheiben schneiden, dünn mit Salz bestreuen und 1 Stunde ziehen lassen. Abspülen, trockentupfen, mit Olivenöl bestreichen und weich grillen.

Pilze: Die aufgeschnittenen Pilze auf der flachen Seite mit Öl bestreichen und im Backofen grillen, bis sie Blasen werfen. Mit Salz und frisch zerstoßenem Pfeffer bestreuen und mit Zitronensaft beträufeln.

Kürbis: In dicke Scheiben schneiden, dünn mit Öl bestreichen und weich grillen.

Zwiebeln: In schmale Stücke schneiden, mit Öl bestreichen und weich braten. Vor dem Servieren auf dem Holzkohlengrill erwärmen und leicht kroß braten.

Zucchini: In dicke Scheiben schneiden, mit Öl bestreichen und weich grillen.

Kirschtomaten: Im Ofen braten oder in einem Topf auf dem Herd garen.

einfach

Graeme Phillips, Küchenchef

Marinierte Wachteln
auf Rucola-Parmesan-Salat

ZUTATEN

MARINADE

1 große Handvoll frischer Thymian
6 Knoblauchzehen
geriebene Schale von 1 Zitrone
3 EL Balsamicoessig, gute Qualität
200 ml natives Olivenöl extra

12 Wachteln, entbeint
200 g italienischer Schinken, dünn geschnitten
1 Bund Rucola, gewaschen und trockengeschleudert
2 Bund glatte Petersilie
100 g Parmesan, gehobelt
frisch gemahlener schwarzer Pfeffer

Einfach, schnell und leicht, dabei köstlich im Geschmack – eine perfektes Sommergericht für draußen. Dazu ein leichter Pinot oder ein kühler Chardonnay.

Die Thymianblättchen von den Stengeln streifen, Knoblauch zerdrücken und alle Zutaten für die Marinade mischen. Wachteln mindestens 2 Stunden, am besten über Nacht marinieren. Zudecken und kühl stellen.

Die Wachteln abtropfen lassen, aber nicht trockentupfen. Marinade aufbewahren. Flaches Grillblech gut vorwärmen. Wachteln mit der Haut nach unten 1 Minute braten. Wenden und weitere 2–3 Minuten braten, dabei Fleisch evtl. etwas flachdrücken, damit der Saft austritt und karamelisiert. Schinken auf dem Grill kroß braten. Marinade abgießen, dabei die festen Bestandteile gut auspressen und die Flüssigkeit als Dressing verwenden. Rucola und Petersilie in ein Mischgefäß geben, Dressing darüber gießen, mit Schinken bestreuen und mischen.

Vor dem Servieren Salat auf Tellern anrichten, Wachteln darauflegen, mit Parmesan bestreuen und großzügig pfeffern.

Für 6 Personen einfach

Martin Webb, Küchenchef

Gegrillte Muscheln
mit süßem Chiliessig

ZUTATEN

SÜSSER CHILIESSIG

125 ml Weißweinessig

100 g extrafeiner Streuzucker

2 ½ EL Limettensaft

2 EL Fischsauce (nam pla)

1 kleine rote Chili, dünn geschnitten

2 Schalotten

1 Stück Gurke, 5 cm lang, in kleine
    Würfel geschnitten

1 EL frische Korianderblätter

2 kg Muscheln

*Süße, schwarzschalige Muscheln mit süß-saurem Dip – eine einfache und köstliche
Vorspeise. Ebenso können Sie auch andere Schalentiere auf dem Grill zubereiten.*

Essig und Zucker in einem Topf aufkochen, umrühren und vom Herd nehmen.
Abkühlen lassen, dann Limettensaft, Fischsauce, Chili, Schalotten und Gurke zufügen. Koriander einrühren, in ein Serviergefäß füllen und beiseite stellen.

Den Grill auf mittlerer Stufe vorheizen. Muscheln auf den Rost legen und
lose mit Alufolie oder dem Deckel des Kesselgrills zudecken. Nach 5–6 Minuten
öffnen sich die Muscheln. Nicht geöffnete Muscheln entfernen.

Muscheln mit süßem Chiliessig als Dip servieren.

Für 4 Personen einfach

Margaret Fulton, Food-Autorin

Gegrillter Lachs
mit Wasabi-Kartoffelpüree

ZUTATEN

750 g Kartoffeln, geschält und halbiert

1 TL Salz

250 ml heiße Milch, plus etwas Milch
    zusätzlich

2 TL Wasabipulver

1 Stück Butter

Meersalz und frisch gemahlener
    schwarzer Pfeffer

4 dicke Atlantiklachs-Filets
    oder -Koteletts

Pflanzenöl

1 TL Limetten- oder Zitronensaft

1 EL helles Olivenöl

fritierte Kerbelzweige, nach Belieben

Kartoffeln in einen großen Topf geben, Salz zufügen, mit Wasser bedecken und
zum Kochen bringen. 15 Minuten weich kochen, abgießen und über der heißen
Herdplatte trockenschütteln. Mit dem Kartoffelstampfer (nicht in der Küchenmaschine oder mit dem Pürierstab) zerkleinern oder durch ein Sieb drücken. Milch
einrühren, 1 Teelöffel Wasabipulver zufügen, salzen und pfeffern. Das Püree bleibt
warm und flockig, wenn Sie es im Topf glattstreichen, 3 Eßlöffel Milch und ein
Stück Butter daraufgeben und den Topf fest verschließen.

Lachs vorsichtig abspülen und trockentupfen. Grill oder geriffelte Grillpfanne
auf mittlerer Stufe erwärmen und mit Öl bestreichen. Wenn das Öl heiß ist, aber
noch nicht raucht, Lachs dünn mit Pflanzenöl bestreichen und auf den Rost oder
in die Pfanne legen. Etwa 6 Minuten grillen, dabei einmal wenden.

Restliches Wasabipulver erst mit Zitronensaft mischen, dann mit Öl verrühren.

Vor dem Servieren Kartoffelpüree auf vier vorgewärmten Tellern verteilen.
Haut der Lachsfilets entfernen und Fisch auf dem Püree anrichten. Soll der Fisch
Rostabdrücke aufweisen, einige Grillspieße über dem Feuer glühend heiß werden
lassen und kurz auf den Fisch drücken. Evtl. mit Kerbel verzieren. Etwas Wasabi-

mischung auf den Tellerrand träufeln und je nach Jahreszeit mit grünem Gemüse servieren.

Für 4 Personen einfach

Chris Taylor, Küchenchef
Gegrillter Thunfischbauch
mit Austern und Zitrus-Soja-Dressing

ZUTATEN

4 Thunfischbauchsteaks von je 150 g
2 EL Mirin
2 EL helle Sojasauce
1 EL frischer Ingwer, zerdrückt
1 Knoblauchzehe, zerdrückt
2 EL Pflanzenöl
100 g Bohnenkeime
1 Knoblauchzehe, zerdrückt
8 Austern
Schale von 1 Mandarine, in feine Streifen geschnitten

ZITRUS-SOJA-DRESSING

2 ½ EL Dashi-Brühe (½ TL Instant-Dashi in heißem Wasser auflösen)
1 EL Mirin
1 EL Sojasauce
Saft von 1 Zitrone
Saft von 1 Mandarine

Den Thunfisch 30 Sekunden in Mirin, Sojasauce, Ingwer und Knoblauch marinieren. Thunfisch aus der Marinade nehmen und überschüssige Flüssigkeit abgießen. Grill oder geriffelte Grillpfanne stark erhitzen. Fisch etwa 3 Minuten auf jeder Seite grillen und dabei durch Drehen um 90° auf dem Rost ein Karomuster auf der Haut bilden. Vom Grill nehmen und warm stellen.

Für das Zitrus-Soja-Dressing die Dashi-Brühe in einem kleinen Topf erwärmen. Mirin und Sojasauce zufügen. Vom Herd nehmen und warm stellen. Kurz vor dem Servieren Zitronen- und Mandarinensaft zufügen.

Einen Wok vorheizen und Pflanzenöl hineingeben. Bohnenkeime, Knoblauch und Ingwer unter Rühren kurz anbraten. Auf vorgewärmten Tellern anrichten. Thunfisch in 1 cm dicke Scheiben schneiden und auf den Bohnensprossen verteilen. Austern in das heiße Zitrus-Soja-Dressing tauchen, damit sie sich erwärmen. 2 Austern auf jeden Teller legen, mit Zitrus-Soja-Dressing beträufeln und mit Mandarinenschale garnieren. Sofort servieren.

Für 4 Personen einfach

Gary Cooper, Küchenchef

Gegrillte Piri-Piri-Garnelen

auf Daikon-Kuchen mit einem Salat von eingelegter Gurke und geräucherter Teebutter

ZUTATEN
DAIKON-KUCHEN
1 kg Daikon-Rettich
300 g Reismehl
1 TL Salz
1 TL Zucker

EINGELEGTE GURKE
1 Salatgurke
125 g Zucker
125 ml Cocoa-Essig oder Palmessig
   zum Einlegen

GERÄUCHERTE TEEBUTTER
⅛ l Wasser
2 EL Lapsang-Souchong-Tee
8 EL Butter
¼ TL Ingwer, gemahlen
2 EL frischer Schnittlauch, gehackt
Salz

Öl für den Grill
8 frische rohe Riesengarnelen (King
   Tiger Prawns) oder 16 mittelgroße
   Banana-Prawns, geschält, ohne Darmfaden, aber mit Kopf
1 TL Paprika edelsüß
1 TL Cayennepfeffer
1 Frühlingszwiebel, feingeschnitten
Koriander, frisch gehackt

Der weiche, typisch asiatische Daikon-Kuchen nimmt den Chiligarnelen die Schärfe. Knackige Garnelen und Rettichkuchen sind ein außergewöhnliches Grillgericht. Die südafrikanische Würzmischung Piri-Piri besteht aus Cayennepfeffer und edelsüßem Paprikapulver. Die Mischung 1:1 ist mittelscharf; nur wer es wirklich scharf liebt, sollte Pfeffer und Paprika im Verhältnis 2:1 mischen. Daikon-Kuchen und Teebutter können Sie problemlos ein bis zwei Tage im voraus zubereiten.

Für den Daikon-Kuchen eine Kuchenform (20 cm Durchmesser) mit Öl auspinseln und mit Backpapier auslegen. Daikonrettich mit der feinen Reibe der Küchenmaschine raspeln. In einer Schüssel mit Mehl, Salz und Zucker vermengen. Mischung in die Form geben und mit Alufolie bedecken. Form in einen Dampfeinsatz aus Bambus oder Metall stellen, in einen Topf mit kochendem Wasser einhängen und 1 Stunde dämpfen. Abkühlen lassen.

Die Gurke mit dem Gurkenhobel in eine Schüssel reiben; Zucker und Essig zufügen und 30 Minuten ruhen lassen.

Wasser zum Kochen bringen. Den Tee ins Wasser schütten, 20 Minuten ziehen lassen, durch ein Baumwolltuch seihen, Teeblätter ausdrücken, dunklen Extrakt auffangen. In der Küchenmaschine Butter, Ingwer, Schnittlauch, Salz und Tee-Extrakt verarbeiten. Butter zu einer länglichen Rolle formen, in Frischhaltefolie einschlagen und kühl stellen.

Daikon-Kuchen in Stücke schneiden. Den Grillrost mit Öl bestreichen. Die Garnelen in der Piri-Piri-Mischung wälzen. Daikon-Stücke leicht rösten, dann die Garnelen auf jeder Seite 90 Sekunden grillen.

Vor dem Servieren die eingelegte Gurke in der Mitte der Teller anrichten. Daikon-Kuchen darauflegen. Garnelen darüber legen und mit einem Stück Teebutter abschließen. Mit Frühlingszwiebeln und Koriander garnieren und sofort servieren.

Für 4 Personen mittel

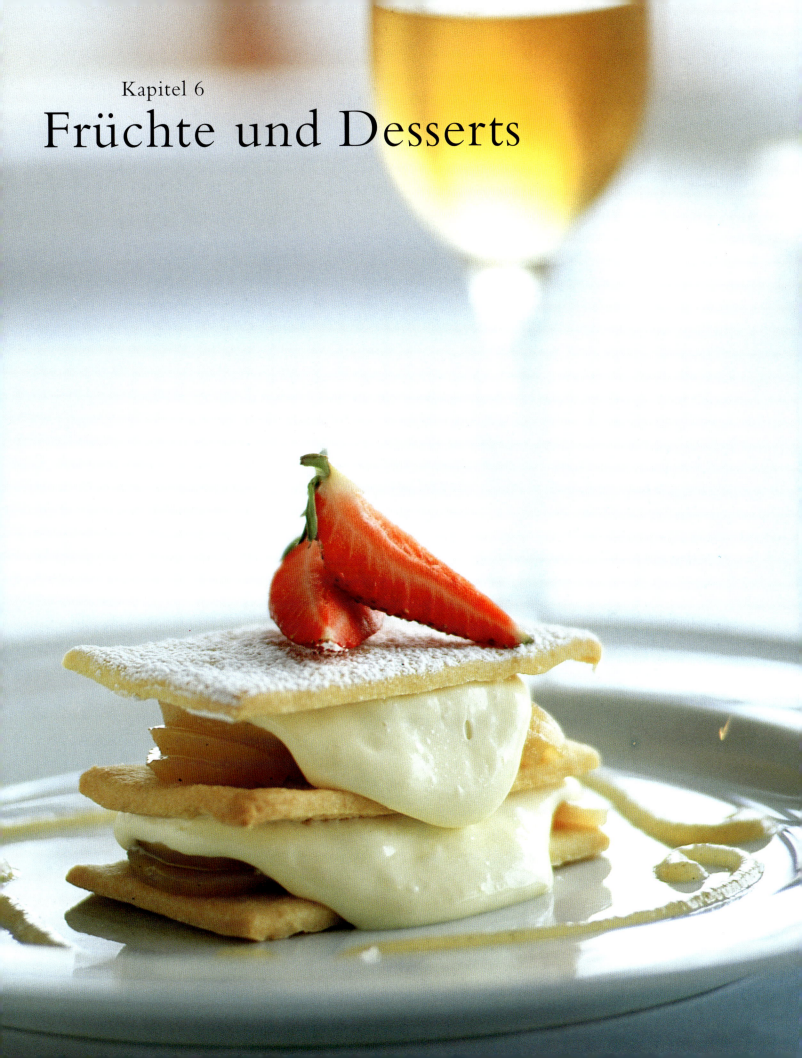

Kapitel 6
Früchte und Desserts

Alan Saunders
Früchte und Desserts

DIE AUSTRALIER HATTEN SCHON IMMER EINE VORLIEBE FÜR SÜSSES. Ganz zu Anfang galt Zucker als Gewürz; zu Beginn der Kolonialzeit gehörte er zu den Luxusgütern. Bald schon zählte der Zucker jedoch zu den wichtigsten Kalorienlieferanten: Um 1830 verteilte man in dem an Läden armen, weitläufigen Land Wochenrationen von zehn Pfund Fleisch und Mehl, zwei Pfund Zucker sowie vier Unzen Tee an die Landarbeiter. Besonders die Zuckermenge überrascht, erhielt doch ein britischer Arbeiter gerade einmal die Hälfte davon. Der Zuckerkonsum war schädlich für die Zähne, beeinflußte aber Eßkultur und -verhalten, weil es zum Beispiel an Wochenenden häufig Süßes gab.

Der scharfsinnige Beobachter Hal Porter berichtet, daß seine Mutter um 1920 jeden Samstagnachmittag mit Backen verbrachte. Leere Keksdosen oder Kuchenformen waren völlig undenkbar, und ständig roch es nach Obstkuchen, Rosinentörtchen und Banburies, Dattelrollen und Ingwernüssen. »Wenn sie auf diese Weise für den alltäglichen Grundbestand gesorgt hatte«, fügt er hinzu, »wandte sie sich den feineren und teureren Gaumenfreuden zu, die den sonntäglichen Teealtar zierten, wie prachtvolle, rasch vergängliche Lilien.« Windbeutel, Eclairs und dreistöckige Biskuittorten mit Puderzucker und glasierten Kirschen waren für Porters Eltern der Beweis, »daß man das Leben auf der Basis eines hart erarbeiteten und somit redlich verdienten Überflusses genießen durfte«.

Bis heute blieben Desserts und der gesamte Bereich süßer Speisen als einziges Erbteil der britischen Eßkultur von der Kritik jener Puristen verschont, die eine rein australische Küchentradition einfordern. In Asien – Thailand und Indien ausgenommen – spielen Desserts eine eher untergeordnete Rolle, weshalb der ferne Osten zum Abschluß eines australischen Menüs wenig beiträgt. Unsere Dessertrezepte stammen hauptsächlich aus Nordeuropa, auch wenn sie (wie etwa Vic Cherikoffs Bread and Butter Pudding, Seite 192) einheimische Zutaten verwenden. Stephanie Alexanders Mandelkuchen auf Rhabarber-Beeren-Sagosauce (Seite 205) wurzelt in der Tradition der deutschen Protestanten, die das Rezept im 19. Jahrhundert aus ihrer Heimat mit ins südaustralische Barossa Valley brachten.

Auch traditionelle europäische Desserts lassen sich natürlich mit Hilfe asiatischer Zutaten verändern. Geneviève Harris' Kokosnuß-Aprikosen-Pudding mit Kokosnuß-Zuckersirup (Seite 185) verwendet Kokosnußmilch, Kokosnußzucker und Pandanblatt in einem typisch nordenglischen Nachtisch. Dieses Dessert zeigt, auf welche Weise verschiedene Kulturtraditionen jedes moderne australische Essen bereichern können.

VORHERIGE SEITE: Guillaume Brahimis Pochierte Birnen mit Zimteis und Vanillecoulis. Die Birnen für das leichte Dessert schmecken im Winter am besten. Zimteis und Vanillecoulis bilden die perfekte Ergänzung.

Guillaume Brahimi, Küchenchef

Pochierte Birnen
mit Zimteis und Vanillecoulis

ZUTATEN

4 Birnen, plus 2 zusätzlich

1 Zitrone, halbiert

250 ml Wasser

200 g Zucker, plus 1 ½ EL extra

3 Zimtstangen

200 ml Milch

200 ml süße Sahne

½ TL gemahlener Zimt

6 Eigelb

200 ml Crème double

BLÄTTERTEIG

200 g weiche Butter

100 g Zucker

1 großes Ei, verquirlt

½ TL Salz

½ TL Vanillezucker mit echter
    Bourbon-Vanille

250 g Mehl

2 EL gemahlene Mandeln

Puderzucker zum Garnieren

Erdbeeren zum Garnieren

Ich serviere das Dessert mit Blätterteig geschichtet; Sie können es jedoch auch auf einfachere Art oder ganz ohne Blätterteig reichen.

Alle Birnen schälen und mit einer Zitronenhälfte einreiben, damit die Früchte sich nicht färben. Wasser, 200 g Zucker und Zimtstangen in einen Topf geben und bei mittlerer Hitze erwärmen, bis der Zucker sich aufgelöst hat und die Flüssigkeit zu köcheln beginnt. Die Birnen in den Sirup geben, zudecken und bei mittlerer Hitze weiter kochen. Birnen nach etwa 15 Minuten oder sobald sie gar sind aus dem Topf nehmen. Sirup warm halten.

Für die Coulis die beiden restlichen Birnen in Stücke schneiden. In der Küchenmaschine pürieren, dann langsam zum Sirup geben, während dieser noch auf dem Herd steht.

Milch mit Sahne und gemahlenem Zimt aufkochen. Eigelbe und restlichen Zucker in einem Gefäß verrühren. Milch auf die Ei-Zucker-Mischung gießen und gut rühren. Alles in den Topf zurückfüllen und erwärmen, bis die Mischung zu stocken beginnt. Keinesfalls kochen lassen. In eine Schüssel gießen und zum Abkühlen auf Eis stellen. Erst dann die Crème double einrühren. In der Eismaschine nach Anweisung zubereiten oder in einer mit Alufolie abgedeckten, metallenen Eisform auf kältester Stufe ins Eisfach stellen. Wenn das Eis gefroren ist, bei normaler Kühltemperatur in den Kühlschrank stellen.

Für das Blätterteiggebäck den Backofen auf 170 °C vorheizen. Butter, Zucker, Eier, Salz und Vanillezucker in einer großen Rührschüssel oder in der Küchenmaschine verarbeiten.

Mehl nach und nach mit den gemahlenen Mandeln über die Buttermischung sieben. Nicht zu stark kneten, da der Teig sonst hart wird. Teig in zwei gleich große Portionen teilen und jede zu einer Platte formen. Teigplatten in Frischhaltefolie einschlagen und mindestens 1 Stunde (besser über Nacht) in den Kühlschrank legen.

Eine Teigportion aus dem Kühlschrank nehmen und 4 mm dick ausrollen. In 7 x 3 cm große Rechtecke schneiden und im Ofen etwa 15 Minuten goldbraun backen.

Vor dem Servieren ein Stück Blätterteiggebäck auf jeden Teller legen. Mit Birnenscheiben, dann mit Eiscreme bedecken. In dieser Reihenfolge weitermachen und mit einer Blätterteigplatte abschließen. Mit Puderzucker bestreuen. Coulis um das Dessert träufeln, mit Erdbeervierteln garnieren.

Für 4 Personen mittel

Rechts Passionsfruchttorte (Seite 197). Dieses Dessert aus feinem Mürbteig mit einem wunderbaren Belag aus Passionsfrucht und Crème double ist ein australischer Klassiker und Einfachheit in Vollendung.

178   Früchte und Desserts

Neil Perry
Sein Glück

»Ein Gericht muß sich in ein Menü einfügen. Es muß ausreichend Geschmack entfalten, komplex und interessant sein. Seine persönlichen Vorlieben darf man nicht zu sehr in den Vordergrund stellen. Selbst meine Lieblingsrezepte verfeinere ich immer weiter. Außerdem sollte man nur die frischesten, besten Zutaten verwenden und versuchen, ihren Geschmack und ihre Konsistenz zu erhalten. Wenn ich in andere Länder reise, wird mir klar, welch wunderbare Erzeugnisse Australien zu bieten hat.«

Neil Perry hat das Rockpool eröffnet, eine Top-Adresse für moderne australische Küche. Er beliefert Qantas Airlines und hat mit John Susman einen Großhandel für Meeresfrüchte aufgebaut. Außerdem gehört er zu den Inhabern des Wockpool, des Star Bar and Grill, von Rockpool Catering und des Museum of Contemporary Art Cafe. Eine beachtliche Leistung für einen kaum Vierzigjährigen.

Von sich selbst sagt Perry, daß er unglaubliches Glück gehabt hat. Er wuchs in einer Familie auf, in der Essen eine wichtige Rolle spielte. Sein Vater war Metzger und angelte gerne, er interessierte sich für authentisches Essen und kreierte eigene Würzmischungen. Bereits als Kind lernte Neil, wie wichtig es ist, auf frische Zutaten zu achten.

Auch bei der Wahl seines Berufs und seiner Mentoren hatte Neil Glück. Er arbeitete zunächst im Management des Sails Restaurant. Dann lernte er ein Jahr lang bei Damien Pignolet, Stephanie Alexander und Tony Pappas. Sein späteres Schaffen und die Cuisine des Rockpool wurden aber vor allem von Steve Manfredi und David Thompson beeinflußt.

Perry ist glücklich, der multikulturellen Gesellschaft Australiens anzugehören. »Für mich war es relativ leicht, aus den verschiedenen Eßkulturen zu schöpfen, die meinen Kochstil prägen. In erster Linie bedeutet dies, Respekt und Sympathie für die jeweils kulturtypischen Produkte zu empfinden. Von jeder Kultur habe ich zahllose Einzelaspekte übernommen, die dann zu einem einzigartigen australischen Gericht verschmelzen.«

UNTEN: Rumpsteak mit gegrilltem Gemüse und Sardellenbutter (Seite 168). Verwenden Sie nur feinstes, mindestens vier Wochen abgehangenes Rindfleisch. Es ist sehr geschmacksintensiv und schmeckt gegrillt hervorragend mit Sardellenbutter.

GANZ UNTEN: Nur auf dem Grill im Freien bekommt ein dickes Rumpsteak eine wirklich knusprige, rauchige Kruste.

FRÜCHTE UND DESSERTS 179

Philippe Mouchel, Küchenchef

Himbeer-Vacherin

ZUTATEN
BAISER
10 Eiweiß (Zimmertemperatur)
100 g extrafeiner Streuzucker
100 g Puderzucker

SORBET
300 g extrafeiner Streuzucker
300 ml Wasser
1 l Himbeerpüree ohne Kerne

2 Tassen tropische Früchte (Passionsfrucht, Banane, Kiwi) und Erdbeeren, feingewürfelt
1 Prise gemahlener Ingwer
100 ml Crème double
1 TL Puderzucker
1 Prise gemahlener Zimt
Minzezweige zum Garnieren

Ein einfaches Sommerdessert auf der Basis von Baiserschalen mit Obstsalat, Himbeersorbet und einem Sahnerand. Baiser und Sorbet kann man bereits Tage im voraus zubereiten und in letzter Minute anrichten. Das Foto auf Seite 187 zeigt die dekorativste Serviermöglichkeit.

Den Backofen auf 100 °C vorheizen. Eiweiß mit Streuzucker steif schlagen. Puderzucker nach und nach einrieseln lassen und weiterschlagen, so daß der Eischnee noch weich ist. Im Abstand von 4 cm jeweils 6 cm große Kreise auf Backpapier vorzeichnen. Eiweißmischung aus einer Gebäckspritze mit Sterntülle spiralförmig auf die vorgezeichneten Kreise spritzen. Auf den äußeren Kreis eine zusätzliche Eiweißschicht spritzen, so daß in der Mitte eine Vertiefung entsteht. 1 Stunde im Ofen backen, dann die Baisers auf einem Gitter abkühlen lassen. In einem luftdicht verschlossenen Gefäß aufbewahren.

Für das Sorbet Zucker und Wasser in einem großen Topf bei mittlerer Hitze erwärmen. Zucker auflösen und die Mischung aufkochen lassen. Abkühlen lassen und 1 Eßlöffel für den Obstsalat zurückbehalten. Den restlichen Sirup unter das Himbeerpüree ziehen und in der Küchenmaschine mischen. In eine Sorbetière füllen und nach Anweisung zubereiten oder in einer flachen Eisform ins Gefrierfach stellen. Wenn das Sorbet gerade gefroren ist, aus dem Kühlschrank nehmen, in Würfel schneiden und in der Küchenmaschine zerkleinern. Zurück in die Eisform füllen und abgedeckt erneut ins Eisfach stellen.

Vor dem Servieren Früchte mit Sirup und gemahlenem Ingwer mischen. Sahne mit Puderzucker und Zimt schlagen. Obstsalat in Baiserschalen füllen und je eine Kugel Sorbet darauf geben. Sahne in eine Gebäckspritze mit Sterntülle füllen und um das Eis von oben nach unten bis zur Baiserschale einen Rand spritzen. Jeden Vacherin mit einem Minzezweig verzieren.

Für 20 Personen mittel

Janni Kyritsis, Küchenchef

Pink-Gin- und Zitronen-Granité

ZUTATEN

ZUCKERSIRUP

500 g Zucker
1 l Wasser

PINK-GIN-GRANITÉ

125 ml Gin
250 ml Zuckersirup
250 ml Wasser
2 ½ EL Limettensaft
1 TL Angostura

ZITRONEN-GRANITÉ

250 ml Zuckersirup
250 ml Wasser
125 ml Zitronensaft
geriebene Schale von ½ Zitrone

Ein gutes Essen schließe ich gerne mit einem erfrischenden Granité ab ... ein Pink-Gin-Granité ist die beste Entschuldigung für den Martini danach!

Für den Zuckersirup Wasser in einem schweren Topf auf mittlerer Stufe erwärmen und Zucker darin auflösen. Aufkochen und anschließend auf 500 ml einkochen lassen.

Für das Pink-Gin-Granité alle Zutaten mischen. In einer flachen Eisform ins Eisfach stellen. Kurz bevor das Granité fest ist, herausnehmen und mit einer Gabel zu kleinen Stücken zerstoßen. Zurück ins Eisfach stellen und vor dem Servieren abermals mit der Gabel zerstoßen. Mit dem Zitronen-Granité genauso verfahren.

Vor dem Servieren Granités vorsichtig in Martini-Dessertgläser füllen, so daß sie sich farblich deutlich voneinander abheben. Mit Buttergebäck servieren.

Für 4 Personen einfach

Leo Schofield, Restaurantkritiker

Ananas-Sorbet

ZUTATEN

1 große, frische, reife Ananas
600 g extrafeiner Zucker, nach Belieben (oder bei sehr süßer Ananas) auch weniger
Saft von 1 Zitrone
4 EL weißer Rum, plus etwas zusätzlich (eisgekühlt)

Hier eines meiner liebsten Sorbetrezepte.

Ananas schälen, Augen entfernen, Strunk herausschneiden, Fruchtfleisch in kleine Stücke teilen und in der Küchenmaschine pürieren. Fruchtmasse in eine Schüssel füllen, Zucker zugeben und mit einem Holzlöffel rühren, bis der Zucker sich vollständig aufgelöst hat. Zitronensaft und 4 Eßlöffel Rum zufügen.

Eisfach auf kälteste Stufe stellen, Sorbetmischung in eine Sorbetière geben und fest, aber nicht steinhart werden lassen. Falls Sie keine Sorbetière oder Eismaschine besitzen, können Sie das Sorbet in Eisschalen für Eiswürfel füllen. In diesem Fall das Sorbet ein- bis zweimal herausnehmen, durchrühren und in den Kühlschrank zurückstellen. Die Konsistenz des Sorbets erinnert an die eines Granités, was den Geschmack jedoch nicht beeinträchtigt.

In schmalen hohen Gläsern mit einem Schuß eisgekühltem Rum servieren.

Für 6 Personen einfach

FRÜCHTE UND DESSERTS 181

Alla Wolf-Tasker, Küchenchef

Amaretto-Parfait

ZUTATEN:

300 ml Crème double, plus 100 ml
  zusätzlich
½ Vanilleschote
4 Eigelb
3 EL extrafeiner Zucker
5–6 EL Amaretto

Diese wundervolle Creme ist vielseitig verwendbar – gekühlt mit pochierten Birnen oder Aprikosen oder als seidenweiches, gefrorenes Parfait. Sie läßt sich gut vorbereiten und im Eisfach aufbewahren. Je eine Scheibe mit einer Aprikosencoulis und einem knusprigen Dessertkeks servieren.

Crème double (300 ml) in einen schweren Topf füllen.

Die Vanilleschote halbieren, Mark in die Crème double schaben und diese bis zum Siedepunkt erhitzen. Eigelbe und Zucker cremig rühren und heiße Creme darübergeben. Mischung zurück in den Topf gießen und vorsichtig erhitzen, bis sie auf einem Löffelrücken hängenbleibt.

Mischung kühlen, dann den Amaretto einrühren. Restliche Crème double cremig schlagen und unter die Amarettomischung ziehen, bis eine weiche, homogene Masse entsteht. Soll das Parfait als Creme serviert werden, die Masse in Dessertgläser füllen und kühl stellen. Andernfalls in eine Brotform füllen und über Nacht einfrieren. Nach Belieben die Brotform zuvor mit amarettogetränkten Biskuits auslegen. Gefrorenes Parfait aus der Form lösen und in Scheiben mit Aprikosenpüree oder gedünsteten Aprikosen servieren.

RECHTS: Amaretto-Parfait. »Im Lake House füllen wir es schichtweise mit Pralinés, Aprikosenpüree und amarettogetränkten Biskuits in eine Brotform. Wir servieren es gefroren in Scheiben mit Aprikosenstrudel auf einer Aprikosencoulis.«

Für 6–8 Personen mittel

André Chouvin, Küchenchef

Traubengratin
in Champagner-Zabaione

ZUTATEN
ZABAIONE
8 Eigelb
375 g Zucker
½ Flasche Champagner
60 ml Crème double

1,5 kg Weintrauben, geschält und
  entkernt

Dieses Dessert läßt sich mit vielen frischen Früchten (besonders Beeren) zubereiten.

Für die Zabaione Eigelbe mit Zucker in einer feuerfesten Schüssel zu einer hellen, dicklichen Masse schlagen. Champagner zufügen und weiter kräftig schlagen. Schüssel in eine Bain-Marie oder einen Topf mit leicht sprudelndem Wasser stellen und weiter schlagen, bis die Sauce eindickt. Vom Herd nehmen und kalt schlagen. Crème double unterziehen.

Vor dem Servieren Trauben in heiße flache Dessertschalen legen, Zabaione aufschlagen und über die Trauben gießen. Kurz unter den Grill schieben, bis sich die Zabione goldbraun färbt. Sofort servieren.

Für 6 Personen mittel

Jacques Reymond, Küchenchef

Würziges Erdbeergratin
mit Quitten und Grand-Marnier-Zabaione

ZUTATEN

GEWÜRZTE BEEREN

300 g Himbeeren

150 g Brombeeren

40 g Heidelbeeren

125 g Zucker, plus 250 g zusätzlich

1 TL schwarze Pfefferkörner

1 Vanilleschote

3 Sternanisschoten

1 Zimtstange

3 Nelken

1 EL Kirschwasser

1 kg frische Erdbeeren

GRAND-MARNIER-ZABAIONE

4 Eigelb

125 g Zucker

4 EL leicht geschlagene Sahne

1 ½ EL Grand Marnier

500 gedünstete Quitten

frische Minze, feingehackt

Gewürze verstärken den Geschmack von Erdbeeren und Quitten, diese bilden ihrerseits einen Kontrast zur luftigen Zabaione.

Für die Coulis Himbeeren, Brombeeren und Heidelbeeren waschen und mit 125 g Zucker in der Küchenmaschine pürieren. Nicht zu lange pürieren, da die Früchte sonst schal schmecken. Wasser nur falls unbedingt nötig und sehr sparsam zugeben. Die Masse durch ein feines Sieb streichen, so daß die Kerne zurückbleiben. Abschmecken und evtl. Zucker zufügen.

Für den Karamel restlichen Zucker in einem schweren Topf langsam erwärmen, bis er sich goldbraun färbt. Vom Herd nehmen und ins kalte Wasserbad stellen.

Pfefferkörner, Vanilleschote, Sternanis, Zimt und Nelken in einer trockenen Pfanne rösten, bis sie ihr Aroma entfalten, dann zum Karamel geben. Karamel mit Kirschwasser ablöschen und Beerencoulis zufügen. Auf mittlerer Stufe erwärmen, ganze Erdbeeren zufügen und weich dünsten. Erdbeeren in eine Schüssel füllen und etwas Coulis darüber geben.

Für die Zabaione Eigelbe im Mixer aufschlagen. Zucker mit einigen Spritzern Wasser zufügen und zu einer sehr hellen, dicklichen Masse schlagen. In eine feuerfeste Schüssel geben, diese in einen Topf mit leicht sprudelndem Wasser stellen und schlagen, bis die Sauce eindickt und an einem Holzlöffelrücken hängenbleibt. Vom Herd nehmen und kaltschlagen. Sahne und Grand Marnier zufügen.

Erdbeeren und Quitten in tiefe Teller verteilen und mit Minze bestreuen. Die Zabaione darübergeben und unter den heißen Grill schieben, bis sie sich goldbraun färbt. Sofort servieren.

Für 10 Personen etwas schwierig

Genevieve Harris, Küchenchefin

Kokosnuß-Aprikosen-Pudding
mit Kokosnuß-Zucker-Sirup

Eine originelle Puddingvariation: Kokosnußmilch, Pandanblatt und Kokosnußzucker sorgen für ungewöhnlichen Geschmack. Die Zutaten erhält man in den meisten Asienläden. Getrocknete Aprikosen aus Südaustralien schmecken besonders intensiv.

ZUTATEN

GUSS

75 g Kokosnußraspel
75 g extrafeiner Zucker
3 Eiweiß
1 EL Butter, geschmolzen
150 g getrocknete Aprikosen, feingewürfelt

PUDDING

200 g extrafeiner Zucker
4 Eier, getrennt
500 ml Kokosnußmilch
375 g Mehl, gesiebt
3 ½ TL Backpulver
1 EL Butter, geschmolzen
75 g getrocknete Aprikosen, feingewürfelt

KOKOSNUSS-ZUCKER-SIRUP

250 g Kokosnuß- oder Palmzucker
250 ml Wasser
1 Pandanblatt

Für den Guß alle Zutaten in einer Schüssel mischen und beiseite stellen.

Den Backofen auf 190 °C vorheizen. Acht Puddingformen à 250 g einfetten und mit Zucker ausstreuen, überschüssigen Zucker abschütteln. Jede Form zu einem Drittel mit dem Guß füllen und beiseite stellen.

Zucker und Eigelbe cremig rühren. Kokosnußmilch zufügen, dann Mehl, Backpulver und Butter einrühren. Zum Schluß getrocknete Aprikosen zugeben. Eiweiß steif schlagen und unter die Mischung ziehen. Pudding in die Formen füllen. In der Bain-Marie oder in einer mit leicht sprudelndem Wasser gefüllten Backform garen. Mit Alufolie abdecken und etwa 40–50 Minuten im Ofen backen (Hölzchenprobe).

Für den Zuckersirup den Kokosnußzucker reiben oder hacken. Mit Wasser und Pandanblatt in einen Topf geben. Zucker auflösen, Flüssigkeit zum Kochen bringen und zu einem dicken Sirup einkochen lassen. Durch ein feines Sieb streichen.

Pudding auf vorgewärmte Teller stürzen und mit Kokosnuß-Zucker-Sirup beträufeln. Pudding direkt aus dem Ofen servieren oder vor dem Servieren 10 Minuten in einem Topf mit Dampfeinsatz aufwärmen.

Für 8 Personen mittel

Philippe Mouchel

Die Leidenschaft teilen

Philippe Mouchel wuchs in Evreux, einem nordfranzösischen Städtchen, auf. Seine Familie liebte gutes Essen; Mutter und Großmutter sorgten zu Hause für das leibliche Wohl, sein Vater war Koch. Heute wird Philippe Mouchel für seine Küche der einfachen Gerichten hochgeschätzt.

Mouchel absolvierte seine Ausbildung in einem Ein-Stern-Restaurant und vervollkommnete seine Technik bei Paul Bocuse. 1978 verließ er Frankreich, um das Paul-Bocuse-Restaurant in Tokio zu eröffnen. Er verliebte sich in Japan, dessen Menschen und Eßkultur ihn stark veränderten. Der japanische Geschmack verlangte nach einer leichten Küche ohne Sahne und Saucen.

Zehn Jahre später bat man ihn, ein Paul-Bocuse-Restaurant in Melbourne zu eröffnen, ein unschätzbarer Gewinn für Australien.

Nun begann eine neue Liebesgeschichte mit einer wiederum andersartigen Eßkultur. Das neue Restaurant bot feinste Cuisine im Stil von Bocuse. Mouchel bewies seine Fähigkeit, Einfaches mit Komplexem und Leichtes mit Üppigem zu verbinden. Mouchel liebt perfekte französische Techniken, schöpft aber gerne aus der fernöstlichen Gewürzvielfalt und verwendet bevorzugt hochwertige einheimische Zutaten, die nach dem jahreszeitlichen Angebot variieren.

Leider schloß das Restaurant, doch etwas später begann Mouchel in Langton's Restaurant zu arbeiten, dem Langton's Fine Wines angeschlossen ist. Das Restaurant serviert Gerichte zu etwas erschwinglicheren Preisen und bietet als besondere Attraktion eine offene Küche, in der die Köche die Mahlzeiten auf einem wundervollen Bonnet-Herd zubereiten. Langton's Food offeriert immer noch französische Küche, jedoch mit deutlich australischem Einschlag.

»Kochen macht mir jetzt mehr Spaß. Ich wollte eine angenehme und offene Atmosphäre schaffen. Ich verarbeite die besten Zutaten so einfach wie möglich, um wirklich gutes Essen zu bieten. Fleisch bereite ich am liebsten mit Knochen zu, damit es möglichst saftig bleibt. Ich möchte den natürlichen Geschmack unverfälscht erhalten. Gewürze sollten den Geschmack verstärken, nicht übertönen.«

Danke, daß wir an dieser Leidenschaft teilhaben dürfen!

Mitte Links: Sautierte Kalmare auf Ratatouille (Seite 57). Bei diesem frischen Sommergericht bilden die bißfesten Kalmare einen Kontrast zum weichen Gemüse. Zum leichten Geschmack nach Meer gesellt sich ein Hauch Basilikum.

Ganz Links: Der eindrucksvolle Bonnet-Herd in Langton's Restaurant.

Oben: Philippe Mouchel mit einer seiner raffinierten Kreationen.

Links: Beißen Sie in ein Himbeer-Vacherin (Seite 180), und genießen Sie den intensiv säuerlichen Geschmack der Himbeeren, den knuspriges Baiser und Zimtsahne abrunden.

Früchte und Desserts 187

Diane Holuigue, Food-Autorin und Kochlehrerin

Bread and Butter Pudding
mit Mandeln und Amarettini

ZUTATEN

1 EL kandierter Ingwer, gehackt

1 EL Zitronat, gehackt

1 ½ EL kandierte Früchte oder 1 EL
   kandierte Früchte und 1 EL Orangeat,
   gehackt

4 EL abgezogene Mandeln, grobgehackt

10–15 italienische Amarettini (so groß
   wie möglich)

Butter zum Bestreichen der Amarettini

125 g Zucker

6 Eier

500 ml Milch

500 ml Crème double

1 Prise Zimt

3 EL Amaretto di Saronno (italienischer
   Bittermandellikör)

Puderzucker zum Bestäuben

Zuckerfäden zum Garnieren,
   nach Belieben

Der gute alte Bread and Butter Pudding kommt wieder zu Ehren. Erst begann man ihn in guten Restaurants mit frischer Beerensauce zu servieren. Hier wurde er mit italienischen Zutaten wie kandiertem Ingwer, Zitronat und Orangeat angereichert, die ihm eine individuelle Note verleihen. Der Unterschied in der Zubereitung betrifft vor allem die Verwendung von Amarettini anstelle von Brot. Gehackte Mandeln und Mandellikör verstärken ihren Geschmack. Das Resultat steht für sich selbst, doch wer es noch aufwendiger liebt, kann den Pudding überdies mit Zuckerfäden garnieren. Die Zutaten gibt es in jedem gut sortierten Supermarkt.

Den Backofen auf 180 °C vorheizen. Ingwer, Zitronat und kandierte Früchte auf dem Boden einer tiefen 1,5-Liter-Form (Jenaer Glas) verteilen (wählen Sie keinesfalls eine zu flache Form). 1 gehäuften Eßlöffel gehackte Mandeln zufügen und eine Schicht dick gebutterter Amarettini darüberlegen.

Für den Pudding Zucker und Eier verrühren, Milch, Crème double und Zimt unterschlagen. Über die Amarettinimasse gießen und 30 Minuten in den Ofen schieben. Aus dem Ofen nehmen, restliche Mandeln darüber streuen, mit Amaretto beträufeln und mit Puderzucker bestreuen. Mit einer Nadel oder einem Hölzchen auf Festigkeit prüfen (beim Herausziehen darf keine flüssige Masse an der Nadel kleben). Weitere 5 Minuten in den Ofen schieben, bis sich die Mandeln färben oder der Pudding ganz fest ist. Nach Belieben mit Zuckerfäden garnieren.

Für 6 Personen mittel

Lucio Galletto, Restaurantbesitzer

Pudding mit Quitten, Rosinen und Grappa

ZUTATEN
100 g Rosinen
125 ml Grappa
4 Quitten
50 g Butter
100 g Zucker
geriebene Schale von 1 Zitrone
Schlagsahne zum Servieren

PUDDING
125 g Butter
100 g Zucker
Mark von 1 Vanilleschote
3 große Eier, getrennt
60 g Mehl
150 ml Milch
4 EL Grappa
Salz

Rosinen und Grappa mischen und 20 Minuten ziehen lassen.

Ofen auf 180 °C vorheizen. Quitten schälen, Kerngehäuse entfernen. Früchte in 12 mm dicke Scheiben schneiden. Butter bei mittlerer Hitze in einer großen Pfanne schmelzen. Quitten und Zucker zufügen, ca. 10 Minuten dünsten, gelegentlich umrühren. Grappa-Rosinen und Zitronenschale zufügen, umrühren und vom Herd nehmen. Quittenmischung auf vier feuerfeste Förmchen verteilen.

Für den Pudding Butter, Zucker und Vanillemark schaumig schlagen. Eigelbe, Mehl, Milch und Grappa zufügen und zu einer cremigen Masse verarbeiten. In eine Schüssel füllen. Eiweiß mit Salz zu Schnee schlagen. Eischnee nach und nach unter den Pudding ziehen. Masse über der Quittenmischung verteilen.

20–30 Minuten oder bis zur gewünschten Festigkeit im Ofen backen. Bei Zimmertemperatur mit Schlagsahne servieren.

Für 4 Personen mittel

Catherine Adams, Konditormeisterin

Catherines Erdbeer-Ricotta-Tarte

Eines der besten Gerichte, das ich von unseren Belegschaftsessen kenne. Unsere wundervolle Konditormeisterin Catherine Adams kreierte die Tarte aus einigen übriggebliebenen Zutaten. Sie schmeckte so gut, daß wir das Rezept aufgeschrieben haben. Zum Glück war auch gerade ein Fotograf in der Nähe!   JANNI KYRITSIS

Eine gefettete Springform (25 cm Durchmesser) mit Mürbteig (ihr persönliches Lieblingsrezept oder Rezepte auf Seite 192 und 197) auslegen und blindbacken. Auch auf einem gefetteten Backblech gelingt die Tarte gut.

Den Backofen auf 180 °C vorheizen. 3 Eier mit 2 ½ Eßlöffel Zucker und einigen Tropfen Vanillearoma verrühren. Ca. 300 g Ricotta unterziehen und auf dem blindgebackenen Teig verteilen.

Tarte mit Erdbeerscheiben belegen und mit Zucker bestreuen. Auf der unteren Backofenschiene etwa 20 Minuten backen, so daß der Teig ausbäckt, ehe der Guß sich goldbraun färbt. Warm oder kalt servieren. Nach Belieben mit Puderzucker bestreuen.

Für etwa 10 Personen mittel

FRÜCHTE UND DESSERTS

Joan Campbell, Food-Autorin

Kokosnußcreme
mit Palmzucker-Sirup

Dieses cremige Dessert mit Kokosnußgeschmack bekommt durch knackig frische, süße Ananasstücke den besonderen Pfiff.

ZUTATEN
KOKOSNUSSCREME
5 große Eier
125 g Zucker
250 ml Kokosnußcreme
1 EL Vanilleessenz

PALMZUCKER-SIRUP
100 g weicher Palmzucker
125 ml Wasser

Ananasstücke oder frische Mango, geschält und in dünne Scheiben geschnitten, nach Belieben

Alle Zutaten für die Kokosnußcreme zu einer dicklichen Masse schlagen. In vier leicht geölte Förmchen füllen; etwas Platz zum Aufgehen lassen. Förmchen mit Pergamentpapier oder Baumwolltüchern abdecken, damit kein Kondenswasser hineintropft. In einem Dämpfeinsatz über kochendem Wasser 20–25 Minuten dämpfen. Festigkeit mit einem sauberen Messer prüfen: Beim Herausziehen muß das Messer sauber bleiben. Förmchen abkühlen lassen. Alternativ kann man die Creme bei 170 °C 20–25 Minuten im Wasserbad im vorgeheizten Ofen zubereiten.

Palmzucker und Wasser zusammen erhitzen, bis die Flüssigkeit köchelt. Zu dünnem Sirup einkochen und abkühlen lassen.

Kokosnußcreme stürzen und mit Palmzucker-Sirup beträufeln. Sofort mit dem restlichen Sirup und dünngeschnittener Ananas oder Mango servieren.

Für 4–6 Personen mittel

LINKS: Kokosnußcreme mit Palmzucker-Sirup. Das typisch fernöstliche Dessert eignet sich gut als Abschluß eines asiatischen Essens.

FRÜCHTE UND DESSERTS

Vic Cherikoff, Bushfood-Vermarkter

Cootamundra
Bread and Butter Pudding
mit Zitroneneisenholz-Rum-Sauce

ZUTATEN

375 g altbackenes Cootamundra-Busch-
brot (in Australien in Woolworth-
Bäckereien erhältlich) oder Mischbrot
mit 20 g in 250 ml Wasser gekochten
Akazienblüten
750 ml Crème double
200 g Riberrys
60 ml Weinbrand
4 Eier, leicht verquirlt
300 g Zucker
250 ml Milch
30 g geschmolzene Butter

ZITRONENEISENHOLZ-RUM-SAUCE

125 g Butter
1 Ei, verquirlt
500 ml Zitroneneisenholzsirup oder
Ahornsirup mit ¼ TL geriebener
Zitronenschale
125 ml brauner Rum

Mit diesem Dessert hatte ich großen Erfolg. Es hat lange Tradition, wird aber durch den an Haselnuß, Schokolade und Kaffee erinnernden Akaziengeschmack im Cootamundrabrot verfeinert. Das eigentlich Besondere sind die wilden Riberrys, die nach Zimt und Nelken schmecken und dem Ganzen eine außergewöhnliche Note verleihen.

Das Brot in große Stücke reißen und auf dem Boden einer Schüssel verteilen. Crème double mit Brot mischen und am besten über Nacht stehen lassen, bis das Brot weich ist. Gelegentlich umrühren. Riberrys in einem kleinen Topf mit Weinbrand mischen. Erwärmen bis die Beeren leicht köcheln, zudecken und beiseite stellen.

Für die Sauce Butter schmelzen, Ei und 125 g Zitroneneisenholzsirup einrühren und köcheln lassen, bis die Masse eindickt. Restliche Sauce und Rum zufügen; bis zum Servieren warm halten.

Den Backofen auf 180 °C vorheizen. Eine 5 cm tiefe Backform oder kleine feuerfeste Förmchen einfetten. Eier und Zucker zu einer hellen, weichen und dicken Masse schlagen. Milch aufkochen und mit der Butter und den Weinbrandbeeren unterrühren. Alles mit dem weichen Brot mischen. In die vorbereitete Form füllen und in der mit Wasser gefüllten Fettpfanne des Ofens ca. 45 Minuten (bei Einzelförmchen kürzer) backen, bis der Pudding fest und goldbraun ist. Warm mit Zitroneneisenholz-Rum-Sauce servieren.
Für 6–8 Personen mittel

Suzanne Gibbs, Food-Autorin

Feigen-Mascarpone-Tarte

ZUTATEN

200 g Mehl
100 g extrafeiner Zucker
200 g Butter, geschmolzen und erkaltet
einige Tropfen Vanillearoma oder Mark
von 1 Vanilleschote
375 ml Mascarpone

Diese wundervoll frische Tarte schmeckt auch mit Muskattrauben oder Heidelbeeren. Der ungewöhnliche Teig eignet sich sehr gut für weiche Obsttorten wie diese. Anstelle von Mascarpone können Sie gesüßte Schlagsahne verwenden.

Den Backofen auf 200 °C vorheizen.

Mehl in eine Schüssel sieben und mit Zucker mischen. Eine Vertiefung in die Mitte drücken; Butter und Vanillearoma hineingeben. Alles zu einem festen Teigkloß kneten. Mit den Händen in einer viereckigen Form mit losem Boden (10 x 34 cm) flachdrücken und einen gleichmäßigen Rand formen. Teigboden mehr-

192 FRÜCHTE UND DESSERTS

Honig und Vanillearoma oder Orangen-
  blütenwasser
6–8 frische Feigen
evtl. Zucker zum Bestreuen

fach einstechen und 15–20 Minuten oder bis zur gewünschten Bräune und Festigkeit backen. Aus dem Ofen nehmen und auskühlen lassen.

Mascarpone kräftig durchrühren und nach Geschmack mit Honig und Vanille verfeinern.

Mascarponecreme in der Form gleichmäßig auf dem Tortenboden verstreichen. Frische Feigen vierteln, schälen und mit der aufgeschnittenen Seite nach
oben so dicht wie möglich anordnen. Sofort servieren oder dick mit Zucker bestreuen und 1 Minute unter den heißen Backofengrill schieben. In Stücke zerteilt servieren.

Für 8–10 Personen mittel

Graeme Phillips, Küchenchef

Zitronentorte
mit frischen Beeren

ZUTATEN
1 Rezept Mürbteig (Seite 192 oder 197)

FÜLLUNG
10 ganze Eier
375 g extrafeiner Zucker
Saft und feingeriebene Schale von
  10 Zitronen
350 ml Schlagsahne

BEEREN
500 g gemischte frische Beeren (Johan-
  nisbeeren, Brombeeren, Heidelbeeren)
250 g Erdbeeren
125 g extrafeiner Zucker
150 ml Wasser

250 ml Crème double

*Genießen Sie diese üppige, erfrischend süßsaure Torte zum Abschluß eines Menüs mit
einem Glas kühlen Riesling.*

Für die Füllung Eier und Zucker in einer Schüssel gut verrühren. Zitronensaft
und -schale unterrühren. Sahne leicht schlagen und unterziehen.

Den Backofen auf 200 °C vorheizen. Den Teig ausrollen und den Boden einer
5 cm tiefen Tarteform mit herausnehmbarem Boden (20 cm Durchmesser) damit
auslegen, Ecken gut andrücken und überschüssigen Teig zurechtschneiden. Boden
einstechen und Form 20 Minuten kühl stellen. Teig mit Backpapier belegen, zur
Hälfte mit getrockneten Bohnen füllen und 15 Minuten blindbacken, bis der
Teig fest wird. Bohnen und Papier entfernen und Füllung hineingeben. Ofen auf
170 °C zurückschalten. Torte 40 Minuten oder bis zur gewünschten Festigkeit
backen. Vor dem Servieren vollständig abkühlen lassen.

Unterdessen Beeren, Zucker und Wasser in einem Topf erhitzen und vom
Herd nehmen, kurz bevor sie zu kochen beginnen. Leicht abkühlen lassen. Früchte in ein Sieb geben, Saft auffangen. Saft in den Topf zurückgießen und bei starker Hitze auf ein Drittel der Menge einkochen lassen.

Tortenstücke auf Tellern anrichten, mit Beeren bedecken, etwas Saft darüber
verteilen und mit Schlagsahne servieren.

Für 8–10 Personen mittel

Martin Webb, Küchenchef

Pavlova mit Passionsfruchtcreme

ZUTATEN

4 Eiweiß

150 g extrafeiner Zucker

1 TL Weißweinessig

1 EL heißes Wasser

300 ml Schlagsahne

PASSIONSFRUCHTCREME

2 Eier plus 2 Eigelb

5 EL frisches Passionsfruchtmark

30 g Butter, in kleine Würfel
  geschnitten

60 g extrafeiner Zucker

Das ideale Sommerdessert für Aktive. Das Baiser können Sie ein bis zwei Tage im voraus backen; vor dem Servieren müssen Sie nur noch die Sauce zubereiten. Genießen Sie Australiens Lieblingsdessert in neuem Gewand.

Den Backofen auf 150 °C vorheizen. Ein großes Stück Backpapier auf ein Backblech legen und einölen.

Eiweiß, Zucker, Essig und heißes Wasser in der Küchenmaschine auf höchster Stufe in 5 Minuten zu weichen weißen Hügeln schlagen. Mit der Mischung auf dem Backpapier einen Kreis (20 cm Durchmesser) oder vier runde Häufchen formen. Auf mittlerer Schiene ca. 70 Minuten backen, bis das Baiser fest ist (einzelne Baisers brauchen ca. 1 Stunde). Auf einem Kuchengitter auskühlen lassen.

Zutaten für die Passionsfruchtcreme in einer Schüssel über einem Topf mit leicht sprudelndem Wasser rühren, bis die Mischung eindickt und cremig wird. Unter Rühren etwa 10 Minuten lang weiter eindicken lassen, dann sofort vom Herd nehmen. Creme in ein sauberes Gefäß gießen, abkühlen lassen, zudecken und kühl stellen.

Vor dem Servieren Schlagsahne leicht schlagen und mit einem großen Messer auf der Baiserplatte oder den einzelnen Baisers verteilen. Passionsfruchtcreme darüber verteilen.

Für 4 Personen mittel

RECHTS: Pavlova mit Passionsfruchtcreme. Die seidenweiche Konsistenz der Passionsfruchtcreme harmoniert wunderbar mit dem außen knusprigen, innen locker-weichen Baiser, während der intensiv-säuerliche Geschmack der Passionsfrucht mit dem süßen Baiser kontrastiert.

Serge Dansereau, Küchenchef

Mandeltörtchen
mit Amaretto-Mascarpone und pochierten Feigen

ZUTATEN
MANDELFÜLLUNG
200 g Butter (Zimmertemperatur)
200 g extrafeiner Zucker
5 Eier
100 g Mehl, gesiebt
200 g gemahlene Mandeln

TEIG
200 g extrafeiner Zucker
200 g weiche Butter (Zimmertemperatur)
2 Eier
400 g Mehl, gesiebt
2 Tropfen Vanillearoma

2 EL Himbeerkonfitüre
3 EL Mandelblättchen
2 EL Puderzucker, nach Belieben

AMARETTO-MASCARPONE
250 g Mascarpone
100 g Puderzucker, gesiebt
1 TL Amaretto

POCHIERTE FEIGEN
750 g Zucker
1 l Wasser
12 Feigen, geschält

Die Füllung am Vortag zubereiten. Butter und Zucker schlagen, dann die Eier nach und nach zufügen. Gut durchschlagen. Mehl und Mandeln mischen, zur Eimischung geben und einige Minuten rühren. Mit Frischhaltefolie abdecken und über Nacht in den Kühlschrank stellen.

Für den Teig Zucker und Butter schlagen, die Eier nach und nach unterrühren. Gesiebtes Mehl und Vanillearoma zufügen. Den sehr weichen Teig über Nacht in den Kühlschrank stellen.

Mandelmischung 30 Minuten vor Verwendung aus dem Kühlschrank nehmen, damit sie weich wird. Ofen auf 180 °C vorheizen.

Den Teig aus dem Kühlschrank nehmen und 3 mm dick ausrollen. Mit einem Teigrädchen kleine runde Formen ausschneiden und in Tortelettförmchen füllen. Sie können den Teig auch in eine größere runde Tarteform füllen. Überstehende Ränder abschneiden.

Etwas Himbeerkonfitüre auf dem Teigboden verteilen. Die Mandelmischung vorsichtig darüber verteilen, bis die Form zu drei Vierteln gefüllt ist. Mit Mandelblättchen bestreuen und im Ofen 25 Minuten (bei einer großen Form 45 Minuten) goldbraun backen. Abgekühlte Törtchen aus den Formen lösen. Evtl. mit Puderzucker bestäuben.

Alle Zutaten für den Amaretto-Mascarpone von Hand nicht zu lange schlagen.

Zucker und Wasser in einem Topf mischen und langsam aufkochen. Einige Minuten zu einem dicken Sirup einkochen lassen. Feigen kalt abspülen und mit einer Schöpfkelle in den Sirup legen. Feigen mit Backpapier abdecken. 20 Minuten köcheln lassen. Vom Herd nehmen und abkühlen lassen.

Vor dem Servieren ein Törtchen auf jedem Teller anrichten, mit einem zuvor in heißes Wasser getauchten Eßlöffel eine Mascarponenocke abstechen und auf jedem Törtchen verteilen. Feigen halbieren und je zwei Hälften neben die Törtchen legen. Mit etwas Feigensirup beträufeln und servieren.

Ergibt 12 Törtchen oder 1 große Torte etwas schwierig

Neil Perry, Küchenchef

Passionsfruchttorte

ZUTATEN

9 große Eier

350 g extrafeiner Zucker

300 ml Crème double (45%)

350 ml Passionsfruchtsaft ohne
  Fruchtfleisch

Mehl zum Ausrollen

1 Rezept süßer Mürbteig (siehe unten)

verquirltes Ei zum Glasieren

Puderzucker zum Garnieren

MÜRBTEIG

250 g Mehl

75 g Butter, in Flöckchen geschnitten

1 Prise Salz

100 g Puderzucker, gesiebt

3 EL Milch

2 Eigelb

Die Australier lieben Passionsfruchttorte genauso wie die Engländer Zitronentorte. Die Passionsfrucht ist die australischste aller Früchte, sie hat einen sehr intensiven Geschmack, der gut zu Cremespeisen und Eiern paßt. Jahrelang haben wir im Rockpool die üppige Zitronentorte der Gebrüder Roux angeboten, die dieses Rezept variiert.

Die Passionsfruchtmischung am Vortag zubereiten und im Kühlschrank aufbewahren. Dazu Eier in einer Schüssel verrühren. Zucker einrieseln lassen und gut verrühren. Unter vorsichtigem Rühren die Crème double unterziehen. Passionsfruchtsaft unterziehen, Schüssel zudecken und über Nacht kühl stellen.

Für den Teig Mehl, Butter, Salz und Puderzucker in der Küchenmaschine 20 Sekunden verarbeiten. Milch und Eigelbe zufügen und weitere 30 Sekunden zu einem Teig verarbeiten. Auf der leicht bemehlten Arbeitsfläche kurz durchkneten. Teig flach drücken und anschließend zu einer Kugel formen. In Frischhaltefolie einschlagen und 1 Stunde in den Kühlschrank legen.

Eine Springform (26 cm) dünn mit Öl ausstreichen. Arbeitsfläche mit Mehl bestäuben und den Teig zu einer Platte von 28 cm Durchmesser ausrollen. Teigplatte mit dem Nudelholz aufrollen und in die Form geben, Rand leicht nach oben drücken. 30 Minuten in den Kühlschrank stellen.

Den Backofen auf 180 °C vorheizen. Teig aus dem Kühlschrank nehmen, Boden mit Alufolie bedecken und trockenen Reis oder Bohnen darauf geben. 20 Minuten blindbacken. Hülsenfrüchte und Folie entfernen, Boden mit verquirltem Ei bestreichen und weitere 10 Minuten backen. Aus dem Ofen nehmen und diesen auf 140 °C herunterschalten. Teig zurück in den Ofen schieben.

Passionsfruchtfüllung auf den Teig geben, während dieser im Ofen steht. Die Form bis zum Rand füllen und die Torte 40 Minuten backen. Die Füllung sollte halbfest, in der Mitte aber noch wackelig sein. Bei zu kurzer Backzeit fließt die Füllung beim Aufschneiden auseinander, bäckt die Torte zu lange, wird sie zu fest. Im Laufe der Zeit findet man die ideale Backzeit im eigenen Ofen heraus.

Torte aus dem Ofen nehmen und Springformrand lösen. Mit einem Palettenmesser vom Boden abheben, damit die Torte beim Abkühlen knusprig bleibt und kein Wasser zieht. Springformrand wieder schließen, damit die Torte beim Auskühlen stabil bleibt. 1 Stunde abkühlen lassen. Vorsichtig mit einem gezackten Messer aufschneiden und die Stücke auf großen weißen Tellern anrichten. Mit Puderzucker bestäubt servieren.

Für 8 Personen etwas schwierig

Janni Kyritsis

Essen mit Janni und einem MG

Ein Biß in die goldbraune, knusprige Panade, und man spürt den scharfen, salzigen Fischgeschmack auf der Zunge. Für manche mag es nur eine fritierte Anchovis sein, als Spezialität aus Janni Kyritsis' Repertoire jedoch gehört sie zu den köstlichen Kreationen, die der innovative Küchenchef in seinem MG Garage Restaurant serviert. Daneben gibt es kleine Stückchen getrockneter fritierter Fischhaut auf Toast, warmen Schneckensalat, Schweinsfüßchen und -ohren, Portulak- und Endiviensalat und schließlich Pink-Gin- und Zitronen-Granité als bestes Rezept gegen Depression und Weltschmerz.

Der individualistische Self-made-Küchenchef kam mit 23 Jahren nach Australien. Zuvor hatte er auf griechischen Handelsschiffen als Elektriker gearbeitet. Englisch lernte er mit Hilfe des Margaret Fulton's Cookbook, das sein Freund und Partner David Bradshaw ihm schenkte. David, selbst ein hervorragender Koch, beeinflußte Janni Kyritsis stark und ist bis heute der einzige, dessen Rat er ernst nimmt.

Janni Kyritsis wuchs in Nordgriechenland in einer Familie guter Köche auf und lernte hier die einfache Landküche lieben, die stets frische, zum Teil selbst angebaute Zutaten verwendet.

In Melbourne arbeitete Kyritsis in Stephanie Alexanders erstem Restaurant als zweiter Koch. Bereits damals konnte man ohne Erfahrung kaum eine gute Stelle bekommen, doch erhielt der Grieche hier seine große Chance. Später wechselte er als Küchenchef zum Berowra Waters und entfalte-

Früchte und Desserts

te nun seinen ganz eigenen Stil. Noch später tat sich Kyritsis mit Ian Pagent und Greg Duncan zusammen, entwickelte ein neues Konzept und eröffnete sein MG-Showroom und Szenerestaurant.

Janni Kyritsis liebt die australische Freiheit und glaubt, daß er sich an keinem anderen Ort so gut hätte verwirklichen können. Obwohl er seine Wurzeln in Griechenland hat, ist seine Küche nicht griechisch, sondern mediterran-australisch. Suppen und Saucen sowie die klassischen französischen Techniken bilden die Grundlage, Zutaten und Geschmack sind die Garanten für gutes Gelingen. Stets wählt er die für die Zutaten optimale Zubereitungsweise, das äußere Erscheinungsbild ist zweitrangig. Trotz 22 Jahren als Profikoch ist der innovative Küchenchef der Philosophie seiner Familie treu geblieben.

UNTEN: Roulade mit Spinat und Pilzen (Seite 88), in Italien seit Jahrhunderten ein Klassiker, hier in einer Variante von Janni Kyritsis.

LINKS: Pink-Gin- und Zitronen-Granité (Seite 181). Zitronen sind die Basis dieses erfrischenden Granités, Buttergebäck bildet die perfekte Ergänzung.

OBEN: Die Restaurantmitarbeiter mit Janni beim Frühstück im MG Garage Restaurant.

FRÜCHTE UND DESSERTS 199

Raymond Capadli, Küchenchef

Valrhona-Manjari-Schokoladen-Anneau
mit Orangensauce und Vanillesahne

ZUTATEN

ANNEAU

5 TL Butter

400 g Valrhona-Manjari-Schokolade
oder andere hochwertige Bitterschokolade

4 Eigelb

3 Eier

150 g Zucker

150 ml Wasser

750 ml geschlagene Sahne

ORANGENSAUCE

300 g extrafeiner Zucker

250 ml Wasser

125 g Orangenschale, feingeschnitten

375 ml frisch gepreßter Zitronensaft

375 ml frisch gepreßter Orangensaft

375 ml frisch gepreßter Grapefruitsaft

VANILLESAHNE

100 ml Schlagsahne

5 TL extrafeiner Zucker

1 Vanilleschote

frische Minze, verlesen

Vanilleschote, feingeschnitten

Für den Anneau vier Auflaufförmchen buttern und mit Backpapier auslegen. Schokolade im Wasserbad oder in der Mikrowelle schmelzen. Eigelbe und ganze Eier schlagen, bis sie möglichst fest sind.

Inzwischen Zucker und Wasser zum Kochen bringen und zur Eimischung geben, wenn der Zucker sich vollständig gelöst hat. Leicht abkühlen lassen. Erst die Schokolade, dann die geschlagene Sahne unterziehen. Alles in die vorbereiteten Förmchen füllen und im Kühlschrank 8 Stunden fest werden lassen.

Für die Orangensauce Zucker bei niedriger Hitze im Wasser auflösen und Orangenschale zufügen. 45 Minuten bei schwacher Hitze köcheln lassen. Fruchtsäfte zufügen und etwas eindicken lassen. Durch ein Sieb passieren und abkühlen lassen. Orangenschale aufbewahren.

Sahne mit Zucker steif schlagen. Vanilleschote aufschlitzen, Mark herausschaben und unter die Sahne mischen.

Vor dem Servieren etwas Sauce auf die vorbereiteten Teller geben, Schokoladenanneau aus den Förmchen lösen und darauf stürzen Mit einem Metallöffel eine ovale Vanillesahnenocke darauf setzen. Mit der zurückbehaltenen Orangenschale, Minze und Vanilleschote garnieren und servieren.

Für 4 Personen etwas schwierig

Tony Bilson, Küchenchef

Schokoladensoufflé

ZUTATEN

KONDITORCREME

1 Vanilleschote, aufgeschlitzt
500 ml Milch
250 g mittelfeiner Zucker
60 g Mehl
6 Eigelb

3 EL geschmolzene Butter, geklärt (Butter schmelzen, bis die festen Bestandteile sich auf dem Boden absetzen, dann das reine Fett abschöpfen)
3 EL extrafeiner Zucker
1 EL ungesüßtes Kakaopulver

SOUFFLÉMISCHUNG

200 g Bitterschokolade
300 ml Konditorcreme (siehe oben)
1 EL Kakaopulver, plus etwas zusätzlich zum Bestäuben
8 Eigelb

BAISER

10 Eiweiß
100 g extrafeiner Zucker

Puderzucker zum Bestäuben

Mit diesem Klassiker ernten Sie garantiert immer Applaus.

Für die Konditorcreme Vanilleschote und Milch in einem Topf zum Kochen bringen. Zucker, Mehl und Eigelbe in einem separaten Topf mischen, kochende Milch unter ständigem Rühren zufügen. Bei möglichst geringer Hitze unter Rühren abermals aufkochen, 2 Minuten köcheln lassen und anschließend durch ein Sieb passieren, um Klümpchen zu vermeiden. Etwas Zucker oder geschmolzene Butter auf die Oberfläche geben, damit sich keine Haut bildet. Ergibt 1 Liter Creme.

Den Backofen auf 170 °C vorheizen. Sechs Souffléförmchen dick mit geschmolzener Butter einfetten. Zucker und Kakao mischen und die gesamte Menge in ein Souffléförmchen geben, leicht hin- und herschwenken, damit die Mischung sich verteilt. Mischung vorsichtig in das nächste Förmchen schütten, bei den übrigen Förmchen genauso verfahren. Förmchen bis zum Füllen umgedreht auf ein Blech stellen. Die Butter konzentriert sich dadurch am oberen Rand der Förmchen und sorgt dafür, daß das Soufflé gleichmäßig aufgeht.

Für die Soufflés Schokolade fein hacken. Mit der Konditorcreme in einen Topf geben, leicht erwärmen und rühren, bis die Schokolade sich aufgelöst und gleichmäßig verteilt hat. 1 Eßlöffel Kakao unterrühren. Topf vom Herd nehmen und Eigelbe unterziehen. Abkühlen lassen und beiseite stellen.

Für das Baiser Eiweiß zu lockerem Schnee schlagen, dann die Hälfte des Zuckers zufügen. Schlagen, bis weiche Hügel entstehen, dann restlichen Zucker zufügen und weiterschlagen. Der Eischnee soll fest, aber nicht zu steif sein: Wenn man ihn mit einem Schneebesen nach oben zieht, sollten sich Spitzen bilden.

Soufflémischung lauwarm erwärmen und ein Drittel des Eischnees unterziehen. Diese Mischung zum restlichen Eischnee geben und mischen.

Förmchen mit der Mischung füllen, so daß eine leicht gewölbte Oberfläche entsteht. Mischung mit einem scharfen Messer rundum außen 2 cm tief einschneiden, ohne die Förmchen zu berühren, damit die Soufflés gleichmäßig aufgehen.

Einen Bräter oder die Fettpfanne 2,5 cm hoch mit kochendem Wasser füllen, Förmchen hineinstellen und 15–17 Minuten im Ofen backen. Bräter gegebenenfalls nach der Hälfte der Zeit um 180 °C drehen, damit die Soufflés gleichmäßig aufgehen. Vor dem Servieren mit Kakaopulver und Puderzucker bestäuben, nach Belieben mit Vanilleeis servieren.

Für 6 Personen etwas schwierig

Geoff Lindsay, Küchenchef

Soufflé von Türkischem Honig
mit Rosenblüteneis

ZUTATEN

ROSENBLÜTENEIS

250 ml Milch

250 ml Crème double

125 g Zucker

1 dunkelrote Rosenblüte oder etwas
   Rosenwasser

6 Eigelb

SOUFFLÉ

250 ml Milch

½ TL Butter

1 EL Zucker

50 g Kakao

2 EL Maismehl

4 Scheiben Türkischer Honig

8 Eiweiß

150 g extrafeiner Zucker

Puderzucker zum Bestäuben

Ich wollte ein außergewöhnliches Dessert kreieren. Dazu verfeinere ich die Schokolade mit Türkischem Honig und serviere das Soufflé mit Rosenblüteneis. Die rosafarbenen Tropfen des Rosenwassers zerperlen im Mund.

Milch, Crème double, Zucker und Rosenblätter in einem Topf bei mittlerer Hitze erwärmen. Vom Herd nehmen und 30 Minuten ruhen lassen. Eigelbe locker schlagen, Milchgemisch darüber geben und gut verrühren. Mischung zurück in den Topf füllen und bei schwacher Hitze rühren, bis die Mischung an einem Löffelrücken hängenbleibt. Durch ein feines Sieb streichen und abkühlen lassen. In einer Eismaschine nach Anweisung zubereiten oder in eine metallene Eisform füllen, mit Alufolie abdecken und ins Gefrierfach (höchste Stufe) stellen. Wenn das Eis fest ist, bei normaler Temperatur im Kühlfach belassen.

Die Hälfte der Milch mit Butter und Zucker bei mittlerer Hitze in einem Topf erhitzen. Die Mischung darf nicht kochen. Restliche Milch mit Kakaopulver und Maismehl verrühren. Heiße Milch darübergeben und gut umrühren. 5 Minuten köcheln, dann abkühlen lassen.

Türkischen Honig in 1 cm große Würfel schneiden. Vier Souffléförmchen à 250 ml leicht einfetten. Den Ofen auf 200 °C vorheizen. Die Hälfte des Türkischen Honigs und die Soufflé-Mischung in eine Metallschüssel geben und über einem Topf mit leicht kochendem Wasser erwärmen. Eiweiß zu weichem Schnee schlagen. Zucker nach und nach unterschlagen, bis er sich vollständig gelöst hat. Sehr langsam nach und nach unter die Soufflé-Mischung ziehen. Einige Stücke Türkischen Honig auf den Boden der vorbereiteten Förmchen legen. Soufflé-Mischung hineinfüllen und restlichen Honig darüber verteilen. 8–10 Minuten backen. Leicht mit Puderzucker bestäuben. Sofort mit Rosenblüteneis servieren.

Für 4 Personen mittel

RECHTS: Soufflé von Türkischem Honig mit Rosenblüteneis – ein echt orientalisches Dessert für besondere Gelegenheiten, wie ein köstlicher Hauch von Glück, der so rasch verfliegt, wie er kam.

Kelly Leonard, Küchenchef

Schokoladen-Diva
mit Kumquat-Sauce

ZUTATEN

125 g Rohzucker
9 Eier
500 g Schokolade, geschmolzen
200 g Crème fraîche
2 ½ EL Kirschwasser
2 ½ EL Grand Marnier
1 ½ EL Rum
1 TL gemahlener Zimt

KUMQUAT-SAUCE

500 g Kumquats, halbiert und entkernt
1 l Wasser
500 g extrafeiner Zucker
1 Zimtstange
3 Kardamomkapseln

Puderzucker oder Goldblattdekor zum Verzieren

Dieser köstliche Schokoladenkuchen ist eines unserer Markenzeichen – die intensive Kumquat-Sauce gleicht den üppigen Schokoladengeschmack aus.

Den Backofen auf 160 °C vorheizen. Zucker und Eier in eine feuerfeste Schüssel geben und diese in einen Topf mit leicht kochendem Wasser stellen. Kräftig schlagen, bis die Creme eindickt und die Mischung an einem Löffelrücken hängenbleibt. Erst die Schokolade, dann Crème fraîche, Kirschwasser, Grand Marnier, Rum und Zimt einrühren. Masse in eine mit Backpapier ausgelegte, beschichtete Springform (30 cm Durchmesser) füllen. Form halbhoch in einen flachen Bräter mit leicht kochendem Wasser stellen. Im Ofen 75 Minuten backen.

Aus dem Ofen nehmen und abkühlen lassen. Dann aus der Form lösen und in den Kühlschrank stellen. Nach 12 Stunden läßt sich der Kuchen gut schneiden.

Alle Zutaten für die Kumquat-Sauce in einen Topf geben und zum Kochen bringen. 1 Stunde köcheln lassen, vom Herd nehmen und abkühlen lassen.

Vor dem Servieren Kuchen mit Puderzucker bestäuben. Eine Scheibe Kuchen mit etwas Kumquat-Sauce auf jedem Teller anrichten.

Für 12 Personen mittel

Stephanie Alexander, Küchenchefin und Food-Autorin

Mandelkuchen
auf Rhabarber-Beeren-Sauce

ZUTATEN

KUCHEN

200 g hochwertige Bitterschokolade

150 g Mandeln, enthäutet

150 g Zucker

30 g Zitronat, gewürfelt

5 Eigelb, mit einem Tropfen Vanillearoma, leicht geschlagen

5 Eiweiß

1 EL geschmolzene Butter

1 EL feine frische Semmelbrösel

SAUCE

400 g Rhabarber, in 1 cm große
Stücke geschnitten

geriebene Schale von ½ Zitrone

60 ml Wasser

200 ml lieblicher Weißwein

1 Vanilleschote, aufgeschlitzt

2 EL Sago

100 g Zucker

500 g Himbeeren, frisch oder
tiefgefroren

Schlagsahne zum Garnieren,
nach Belieben

Im Barossa Valley in Südaustralien lernte ich mit Fruchtsäften hergestellte Rote Grütze kennen und entdeckte Parallelen zu meinem Sagorezept mit Himbeeren und Rhabarber. Rote Grütze, ein typisch norddeutsches und protestantisches Dessert, gibt es mit den verschiedensten roten Früchten. Heute frage ich mich, ob der Kirschsago meiner Mutter auch aus dieser Tradition stammt. Bereiten Sie den Kuchen nach Möglichkeit mit südaustralischen Mandeln zu.

Den Backofen auf 160 °C vorheizen. Schokolade fein reiben und Mandeln fein hacken oder in der Küchenmaschine mahlen. Schokolade, Mandeln, Zucker und Zitronat vorsichtig, aber gründlich mischen. Eigelbe einrühren. Eiweiß zu weichem Schnee schlagen und unter die Schokoladenmischung ziehen. Eine Form von 22 cm Durchmesser und 5 cm Höhe mit geschmolzener Butter einfetten und mit Bröseln ausstreuen; Teig einfüllen.

35 Minuten backen, bis der Kuchen innen fest ist (die Schokolade bleibt an einem Testhölzchen dennoch hängen). In der Form 10 Minuten abkühlen lassen, dann auf ein mit Alufolie bedecktes Blech stürzen. Vollständig abkühlen lassen. In einem luftdicht verschlossenen Gefäß hält sich der Kuchen gut.

Rhabarber, Zitronenschale, Wasser, Wein und Vanille in einem aluminiumfreien Topf zum Kochen bringen. Sago einrühren, Hitzezufuhr reduzieren und 15 Minuten unter häufigem Rühren leicht köcheln lassen. Zucker zufügen und rühren, bis er sich auflöst. Frische oder gefrorene Himbeeren einige Minuten – oder bis sie aufgetaut sind – mitkochen lassen. Ein- bis zweimal umrühren.

Zum Servieren die Sauce auf vorbereitete Teller geben und ein Stück Kuchen darauf anrichten. Warm oder kalt nach Belieben mit Schlagsahne servieren.

Für 10 Personen mittel

Gary Cooper, Küchenchef

Die Bademütze

ZUTATEN

BAISER
8 Eiweiß
500 g extrafeiner Zucker

MANGOSORBET
200 g Puderzucker
Saft von 1 Zitrone
500 g Mangofruchtfleisch, püriert
2 Blatt Gelatine, eingeweicht, ausge-
    drückt und unter leichtem Erwärmen
    aufgelöst

FRISCHKÄSE
250 g Frischkäse (Ziegenkäse)
3 EL Puderzucker
Saft und Schale von 1 Zitrone
200 ml Wasser
2 Blatt Gelatine, eingeweicht, ausge-
    drückt und unter leichtem Erwärmen
    aufgelöst

ROSENGELEE
500 ml Wasser
½ Tasse frische Rosenknospen
1 Tropfen rote Speisefarbe
3 EL Zucker
2 Blatt Gelatine, eingeweicht und ausge-
    drückt

MASCARPONECREME
300 g Mascarpone
225 ml Crème double

ZUM SERVIEREN
Hellrosa Rosenblätter zum Garnieren
Puderzucker zum Bestäuben

Zunächst war »Die Bademütze« eine kleine Dessertergänzung, aber sie fand soviel Anklang, daß ich ein eigenes Dessert daraus machte, das seitdem immer auf der Speisekarte steht. Die Pavlova-Variation erinnert an Esther Williams Bademütze; das Gelee wogt und glitzert wie das Meer. Ich verwende frischen Ziegenkäse aus dem benachbarten Yarra Valley.

Den Backofen auf 120 °C vorheizen. Eiweiß zu weichem Schnee schlagen. Zucker nach und nach zufügen, ohne den Schnee zu überschlagen. 4 cm große Kreise im Abstand von 2,5 cm auf Backpapier zeichnen. Eiweiß in eine Gebäckspritze mit Sterntülle füllen und spiralförmig auf die vorgezeichneten Kreise spritzen. Etwa 30 Minuten backen, Ofen ausschalten und Baiser im Ofen auskühlen lassen. In einem luftdichten Gefäß aufbewahren.

Puderzucker und Zitronensaft in einem großen Topf bei mittlerer Hitze erwärmen. Zucker auflösen und Sirup aufkochen. Abkühlen lassen. In der Küchenmaschine mit dem Mangopüree verarbeiten. Gelatine einrühren. In einer Sorbetière nach Anweisung zubereiten oder in flache Eisschalen füllen und einfrieren. Wenn das Sorbet gerade fest ist, aus dem Eisfach nehmen, in Würfel schneiden und in der Küchenmaschine zerkleinern. Anschließend zurück in die Eisschalen füllen, zudecken und abermals ins Eisfach stellen.

Frischkäse durch eine Mühle drehen oder mit dem Kartoffelstampfer zerkleinern. Restliche Zutaten einrühren und wie das Mangosorbet einfrieren.

Für das Gelee Wasser zum Kochen bringen und in einer Schüssel über die Rosen gießen. 5 Minuten ziehen lassen. Wasser abgießen und auffangen. Mit Speisefarbe und Zucker mischen; Gelatineblätter in der Flüssigkeit auflösen. An einen kühlen Ort stellen und nach dem Festwerden im Kühlschrank aufbewahren.

Für die Mascarponecreme Mascarpone und Crème double zu einer dicken Masse schlagen.

Je ein Baiser mit einer Scheibe Mangosorbet bedecken, ein weiteres Baiser und eine Schicht Frischkäse darüber geben und einfrieren. Vor dem Servieren Baisers auf Tellern anrichten, mit Mascarponecreme garnieren und ringsum mit frischen Rosenblättern verzieren. Mit Puderzucker bestäuben und mit 3 Löffeln Rosengelee pro Portion servieren.
Für 30 Personen etwas schwierig

RECHTS: »Die Bademütze«, ein ausgefallenes Dessert mit Baiser, Mangosorbet und Frischkäse, garniert mit Mascarponecreme und Rosenblättern. Das Gelee wird mit frischem Rosenblätteraufguß hergestellt. Paradiesisch!

Biographien

Barbara Beckett

Kurzbiographien
der Küchenchefs und Food-Autoren

Catherine Adams, Konditorin

Catherine Adams begeisterte sich schon als Mädchen fürs Backen. Nach einer kaufmännischen Ausbildung in Neuseeland begann sie in Australien als Konditorin im MCA und Rockpool und führte später mit ihrem Partner ein Restaurant bei Margaret River in Westaustralien. Sie kehrte zur Perry Group zurück, um im Wokpool asiatische Backtechniken zu erlernen. Heute arbeitet sie als Konditorin im MG Garage Restaurant. Da sie mit einem türkischen Koch zusammenlebt und mit einem griechischen Koch arbeitet, interessiert sie sich neuerdings besonders für die Backkunst im Mittelmeerraum und Nahen Osten.

Stephanie Alexander, Küchenchefin und Food-Autorin (Seiten 150–151)

Victoria Alexander, Restaurantbesitzerin

Victoria Alexanders Herausforderung begann, als sie in Sydney ein ehemaliges Badehaus entdeckte und beschloß, es zu pachten. Die hervorragende Lage am Balmoral Beach und die ungezwungen elegante Einrichtung schienen perfekt geeignet für hochwertige Speisen. Victoria Alexander arbeitete ursprünglich als Mode- und Designfotografin, liebte aber immer gutes Essen und Kochen. Zusammen mit Genevieve Harris kreierte sie Spitzengerichte der modernen australischen Küche. 1998 wurde der Bathers Pavilion wegen Renovierung geschlossen, seit der Wiedereröffnung 1999 schwingt Serge Dansereau den Kochlöffel.

Maggie Beer, Food-Autorin und Landwirtin

Maggie Beer und ihr Mann Colin züchten seit 1973 im südaustralischen Barossa Valley Fasane und bauen Trauben an. 15 Jahre leitete Maggie Beer die Pheasant Farm, ein für seine Regionalküche bekanntes Restaurant. Seit der Schließung arbeitet sie vor allem an Produkten der Farm – zum Beispiel Pheasant-Farm-Pastete, Fruchtsäften, Quittenpaste oder Pilzpastete –, die sie im In- und Ausland verkauft. Maggie Beer begeistert sich für regionale Erzeugnisse und will mit hochwertiger Qualität Marktlücken schließen.

Die Food-Journalistin ist die Autorin von Maggie's Farm, eines bekannten Buches über australische Regionalküche. Stephanie Alexander beschreibt sie so: »Maggie arbeitet mit dem, was sie in ihrer Umgebung findet ... bei ihr gibt es Flußkrebse und Forellen im Stausee, Gänse, Olivenbäume an Salzwasserbecken, Maispflanzen, die den kalten Boden direkt vor der Küchentür durchbrechen und einen uralten Birnbaum, der gerade anfing zu blühen, als ich zu Besuch war.«

Tony Bilson, Küchenchef (Seiten 78–79)

Guillaume Brahimi, Küchenchef

»Ich liebe alte französische Rezepte und Zubereitungsarten. Ich sammle alte Rezepte und passe sie dem heutigen Geschmack und der einfacheren australischen Verwendung an. Mein Großvater in Paris lehrte mich kochen. Sonntags kochten wir für 20 Personen. Ich liebe Hausmannskost.«

Guillaume Brahimi begann mit 14 Jahren eine Lehre als Koch und arbeitete erst im La Tour D'Argent, später im renommierten Robuchon. Joël Robuchon war sein Vorbild – jeder arbeitete hier bis zur Perfektion und liebte seine Aufgabe.

Guillaume Brahimi machte vor sieben Jahren in Australien Urlaub und beschloß dabei, fortan eigene Wege zu gehen. Er kochte in verschiedenen Restaurants und übernahm dann das Quay (früher Bilson's). Brahimi setzt alles daran, seine Speisen zu perfektionieren. In erster Linie inspirieren ihn frische Zutaten – er versucht sie so zuzubereiten, daß Frische und ursprünglicher Geschmack unverfälscht erhalten bleiben. »Ich bin sehr glücklich – ich habe eine große Leidenschaft, und ich kann mich ihr ein Leben lang widmen.«

Marieke Brugman, Küchenchefin und Kochlehrerin	Vor über 20 Jahren gründeten **Marieke Brugman** und Sarah Stegley das Victoria am Rande des Howqua Valley, ein Geheimtip für Gourmets. Später entstand dort außerdem Australiens erste und überaus erfolgreiche Kochschule mit angeschlossenem Wohnheim. Führende australische Köche wie Cheong Liew, Philip Searle, Tetsuya Wakuda oder Janni Kyritsis zeigen dort regelmäßig ihr Können. Auch interessierte Laien profitieren von Brugmans und Stegleys Idee. Beide organisieren überdies Gourmet-Reisen im In- und Ausland. »Ich koche auf zwei verschiedene Arten. Im Alltag verwende ich alles, was in meinem Garten verfügbar ist, dazu verschiedene Reissorten oder gutes Sauerteigbrot. Für solche Mahlzeiten brauche ich höchstens 20 Minuten. Für Gäste koche ich bis zu 15 Stunden. Wir machen alles selbst, vom Brot bis zu Eingemachtem, Gebäck und Müsli. Meine Speisen entwickle ich immer weiter, überprüfe und verfeinere sie. In typisch australischer Umgebung kreieren wir Gerichte, die Geselligkeit sowie intelligente und gehobene Unterhaltung fördern.«

Vor über 20 Jahren gründeten **Marieke Brugman** und Sarah Stegley das Victoria am Rande des Howqua Valley, ein Geheimtip für Gourmets. Später entstand dort außerdem Australiens erste und überaus erfolgreiche Kochschule mit angeschlossenem Wohnheim. Führende australische Köche wie Cheong Liew, Philip Searle, Tetsuya Wakuda oder Janni Kyritsis zeigen dort regelmäßig ihr Können. Auch interessierte Laien profitieren von Brugmans und Stegleys Idee. Beide organisieren überdies Gourmet-Reisen im In- und Ausland. »Ich koche auf zwei verschiedene Arten. Im Alltag verwende ich alles, was in meinem Garten verfügbar ist, dazu verschiedene Reissorten oder gutes Sauerteigbrot. Für solche Mahlzeiten brauche ich höchstens 20 Minuten. Für Gäste koche ich bis zu 15 Stunden. Wir machen alles selbst, vom Brot bis zu Eingemachtem, Gebäck und Müsli. Meine Speisen entwickle ich immer weiter, überprüfe und verfeinere sie. In typisch australischer Umgebung kreieren wir Gerichte, die Geselligkeit sowie intelligente und gehobene Unterhaltung fördern.«

Raymond Capadli, Küchenchef

»Das Kochen hat viele kulturelle Wurzeln. Essen sollte immer respektiert werden, die Suche nach Neuem darf nicht zur Schöpfung irgendwelcher Alpträume geraten. Wir sind wieder zur einfachen Küche zurückgekehrt, zu den Grundlagen, die neue Tiefe erhalten, wenn wir die richtigen Zutaten verbinden.« **Raymond Capadli** hat in den besten Hotelrestaurants in Schottland, Cannes, London, Moskau, Hongkong, Port Douglas und Melbourne gekocht. Bevor er selbst Chefkoch wurde, arbeitete er unter Größen wie Allan Hill und Anton Mossiman. Le Restaurant im Sofitel in Melbourne machte Capadli zum besten Hotelrestaurant der Stadt. Seine innovativen Gerichte mit feinsten Zutaten und intensiven Aromen verwöhnen das Auge. Demnächst will er Fenix eröffnen, ein Restaurant im Bistrostil mit etwas entspannterer Atmosphäre; außerdem plant er eine Kochschule.

»Für mich ist Kochen pure Magie – Geruch, Gelingen und Mißlingen sind die Leidenschaft eines jeden Kochs. Meinen Köchen sage ich: ›Es muß stets Überraschungen geben. Betrachte das Kochen nie von einer überfüllten Stadt aus, sondern so, als würdest Du vom Kai aus auf den Ozean blicken.‹ Dem Verständnis für Geschmack sind keine Grenzen gesetzt.«

Joan Campbell, Food-Autorin
(Seite 50)

Robert Castellani, Küchenchef

»Ich bin Italiener, lebe in Australien, und meine Zutaten sind australisch – nach dem Kochen sprechen sie etwas italienisch.« **Robert Castellani** beherrscht die moderne französische, aber auch die italienische und mediterrane Küche. Der Italiener kam als Kind nach Australien. Seine Eltern – beide exzellente Köche – bauten Reis an. Castellani kochte in renommierten Restaurants in Melbourne wie dem Fanny's, dem Stephanie's und dem Florentino. Heute arbeitet er im Donovan's am St. Kilda Beach. Er serviert einfache Speisen mit ausgewogenen Zutaten – Schlichtheit ist sein Schlüssel zum Erfolg. Gern kreiert er aber auch anspruchsvollere Gerichte mit harmonierenden Aromen. »Essen soll nahrhaft sein und Grundbedürfnisse erfüllen; es muß Spaß machen und vom Geschmack geleitet sein. Mit den besten Zutaten gelingen die besten Gerichte.«

Vic Cherikoff, Bushfood-Vermarkter
(Seiten 14–15)

Dany Chouet, Küchenchef
(Seite 106)

André Chouvin, Küchenchef

André Chouvin hat 18 Jahre lang als Koch Erfahrungen in Drei-Sterne-Restaurants gesammelt und dabei mit hochkarätigen Köchen wie Paul Bocuse, Marc und Paul Haeberlin und Michel Lorain gearbeitet. Marc Haeberlin unterstützte ihn besonders und ermunterte ihn, sich in Boston, USA, im Julien vorzustellen. Chouvin und seine Frau Tracey haben in den letzten drei Jahren an der Central Coast in Neusüdwales das Café de la Gallerie zum Feinschmeckerrestaurant gemacht. Meisterhaft verfeinert André Chouvin australische Zutaten der Region mit französischer Küchenkunst.

Abends servieren sie à la carte, bieten Weinproben und Prestigemenüs. Die australischen Zutaten verfeinern sie mit Gänseleber, Kaviar und schwarzen Trüffeln. Terry Duracks Good Food Guide beschreibt das Essen als »gelungene Mischung aus australischer Lässigkeit und Gala-Dinner«.

KURZBIOGRAPHIEN 209

OBEN: Blick über das Yarra Valley zu Frühjahrsbeginn. Von der Veranda aus genießen die Hallidays den Blick auf neblige Morgenstimmung, die hohen Gebäude von Melbourne zur Mittagszeit, das Licht- und Farbenspiel nach heftigem Regen und den leuchtenden Himmel am Spätnachmittag.

210   KURZBIOGRAPHIEN

James und Suzanne Halliday
Ein Laib Brot, ein Glas Wein ...

Seit mehreren Jahren gilt das Yarra Valley als Top-Adresse für gute Weine und bestes Essen. Die Region zählt mittlerweile zu den kulinarisch reichsten und landschaftlich schönsten Gegenden Australiens. Bereits 1854 baute Paul de Castella im Yarra Valley den ersten Wein im Staate Victoria an. Weitere Weingüter entstanden, und 1880 war Victoria zum Ihre Kellerei gehört zu den bedeutendsten der Region. 1996 kaufte der große Weinkonzern Southcarp das Unternehmen; James Halliday ist aber nach wie vor Produktionsleiter.

Die engagierten Hallidays trugen wesentlich zur Bekanntheit von Weltklasseweinen und -essen der Region bei. 1998 gründete Suzanne Halliday die ten ablesen – ein Fest für die Sinne: leuchtendgrüne Bänder im Frühling, akkurate, dunkelgrüne Reihen im Sommer, ein Meer aus Rot- und Goldtönen im Herbst und staksige, frisch geschnittene Reben im Winter. Wir sind Teil einer glücklichen Landschaft.«

größten Weinproduzenten Australiens aufgestiegen. Anfang des 20. Jahrhunderts ging der Weinbau jedoch stark zurück, als während der Wirtschaftskrise die Nachfrage nach Tischweinen sank. Nur wenige Erzeuger blieben übrig. Damals wie heute bedrohen überdies schnell wachsende Vororte die Weinberge und Obstgärten.

Erst Ende der 1960er Jahre erlebten die Weinberge des Yarra Valley eine neue Blüte. James Halliday, Australiens renommiertester Wein-Journalist, Weinbauer und Weinkoster, war Mitinhaber der kleinen Kellerei Brokenwood im Hunter Valley, bevor er auf das Yarra Valley aufmerksam wurde. Er und seine Frau Suzanne bebauten daraufhin ihren eigenen Weinberg, Coldstream Hills. Innerhalb kurzer Zeit produzierten sie hervorragenden Chardonnay, Pinot Noir, Cabernet/Merlot und Cabernet Sauvignon.

Yarra Valley Regional Food Group, einen Zusammenschluß regionaler Erzeuger mit einer breiten Produktpalette.

Der Gastronomieführer des Verbandes nennt Reisenden Anlaufadressen, wo sie frische Produkte wie Mineralwasser, Käse oder Fisch probieren, kaufen oder sogar selbst fangen können. Regionale Erzeugnisse sind weiterhin hochwertiges Rind, Lamm, Geflügel und Wild, Lachse, Kaviar, Flußkrebse, Chinesische Birnen und Oliven, Gemüse, Kräuter, Brot, Schokolade, Nudeln, Marmeladen und Konserven, Honig, Lavendel, Nüsse, Pilze, Apfelwein, Bier und natürlich die weltberühmten Weine.

»Wir haben das große Glück, daß wir gleichzeitig in und über dem Yarra Valley leben, das stets neue Blickwinkel offenbart. An den Weinbergen unter unserem Haus kann man den Wechsel der Jahreszei-

Oben links: Weltklasseweine der Region.

Oben Mitte: Atlantiklachse werden im Yarra Valley auf natürliche Weise gezüchtet, der Kaviar wird in Handarbeit gewonnen.

Oben rechts: Pilze von der Gourmet Mushroom Farm in Wandin.

Ganz links: Feine regionale Äpfel und Birnen.

Gary Cooper, Küchenchef

Nach 20 Jahren Küchenerfahrung in renommierten Häusern wie dem Fanny's, Burnham Beeches und dem Cotswold House hat **Gary Cooper** seinen Traum wahr gemacht und mit seiner Frau Sonia die Leitung des Chateau Yering im Yarra Valley, Victorias ältestem Weinbaugebiet, übernommen. Das Hauptaugenmerk richtet sich auf die Speisen, aber auch Ambiente und Unterbringung genügen höchsten Ansprüchen. Die Menüs betonen die hervorragende Qualität regionaler Produkte; besonders gerne kombiniert Cooper ungewöhnliche Zutaten auf geniale Weise. Zusammensetzung und Geschmack der Zutaten müssen harmonieren, doch Cooper ist ebenso für Überraschungen gut. »Wenn man klassisch kocht, aber eigene Impulse einbringt, entsteht schließlich etwas ganz Aufregendes.« Himmlische Gaumenfreuden bietet er in seinem Restaurant, dem Eleonore's, und im Sweetwater Café im Chateau Yering.

Serge Dansereau, Küchenchef
(Seiten 142–143)

Peter Doyle, Küchenchef

»Ich verwende gerne Zutaten entsprechend der Jahreszeiten und lasse die Speisen für sich sprechen. Der visuelle Aspekt ist wichtig, aber in erster Linie muß es gut schmecken.«

Als **Peter Doyle** seine Lehre als Koch begann, aß man in Sydney noch Cordon bleu und Austern mit Mornaysauce. Nach der Ausbildung reiste Doyle mit seiner Frau Beverly im Campingbus durch Europa und lernte verschiedene Eßkulturen kennen. »Es war der Beginn der Nouvelle Cuisine, eine aufregende Zeit. Man fuhr nach Frankreich, um Eichblattsalat zu essen, oder nach Italien, um Käse zu probieren. Heute haben wir alles hier, und es ist weniger interessant, nach Europa zu fahren. Wir haben unseren eigenen, unverwechselbaren Stil entwickelt, Essen und Ambiente haben sich verändert.«

Heute kocht Peter Doyle australische Gerichte mit klassisch französischen Techniken. Sein Stil ist mediterran, die asiatische Küche hat einen geringeren Anteil. In seinem eleganten Restaurant Cicada herrscht eine entspannte Atmosphäre. Der Service ist außerordentlich zuvorkommend, Frische und Ehrlichkeit kennzeichnen die Gerichte. »Ich mag das Zusammenspiel klassischer, harmonischer Aromen, die die Hauptzutat geschmacklich abrunden. Zurückhaltung und Schlichtheit zeichnen das perfekte Gericht aus.«

Alain Fabrègues, Küchenchef

Sue Fairlie-Cuninghame, Food-Autorin und Förderin regionaler Erzeuger
(Seite 51)

Margaret Fulton, Food-Autorin
(Seiten 166–167)

Bereits als Kind träumte **Alain Fabrègues** davon, Koch zu werden. Erste Impulse erhielt er durch seine Großmutter, eine damals sehr bekannte Köchin. Die Lehre absolvierte er im Le Restaurant du Marché Gate de Brienne in Bordeaux; später arbeitete er unter dem bekannten Meisterkoch Jean Delaveyne. Er wanderte nach Westaustralien aus und heiratete Elizabeth, mit der er 1980 The Loose Box eröffnete. Alain Fabrègues hat sich der feinen französischen Kochkunst verschrieben und verwendet mit Vorliebe die wunderbar frischen Produkte Westaustraliens. Alle Kräuter und zahlreiche Gemüsesorten stammen aus den weitläufigen Gärten, die das luxuriöse Restaurant und die umliegenden Häuser umgeben. Alain Fabrègues hat für seine Kochkünste bereits zahlreiche Auszeichnungen und Preise erhalten.

Lucio Galletto, Restaurantbesitzer

Lucio Galletto wuchs in einer Familie von Gastwirten auf – fast wäre er sogar in einem Restaurant zur Welt gekommen. Seine ersten Kocherfahrungen sammelte er im elterlichen Restaurant an der italienischen Riviera. Zur Enttäuschung seiner Eltern folgte er aber seiner späteren Frau Sally nach Sydney. Galletto arbeitete einige Jahre im Natalino's und eröffnete 1981 in Balmain ein erstes Restaurant. Frische, hausgemachte italienische Pasta gab es damals fast nirgendwo in Australien. Zwei Jahre später kaufte er das Hungry Horse in Paddington und engagierte Eugenio Riva als Koch. Immer wieder änderten die beiden innovativen Köche die Speisekarte und entdeckten neue Produkte. Seit nunmehr 20 Jahren bietet das Lucio's italienisch-australische Kreationen. 1997 eröffnete Riva ein eigenes Restaurant; Galletto arbeitet seitdem erfolgreich mit Timothy Fisher.

Galletto, der »nie mit der Mode, sondern immer mit den Jahreszeiten geht«, sagt von sich: »Ich arbeite mit Begeisterung, aber ich achte auch die Tradition. Es war eine aufregende Zeit in Sydney. In Italien gab es spezielle Lieferanten für Basilikum oder für Fisch – als ich nach Sydney kam, war das ganz anders. Heute bieten junge Erzeuger in Sydney ganz hervorragende Produkte an. Sydney ist das Mekka für einige der kreativsten Köche der Welt. Ich bin gern ein Teil der australischen Küche. Und das ist möglich, weil die Australier abenteuerlustig sind.«

Suzanne Gibbs, Food-Autorin	**Suzanne Gibbs** *wuchs in einer Umgebung auf, in der professionelles Kochen an der Tagesordnung war. Die Tochter der Bestseller-Kochbuchautorin Margaret Fulton schulte ihr Talent in der Cordon Bleu School of Cookery in London. Kaum diplomiert, begann sie als Köchin für Desserts und Gebäck im Cordon Bleu Restaurant. Auch nach ihrer Rückkehr nach Australien setzte sich die Karriere der erfolgreichen Köchin, Food-Journalistin und Food-Stylistin fort. Noch immer arbeitet sie gerne mit ihrer Mutter Margaret in der Küche. Beide lieben ausgewählte Zutaten und präsentieren gerne klare, leicht nachvollziehbare Rezepte für Hobbyköche, bei denen auch der visuelle Aspekt nicht zu kurz kommt.*

Suzanne und James Halliday, Erzeuger
und Wein-Autoren (Seiten 210–211)

Genevieve Harris, Küchenchefin

Genevieve Harris *hat bereits in einigen gefeierten Restaurants Australiens wie im Bluewater Grill und im Paragon Cafe gekocht. Außerdem war sie vier Jahre lang Chefköchin im Bathers Pavilion. Mit ihrer mediterran-asiatisch geprägten Cuisine erwarb sie sich den Ruf einer Perfektionistin und Künstlerin der »Finesse und Verfeinerung« mit einem ganz besonderem Verständnis für Zutaten und Gewürze. Während ihrer Zeit am Bathers Pavilion schrieb sie an dem sehr erfolgreichen gleichnamigen Kochbuch mit. Sie kocht inzwischen wieder in ihrer Heimatstadt Adelaide als Mitinhaberin des bekannten Restaurants Nediz Tu.*

Diane Holuigue, Food-Autorin und
Kochlehrerin

Diane Holuigue *verzaubert vor allem mit Worten – ihre Leser begeistert sie mit unnachahmlichen Beschreibungen von Gerichten, Aromen, Geschmack und Konsistenz. Ihre klaren Anleitungen und hilfreichen Tips eignen sich besonders für Anfänger. Diane Holuigue, die ihr immenses Wissen über Speisen gerne weitergibt, bereist neben Australien auch Europa und die USA. Seit 26 Jahren gehört sie zu den führenden australischen Food-Autorinnen und hat inzwischen neun Kochbücher geschrieben. 28 Jahre lang leitete sie die private Kochschule The French Kitchen, in der über 54 000 Menschen kochen lernten. Die Schule zeichnete sich durch ihren praktischen Ansatz aus und macht Zubereitungstechniken für jeden erlernbar. Diane Holuigue holte als erste internationale Lehrköche wie Giuliano Bugialli, Ann Willan, Madhur Jaffrey, Roger Vergé und Marcella Hazan nach Australien. In hohem Maß hat sie das Wissen um australische Speise- und Wein-Tradition gefördert.*

Janet Jeffs und Kelly Leonard,
Küchenchefinnen

Janet Jeffs *absolvierte ihre Ausbildung bei dem berühmten Koch Cheong Liew im Neddy's in Adelaide und arbeitete mit Maggie Beer in der Pheasant Farm im südaustralischen Barossa Valley zusammen. Sie übernahm zunächst das Kilikanoon im Clare Valley, später eröffnete sie mit* **Kelly Leonard** *das Juniperberry in Canberra. Janet bezeichnet sich selbst scherzhaft als »Dessertkönigin«. Speisen und Stoffe sind ihre Leidenschaft. Da es bei Desserts besonders stark auf den visuellen Aspekt ankommt, ist sie hier ganz in ihrem Element. Das vor allem für üppige Desserts bekannte Juniperberry besticht durch den wunderschön dekorierten Raum, der eine spektakuläre Kulisse für die phantasievollen Gerichte abgibt.*

Philip Johnson, Küchenchef

»Die allerbesten Zutaten verändern wir so wenig wie möglich.« Philip Johnson untertreibt bei der Beschreibung der köstlichen Gerichte, die er im 1995 eröffneten ecco in kühnem Ambiente mit roten und auberginefarbenen Wänden auf einfachen Holztischen serviert. Der Neuseeländer arbeitete in Sydney

Simon Johnson, Lebensmittellieferant
(Seiten 90–91)

und Perth, bevor er in Brisbane das Le Bronx eröffnete. Der Perfektionist widmet auch Details besondere Aufmerksamkeit – »man ist immer nur so gut wie das zuletzt servierte Essen«, meint er. Philip Johnson reist gerne, um Blick und Techniken zu erweitern; regelmäßig schreibt er Food-Kolumnen. Rick Stein schrieb: »Um das ecco darf uns der Rest der Welt beneiden ... zurückgelehnt, völlig im Einklang mit sich selbst genießt man den unaufdringlichen Service ... und fühlt sich beim Essen zehn Jahre jünger. Für mich war es wie eine mitreißende Rock-'n'-Roll-Show ... Das ist das ganze Geheimnis.«

Jennice and Raymond Kersh, Küchenchefs und Restaurantbesitzer

»Wir mußten auf Pioniere wie Raymond und Jennice warten, um zu entdecken, was die Aborigines seit Jahrtausenden wußten – daß der Busch eine Vielfalt an Zutaten für eine der interessantesten Küchen der Welt bietet«, schrieb der Journalist David Dale. Im Edna's Table II in Sydney haben sich die Geschwister **Jennice und Raymond Kersh** auf moderne australische Küche mit einheimischen Zutaten spezialisiert. Beide wuchsen im multikulturellen Hafenviertel von Sydney auf. Obwohl ihre Eltern arm waren, spielten Essen und Gastfreundschaft eine wichtige Rolle. Der Vater kochte hervorragend, und Raymond Kersh trat bald in seine Fußstapfen. Im westaustralischen Kimberly lebten beide zeitweise in einer Aboriginessiedlung; auf Reisen durch Australien erweiterten sie ihr Wissen über die Ernährung der Ureinwohner. Raymond Kersh verbindet klassische Kochtechniken mit einer Vorliebe für einheimische Zutaten wie Zitronenmyrte, Anis, Känguruhfleisch, Minze oder Buschtomaten.

Janni Kyritsis, Küchenchef
(Seiten 198–199)

Michael Lambie, Küchenchef

»Mit dem Circa konnte ich innerhalb eines renommierten Unternehmens gute Küche nach meinen Vorstellungen verwirklichen. Ich verwende nur beste Zutaten, einfach gekocht und sparsam garniert, serviert mit einer wirklich guten Sauce.«

Bereits in jungen Jahren wollte **Michael Lambie** kochen lernen. Er arbeitete zunächst im Sloane Club in London, dann im Waterside Inn und unter Marco Pierre White. In Australien ließ er sich zu Beginn der neuen Welle des »fine cooking« nieder. Drei Jahre lernte er im Stokehause den australischen Geschmack kennen, dann eröffnete er das Circa. »Jetzt entsteht in Melbourne eine stark europäisch geprägte Küche auf hohem Niveau. Die Stadt mit ihren Menschen, Produkten und ihrem Ambiente könnte in diesem Bereich eine international führende Position einnehmen.«

Kelly Leonard, Küchenchefin
(siehe Janet Jeffs, Seite 213)

Cheong Liew, Küchenchef

Cheong Liew, einer der einflußreichsten Köche Australiens, verband als erster europäische und asiatische Küche. Seine Gerichte haben einen ganz eigenen Charakter und spiegeln das Talent des Meisters wider. Cheong Liew wuchs in Malaysia inmitten einer chinesisch, malaiisch und indisch geprägten Kochtradition auf. Seine Familie legte großen Wert auf Essen. Auch die Kinder halfen mit und hatten großen Spaß an der Zubereitung von Reis in Bambusblättern, dem Reismahlen für Reiskuchen und Putzen von Haifischflossen. Eigentlich wollte Cheong Liew in Australien studieren, dann aber siegte seine Begeisterung für Küche und Herd. Er begann in einem griechischen Restaurant, The Iliad, dessen Koch ihn anspornte und ihm Kochbücher lieh. Cheong Liew hatte Spaß an neuen Techniken, stellte aber bald fest, daß die griechische Küche ihm fremd blieb. Daraufhin experimentierte er im Lord Kitcheners mit indischer und französischer Cuisine, servierte aber auch griechische und chinesische Gerichte. Barry Ross arbeitete dort als Tellerwäscher und schließlich eröffneten die beiden das Neddy's. Cheong Liew ging jeden Morgen auf den Markt und kochte, worauf er Lust hatte. Es gab keine Speisekarte – er begeisterte seine Gäste mit frischen Gerichten aus saisonalen Zutaten. Erst nach und nach entstand eine Speisekarte mit ganz eigenem Stil. Kürzlich zog Liew in das noble La Grange im Adelaide Hilton um.

»Beim Kochen kombiniere ich Elemente unterschiedlicher Kulturen. Ich kann traditionell kochen, aber ich füge gern ein fremdes Element hinzu, um viele Menschen an ihre eigene Küche zu erinnern. In Australien herrscht kulturelle Freiheit, so etwas wird akzeptiert. Ich wollte mich von meinen chinesischen

UNTEN LINKS: Garnelensoufflé-Tarte von Damien Pignolet (Seite 146). Die Tarte besteht aus leichtem Blätterteig, der mit der luftig-cremigen Konsistenz des Souffles kontrastiert. Ein Hauch Cayennepfeffer rundet den intensiven Geschmack ab.

Wurzeln befreien, aber nicht von den Kochtechniken. Durch Migration und Ideenaustausch sind Eßkulturen seit Jahrtausenden verschmolzen. Als malaiischer Chinese habe ich keine Hemmungen, Kochkulturen zu mischen.«

UNTEN RECHTS: Dieser camembertähnliche Käse aus Schafsmilch, eine Kreation von Richard Thomas, wird nur mit schwarzen Oliven serviert.

Geoff Lindsay, Küchenchef

»Dynamischer Ansatz, anpassungsfähig und flexibel, spontan, optisch beeindruckend, kühne Geschmackskombinationen« – Geoff Lindsays Kreationen im Stella haben gute Kritiken. Er selbst stammt aus Warrnambool, einer Küstenstadt in Victoria, in der er auch seine Lehre absolvierte. Seine Eltern liebten gutes Essen und nahmen ihn schon als Kind mit auf Reisen und zum Essen überall auf der Welt. Nach seiner Ausbildung arbeitete er für Stephanie Alexander und war dort drei Jahre lang Küchenchef. Er wechselte in Blake's Restaurant, wo er mit Andrew Blake zusammenarbeitete, und eröffnete schließlich das Stella, um seinen eigenen Stil umsetzen zu können. Gleichwohl überzeugt Lindsays Speisekarte durch große Vielfalt.

»Ich behandle die einzelnen Eßkulturen mit Respekt. Ich verschmelze keine Speisen, mische keine Kulturen auf einem Teller. Ich bewege mich durch die Kulturen, aber ich bringe sie nicht mit Gewalt zusammen. Stephanie Alexander half mir, meine Vorstellungen zu formen und tiefer zu gehen. Ich verwende regionale, frische Produkte. Ich studiere mit Freude Kochkulturen, um zu verstehen, was man etwa mit einem Stück Zitronengras machen kann.«

Greg Malouf, Küchenchef

Greg Malouf absolvierte eine klassisch europäische Kochausbildung, ist allerdings stark von der Küche seiner Mutter sowie von der iranischen, türkischen und griechischen Kochtradition beeinflußt. Er arbeitete zunächst im Watson's in Melbourne, später im Two Faces, Mietta's und Stephanie's sowie in Österreich, Hongkong und Italien. Seit 1991 bietet er im Restaurant des O'Connell's Hotel saisonale, vom mittleren Osten beeinflußte Küche.

»Die Gerichte, die meine Mutter und meine Großmütter kochten, sind in der gesamten arabischen Welt seit 2000 Jahren die gleichen. Im O'Connell's bereite ich sie auf meine Art zu. Das Geheimnis der

KURZBIOGRAPHIEN 215

Küche des mittleren Ostens ist die Tradition, in der sie wurzelt. Ich versuche, die exotischen Gewürze, Aromen und Zubereitungsarten meiner Kindheit neu zu interpretieren, indem ich sie mit den köstlichen frischen Produkten Australiens kombiniere. Der Phantasie sind keine Grenzen gesetzt.«

Stefano Manfredi, Küchenchef

In den 1960er Jahren wanderte **Stefano Manfredi** mit seinen Eltern aus Italien ein. Mutter und Groß-mutter kochten hervorragende traditionelle Gerichte mit den frischesten Zutaten. Manfredi arbeitete für Jenny Ferguson im You and Me, eröffnete aber bald darauf das Restaurant Manfredi. Zur Revolution der australischen Küche trug er durch seinen intuitiven Umgang mit besten Grundzutaten bei, bekannte sich aber dennoch stets zu seinen Wurzeln. Mit seiner Mutter Franca eröffnete er Ende der 1990er Jahre das bel mondo restaurant in The Rocks am Circular Quay. »Ich bin Italiener, und ich bin Koch. Aber ich lebe in Australien und bin stets auf der Suche nach den besten und frischesten australischen Zutaten. Meine Küche orientiert sich am klassischen italienischen Zugang zu Speisen, ich verwende aber die be-sten und frischesten Zutaten dieses Landes. Neues lebt durch die Tradition, die ihrerseits durch das Neue genährt wird. Daß wir mit diesem Ansatz auf dem richtigen Weg sind, wissen wir, weil unsere Gäste das Essen – italienisch oder nicht – genießen.«

Luke Mangan, Küchenchef

Schon mit 15 Jahren wußte **Luke Mangan**, daß er Koch werden wollte. Vier Jahre lernte er bei Her-mann Schneider; dann fuhr er nach Europa. Er bot Michel Roux an, vier Wochen unbezahlt für ihn zu arbeiten; blieb jedoch 18 Monate. Wieder in Australien wollte Luke Mangan seine Erfahrungen umset-zen: Das CBD wurde ein großer Erfolg, denn hier verband Mangan seine Erfahrung im Bereich der klas-sischen Kochkunst mit seinem sicheren Gefühl für Raffinesse. Er variiert mit Vorliebe klassische Gerichte und arbeitet gerne mit frischen, saisonalen Zutaten. Seine Gerichte sind schlicht und sprechen für sich selbst. In seinem jetzigen Restaurant, dem Salt, brilliert er an der Seite seiner Partnerin Lucy Allon.

Paul Merrony, Küchenchef

»Meine Küche ist bewußt schlicht. Die Zutaten sollen für sich selbst sprechen. Ja, Zutaten sprechen wirklich. Man muß sie lediglich verstehen lernen.«

Paul Merrony absolvierte seine Ausbildung im Berowra Waters und erweiterte seine Kenntnisse in Ein- und Drei-Sterne-Restaurants in London und Paris. In Sydney arbeitete er in einer Reihe renommier-ter Restaurants, bevor er das Merrony über dem Hafen von Sydney eröffnete. Merrony gilt als einer der besten Jungköche Australiens. Für ihn sind Technik und beste australische Zutaten von besonderer Be-deutung. »Das Merrony ist, was Techniken und Background anbetrifft, eindeutig französisch beeinflußt. Das lässige Ambiente und die eleganten, schlichten Gerichte verweisen aber unmißverständlich auf den Standort Sydney.« Merronys im vorliegenden Buch abgedruckte Rezepte stammen aus seinem Buch The New French Cooking in Australia.

Michael Moore, Küchenchef

Michael Moore kam 1998 zum dritten Mal nach Australien, diesmal, um das Bennelong in der Oper von Sydney in neuem Stil für ein völlig anderes Publikum wiederzueröffnen. In freundlicher, aber eleganter Atmosphäre wartet Moore mit exzellentem Essen auf.

Seine Laufbahn begann in London, später arbeitete er in Sydney unter Serge Dansereau als Chef Saucier. Zwei Jahre später begann er im Londoner Ritz als jüngster Senior Chef de Partie Poissonier. Da die australische Küche zu den innovativsten der Welt zählt, kehrte Moore schließlich nach Sydney zurück, um an der dortigen Entwicklung teilzuhaben. Er arbeitete im Craigend Restaurant, im Hotel Nikko und im Bouillon Eatery. 1996 gründete er in London für Sir Terence Conran das Bluebird Restau-rant mit Feinkostladen. Jetzt ist er zurück in Australien – Sydneys Gourmets und Kulturfreunde dürfen sich freuen.

Matthew Moran, Küchenchef

Philippe Mouchel, Küchenchef
(Seiten 186–187)

Mietta O'Donnell, Restaurantbesitzerin
und Food-Autorin

Neil Perry, Küchenchef
(Seiten 178–179)

Graeme Phillips, Küchenchef

Damien Pignolet, Küchenchef

Matthew Moran ist ein innovativer Koch und schwört auf frische Ware erster Wahl. Alle sechs Wochen ändert er seine Speisekarte, um saisonale Produkte optimal zu nutzen. Er verwendet marrokanische und asiatische Gewürze, bietet aber auch Traditionelles wie hausgemachte Ente oder Erbsen-Pie. Alles schmeckt so gut, wie es aussieht. Matthew Moran lernte im La Belle Helene und wechselte dann ins Restaurant Manfredi. Mit Peter Sullivan eröffnete er das erfolgreiche Paddington Inn Bistro; drei Jahre später folgte die derzeitige Wirkungsstätte, das lebendige, zeitgemäße Moran's Restaurant and Café in Sydneys Potts Point.

Mietta O'Donnell, deren Vorfahren aus Italien, Irland und Schottland stammen, hatte schon in jungen Jahren Sinn für gutes Essen und Gastfreundschaft. Ihre Mutter arbeitete im Restaurant des Großvaters, für die Tochter plante sie jedoch eine andere Laufbahn. Nach einer Karriere als Journalistin und Aufenthalten in Übersee siegte jedoch die alte Liebe: 1974 eröffnete Mietta O'Donnell das Mietta's in North Fitzroy, Melbourne. Sie mied eingefahrene Gleise und setzte Gerichte aus den verschiedensten Küchentraditionen auf die Speisekarte. Später zog sie in die Innenstadt an den Alfred Place, wo sie in wunderschön renovierten Räumlichkeiten aus dem 19. Jahrhundert ihre »bemerkenswerte Mischung von hoher Küche, Sorge um die Gäste und Beziehungspflege« beibehielt. Das Mietta's schloß 1996; Mietta O'Donnell arbeitet seitdem wieder als Journalistin und schreibt jede Woche eine Kolumne. Außerdem ist sie Autorin des Buches Mietta's Eating and Drinking in Melbourne. Es bleibt zu hoffen, daß sie auch wieder selbst den Kochlöffel schwingt.

Graeme Phillips wuchs in einer typisch englischen Familie auf, in der das Essen meist zu Tode gekocht wurde. Bei Aufenthalten in Argentinien, Frankreich und Schweden erwachte seine Liebe zum Kochen; die Traditionen dieser Länder prägen seinen Stil bis heute. Phillips brachte sich das Kochen selbst bei, indem er alles darüber las, was er finden konnte. Besonders beeinflußten ihn Elizabeth David, Stephanie Alexander und Patrick Juillet.

Phillips eröffnete das Prospect House in Tasmanien, ein auf Wildgerichte und regionale Spezialitäten wie Lachs, Wachteln, Seeigel und Muscheln spezialisiertes Hotelrestaurant. Die Karte orientiert sich stark an den in Tasmanien besonders ausgeprägten Jahreszeiten. Im Sommer gibt es frische, klare Gerichte mit asiatischem Einschlag, im Winter dominieren kräftigere Speisen europäischer oder chinesischer Herkunft. Graeme Phillips führt außerdem eine etwas ungezwungenere Brasserie in Battery Point, Hobart. Australische Köche und Gäste dürfen sich seiner Meinung nach glücklich schätzen, weil unbewußt Anteile verschiedener Eßkulturen in die Gerichte einfließen. »Wenn ich koche, tauchen sie einfach so auf. Sie sind Teil meines Geschmacks geworden. Es ist aufregend, an der kulinarischen Entwicklung Tasmaniens teilzuhaben.«

Damien Pignolet ist Australier der zweiten Generation, seine Vorfahren stammen aus Frankreich, Deutschland und England. Er begann eine Laufbahn als Kellner, wollte dann aber die französische und italienische Küche kennenlernen. Beide beeinflussen seitdem seinen Stil.

Pignolet arbeitete zunächst im Pavilion on the Park, dann folgte eine Partnerschaft mit Meisterkoch Mogens Bay Esbensen, mit dem er Butler's Restaurant eröffnete. Gemeinsam mit seiner ersten Frau Josephine konnte Pignolet nach dem Kauf von Claude's French Restaurant seine eigene kulinarische Philosphie weiterentwickeln.

Beide ernteten viel Lob für ausgefallene Kreationen und guten Service. Nach 14 Jahren verkaufte Pignolet das Restaurant an Tim Pak Poy, der es nach guter Tradition weiterführt. Damien schloß sich nun mit Dr. Ron White zusammen, und sie entwarfen ein neues Konzept für ungezwungene Küche, aus dem das Bistro Moncur hervorging. Mit seiner Mischung aus traditioneller französischer Bistrokost und moderner australischer Küche ist es in Sydney inzwischen eine Institution. Das Team hat außerdem das erfolgreiche Bistro Deux in Rozelle eröffnet. »Meine Philosophie ist, einfach und völlig unverfälscht zu kochen.«

Ralph Potter, Küchenchef (Seite 107)

Jacques Reymond, Küchenchef (Seiten 118–119)

UNTEN LINKS: Victoria Alexanders Warme Blauschimmeltarte mit karamelisierten Zwiebeln (Seite 64).

OBEN: Liam Tomlins Geschmorte gefüllte Hühnerbeine mit Steinpilz-Sahnesauce (Seite 112), ein klassisches französisches Herbstgericht, das dem Huhn sehr viel Geschmack gibt.

Leo Schofield, Restaurantkritiker

Leo Schofield ist Direktor des Sydney Festival und des Olympic Arts Festival 2000. Zuvor war er fast zwei Jahrzehnte lang Sydneys führender Restaurantkritiker und schrieb für Blätter wie Sydney Morning Herald, The Australian, Sunday Telegraph, Bulletin und Vogue.

Schofield war immer offen und furchtlos mit Lob wie mit Kritik. Er hat maßgeblich dazu beigetragen, den kulinairschen Standard Australiens zu heben. Talentierte Köche sporte er an, seine Leser ermutigte er, Neues auszuprobieren. Der passionierte Hobbykoch meint gleichwohl, Kritiker müßten nicht die Fähigkeiten derjenigen besitzen, die sie kritisieren: »Ein Musikkritiker muß nicht wie Pavarotti singen.« Schofield mag schlichte Gerichte. Restaurant- und Hobbyküche unterscheiden sich nach seiner Auffassung grundlegend voneinander.

Kathy Snowball, Food-Autorin

»Der Australian Gourmet Traveller hat die Eßkultur mitgeformt, denn er beschreibt elegant und stilvoll die Vielfalt unserer Küchentraditionen.«

Kathy Snowball arbeitete als Bankkauffrau, wechselte aber aus Liebe zu gutem Essen und Wein den Beruf. Sie absolvierte die Prue Leih's School of Food and Wine in London, unterrichtete dann, schrieb zum Thema Essen und war im Catering tätig, bis sie 1996 als Food-Redakteurin beim Gourmet Traveller begann. Bereits seit 1990 ist der von Caroly Lockhart herausgegebene Gourmet mit Anregungen und Tips das führende Magazin für australische Hobbyköche. Der Gourmet macht auch aufstrebende Jungköche bekannt, stellt saisonale Produkte vor und gibt Hinweise zu Beschaffung und Verarbeitung. »Die Zeitschrift sieht toll aus, vor allem ist sie aber absolut nützlich. Wenn ein Rezept nicht nachkochbar ist, ist es für uns uninteressant. Ich glaube denjenigen nicht, die meinen, die Leute wollten nicht mehr kochen. Wenn man sich die wachsende Zahl von Kochzeitschriften und -büchern ansieht, kochen doch eine Menge Leute. Wir unterstützen auch kleine Erzeuger und ermuntern unsere Leser, beste Qualität zu verlangen und sich für das Besondere zu begeistern. Diese Nachricht kommt dann auch bei den Erzeugern an. Schließlich sind sie diejenigen, die alles geben, um gute neue Produkte zu vermarkten.«

John Susman, Lebensmittellieferant
(Seiten 30–31)

Chris Taylor, Küchenchef

Chris Taylor arbeitete in Spitzenhotels in Sydney, Perth und Europa, bevor er das Fraser's im King's Park von Perth eröffnete. Dieser große, aus natürlichem Buschland bestehende Park bietet eine schöne Aussicht auf den Swan River und das Zentrum von Perth. Taylors Philosophie beruht darauf, regionale Produkte »für sich selbst sprechen zu lassen ... Die Karte wechselt täglich, aber es gibt Favoriten wie frische Albany-Austern oder Kervella-Ziegenkäse, die immer wieder auftauchen.« Etwa siebzig Prozent der bestellten Gerichte sind Meerestiere, westaustralischer dhu'fish und Schwertfisch sind sehr gefragt.

RECHTS: Luke Mangans Blumenkohlsuppe mit Trüffelöl und Schnittlauch (Seite 49).

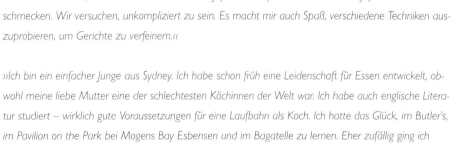

Auch Wildgerichte der Region zählen zu den Spezialitäten. »Die Karte vereint zahlreiche Kulturen, ohne sie zu vermischen. Ein japanisch inspiriertes Gericht muß japanisch schmecken. Wir versuchen, unkompliziert zu sein. Es macht mir auch Spaß, verschiedene Techniken auszuprobieren, um Gerichte zu verfeinern.«

Richard Thomas, Käser
(Seiten 62–63)

David Thompson, Küchenchef

»Ich bin ein einfacher Junge aus Sydney. Ich habe schon früh eine Leidenschaft für Essen entwickelt, obwohl meine liebe Mutter eine der schlechtesten Köchinnen der Welt war. Ich habe auch englische Literatur studiert – wirklich gute Voraussetzungen für eine Laufbahn als Koch. Ich hatte das Glück, im Butler's, im Pavilion on the Park bei Mogens Bay Esbensen und im Bagatelle zu lernen. Eher zufällig ging ich nach Thailand, und dort haben mich Land, Kultur, Menschen und besonders das Essen verzaubert. Die thailändische Küche ist eine der besten. Sie hält die Waage zwischen scharf, sauer, salzig und süß, ist frisch und klar.«

David Thompson zog nach Thailand, lernte die Sprache und studierte die Eßkultur. Nach seiner Rückkehr eröffnete er das Darley Street Thai in Newtown, wo er einige thailändische Gerichte anbot. Bald vergrößerte er das Angebot, und 1993 war das Restaurant so erfolgreich, daß er nach Kings Cross umzog, in ein von Halliday entworfenes Lokal in bester Lage. Später eröffnete er das reizvolle Sailors' Thai mit einem Nudel-Büffet im ersten Stock.

»Ich koche thailändisch mit thailändischer Technik und Philosophie, aber mit eigenem Stil und neuen, besseren, saisonalen Zutaten, die man hier in Australien bekommt.«

Liam Tomlin, Küchenchef

Obwohl **Liam Tomlin** schon mit 14 Jahren in seinem Beruf anfing, entdeckte er erst vier Jahre später, als er in Zürich für Bruno Enderli arbeitete, daß Kochen viel mehr war, als er gedacht hatte. Enderli war und ist Tomlins sein Vorbild. Tomlin sammelte in renommierten Küchen Europas und Australiens Erfahrungen. Er war Küchenchef im Level 41 und Chefkoch der Brasserie Cassis, heute ist er Chefkoch des eleganten Banc and Wine Banc. Tomlin hält seine Gerichte so einfach wie möglich und konzentriert sich auf zwei bis drei Geschmacksnuancen. Er verwendet gerne saisonale Zutaten bester Qualität. Tomlin liebt es, in Australien zu arbeiten, wo seine irische Herkunft kein Hindernis darstellt. Er schätzt das Selbstbewußtsein der Australier, die sich unbekümmert über Moden hinwegsetzen.

Tetsuya Wakuda, Küchenchef

Tesuya Wakuda begann seine Laufbahn mit Tony Bilson bei Kinsela's an Sydneys Taylor Square. Bilsons Mischung klassisch französischer Küche mit eigenem Stil faszinierte ihn. Wakuda arbeitete in verschiedenen Restaurants, bevor er 1986 das Ultimo's eröffnete. Nach und nach entwickelte er seinen eigenen Stil, der natürliche saisonale Zutaten mit klassischen französischen Techniken verbindet. 1989 eröffnete er das heute stets ausgebuchte Tetsuya's in Sydneys Rozelle. Die Gäste kommen wegen des individuell, geschmackvoll und mit Präzision gekochten Essens gerne wieder. Wakudas Karte ist sehr ausgewogen und wechselt häufig. Man sollte seinen Weintips folgen, um den Geschmack der Gerichte perfekt abzurunden.

Als Tetsuya Wakuda von einem Aufenthalt als Gastkoch für die James Beard Stiftung zurückkehrte, kursierten Gerüchte, ihm sei die Eröffnung eines eigenen Restaurants in New York angeboten worden. Aber das interessierte ihn nicht: »Als ich in Übersee war, wurde ich als japanischstämmiger Australier vorgestellt, und ich freute mich darüber. Ich habe mich für Australien entschieden ... Ich liebe alles, was ich hier tue.«

Martin Webb, Küchenchef

»Ich koche, was ich selbst essen möchte, und ich verbinde gerne die richtigen Zutaten miteinander. Die Zutaten sind die Hauptdarsteller – es gibt keine Tricks. Ich verwende nur die besten Produkte und lasse sie für sich selbst sprechen. Essen muß demokratisch sein – es soll niemanden ausschließen.«

Martin Webb lernte in England und Frankreich und kam 1982 nach Perth. Die entspannte Atmosphäre, die Nähe zu Asien, Meeresfrüchte im Überfluß und hervorragende Zutaten prägen seinen Stil. Er kocht gern gutes, einfaches Essen und vereint mit Vorliebe verschiedene Eßkulturen. Kurzzeitg kehrte Webb nach London zurück, wo er im Quaglino's arbeitete. Aber er kam gerne zurück, um in Melbourne Georges' restaurant and food complex mitzuleiten. Martin Webbs Rezepte in diesem Buch stammen aus seinem Werk Fusions.

Alla Wolf-Tasker, Küchenchefin

»Man muß viele Techniken beherrschen und kreativ sein, um das ständig wachsende Angebot neuer Zutaten effektiv und intelligent zu nutzen. Ich glaube fest an saisonale Speisen und halte die Geschmacksnuancen einfach. Und noch etwas Romantik, eine kleine Überraschung zum Schluß. Ich bringe die Menschen gerne zum Lächeln.«

Alla Wolf-Tasker kam als Baby mit ihren russischen Eltern nach Australien. Beide waren hervorragende Köche, Essen und Gastfreundschaft spielten eine wichtige Rolle. Als sie mit ihrem Mann das Lake House Restaurant am Ufer des Lake Daylesford, Victoria, eröffnete, ahmte sie die Wochenendfeste in der Datscha ihrer Eltern nach. Das Lake House ist ein beliebtes Ausflugsziel und eines der besten australischen Hotelrestaurants. Die Karte belegt Alla Wolf-Taskers Liebe zu jahreszeitlichen Gerichten, ein Besuch macht lächeln, und man ist dankbar für die herzliche Gastfreundschaft und vollendetes Essen. Die hier präsentierten Gerichte sind vereinfachte Beispiele ihres Stils – passend für die Hobbyküche oder den freien Tag des Kochs.

Literaturtips

Alexander, Stephanie. *Stephanie's Australia*. Allen & Unwin, Sydney, 1991.

Alexander, Stephanie & Beer, Maggie. *Stephanie and Maggie's Tuscan Cookbook*. Penguin, Melbourne, 1998.

Alexander, Victoria & Genevieve Harris. *The Bathers Pavilion Cookbook*. Ten Speed Press, San Francisco, 1995.

Barker, Anthony. *From A la Carte to Zucchini: An A to Z of Food and Cooking*. Allen & Unwin, Sydney, 1995.

Beckett, Richard. *Convicted Tastes: Food in Australia*. Allen & Unwin, Sydney, 1984.

Beer, Maggie. *Maggie's Farm*. Allen & Unwin, Australia, 1993.

Beer, Maggie. *Maggie's Orchard*. Penguin, Australia, 1997.

Bilson, Tony. *Fine Family Cooking*. Angus & Robertson, Sydney, 1994.

Campbell, Joan. *Bloody Delicious*. Allen & Unwin, Sydney, 1997.

Chang, Kwang-chih (Hg.). *Food in Chinese Culture*. Yale University Press, New Haven & London, 1977.

Coe, Sophie D. & Coe, Michael D. *Die wahre Geschichte der Schokolade*. Fischer Taschenbuch Verlag, Hamburg, 1999.

Dansereau, Serge. *Food and Friends*. HarperCollins, Sydney, 1998.

Driver, Christopher. *The British at Table 1940–1980*. Chatto & Windus, London, 1983.

Dunstan, David. *Better Than Pommard!: A History of Wine in Victoria*. Australian Scholarly Publishing & Museum of Victoria, Melbourne, 1994.

Dunstan, Don. *Don Dunstan's Cookbook*. Rigby, Adelaide, 1976.

Durack, Terry & Dupleix, Jill. *Sydney Morning Herald Good Food Guide 1999*. Anne O'Donovan, Melbourne, 1998.

Fahey, Warren. *When Mabel Laid the Table: The Folklore of Eating and Drinking in Australia*. State Library of NSW Press, Sydney, 1992.

Forell, Claude. *The Age Good Food Guide 1999*. Anne O'Donovan, Melbourne, 1998.

Fulton, Margaret. *Encyclopedia of Food and Cookery*. Octopus Books, Sydney, 1983.

Fulton, Margaret. *Margaret Fulton's New Cookbook*. Angus & Robertson, Sydney, 1993.

Fulton, Margaret. *A Passionate Cook*. Lansdowne Publishing, Sydney, 1998.

Gibbs, Suzanne. *Sweet Things*. Angus & Robertson, Sydney, 1994.

Hobsbawm, Eric & Ranger, Terence (Hg.). *The Invention of Tradition*. Cambridge University Press, Cambridge, 1983.

Holuigue, Diane. *Classic Cuisine of Provence*. Ten Speed Press, San Francisco, 1993.

Holuigue, Diane. *The French Kitchen: A Comprehensive Guide to French Cooking*. Paul Hamlyn, Australia, 1983.

Isaacs, Jennifer. *Bush Food*. Könemann, Köln, 2000.

Kapoor, Sybil. *Modern British Food*. Michael Joseph, London, 1995.

Kersh, Jennice & Raymond. *Edna's Table*. Hodder & Stoughton, Sydney, 1998.

Liew, Cheong & Ho, Elizabeth. *My Food*. Allen & Unwin, Sydney, 1995.

Manfredi, Stefano & Newton, John. *Fresh from Italy: Italian Cooking for the Australian Kitchen*. 2. Aufl.. Hodder Headline, Sydney, 1997.

Mennell, Stephen. *All Manners of Food: Eating and Taste in England and France from the Middle Ages to the Present*. Basil Blackwell, Oxford, 1985.

Merrony, Paul. *The New French Cooking in Australia*. Horan, Wall & Walker, Australia, 1992.

Muskett, Philip E. *The Art of Living in Australia*. Eyre & Spottiswoode, Sydney, 1893; Faksimile, Kangaroo Press, Sydney, 1987.

Newton, John. *Wog Food*. Random House, Australia, 1996.

O'Donnell, Mietta & Knox, Tony. *Mietta & Friends*. Wilkinson Books, Melbourne, 1996.

O'Donnell, Mietta & Knox, Tony. *Mietta's Eating & Drinking in Melbourne, 1999*. Hardie Grant, Melbourne, 1998.

Perry, Neil. *Rockpool*. Reed Books, Australia, 1996.

Ripe, Cherry. *Goodbye Culinary Cringe*. Allen & Unwin, Sydney, 1993.

Ripe, Cherry, *Australien. Eine kulinarische Reise*. Christian Verlag, München, 1995.

Santich, Barbara. *Looking for Flavour*. Wakefield Press, Adelaide, 1996.

Schofield, Leo. *Leo Schofield's Cookbook*. Methuen, Australia, 1980.

Steingarten, Jeffrey. *The Man Who Ate Everything*. Alfred A. Knopf, New York, 1998.

Symons, Michael. *One Continuous Picnic*. Duck Press, Adelaide, 1982.

Trillin, Calvin. ›American fried‹ (1974), Abdruck in: *The Tummy Trilogy*. Farrar, Straus & Giroux, New York, 1994.

Walker, Robin & Roberts, Dave. *From Scarcity to Surfeit: A History of Food and Nutrition in New South Wales*. New South Wales University Press, Sydney, 1988.

Webb, Martin & Whittington, Richard. *Fusions*. Ebury Press, London, 1997.

Whittington, Richard & Webb, Martin. *Quaglino's the Cookbook*, Conran Octopus, London, 1995.

Wood, Beverley (Hg.). *Tucker in Australia*. Hill of Content, Melbourne, 1977.

Register

Kursiv gesetzte Seitenzahlen verweisen auf Abbildungen.

Abalonen 66, *66*
Aborigines 14, 16, 17, 214
Acland Cake Shop *20*
Adams, Catherine 189, 208
Alexander, Stephanie 28, 149–150, 170, 176, 179, 205, 208, 215, 217
Alexander, Victoria 64, 143, 208
aniseed myrtle *15*
Au Chabrol 106
Auberginen 170
    Terrine mit Auberginen und Eiertomaten auf Tapenade-sauce 85
Austern 31, *44*
    Austern mit Salsa aus roten Zwiebeln *58,* 59
    Austernbeignets 45
    Nudelsalat mit Austern und geschmorten Babykalmaren 69, *107*
    Velouté von Kartoffeln und Austern mit Austernbeignets *43,* 45
Australian Gourmet Traveller 218
Australische Minze *15*

Bananenblatt-Sushi 153
Banc *41*
Barbuto, Vince *20*
Barossa Valley 25, 26, 176, 205, 208, 213
Bathers Pavilion *41,* 143, 208, 213
Beer, Maggie 25, 105, 113, 208, 213
bel mondo *38,* 216
Bergpfeffer *15*
Bilson, Tony 9, *10,* 40, 76, 78, 79, 129, 201, 220
Bistro Moncur *9*
Blauaugenbarsch 126
    auf Fenchelgemüse 133
    mit roten Linsen und warmem Tomaten-Fenchel-Dressing 126, *127*
Blumenkohlsuppe mit Trüffelöl und Schnittlauch 49
Bocuse, Paul 186, 209
Borlottibohnen mit Petersilie und Knoblauch 75, *75*
Bouillabaisse 48
Brahimi, Guillaume 32, 46, 157, 177, 208
Britisches Essen 11
Brugman, Marieke 92, 94, 116, 209

Bruneteau, Jean-Paul 18
Bunya-Bunya-Nüsse *14*
Burr, Michael 25
»bush food« 14, 24

Cabramatta 32, 33
Café de la Gallerie 209
Campbell, Joan 28, 50, 56, 191
Capadli, Raymond 24, 124, 145, 169, 200, 209
Carême, Antonin 23
Castellani, Robert 54, 64, 66, 209
Chinesische Küche 12, 29, 32, 41
Cherikoff, Vic 14–15, 18, 109, 192
Chouet, Dany 6, 68, 106–107, 121, 131
Chouvin, André 48, 144, 182, 209
Chutney 28, 64
    Zucchini-Chutney 169
Cicada 212
Circa 214
Cleopatra 106
Cointreau, André 13
Coldstream Hills 211
Cooper, Gary 21, 154, 174, 206, 212
Cordon Bleu 213
Cordon-Bleu-Kochschule 13
Curry 23
    aus gegrillter Ente *50,* 121
    Gedünstete Kokosnußpfann-kuchen mit grüner Curry-sauce 141
    Gelbes Schwertfisch-Thai-Curry mit grüner Papaya 138
    Saures Orangencurry mit Garnelen und Choi Sum 134

Dansereau, Serge 102, 143, 156, 196, 208, 216
Darleys 107
Davidson-Pflaumen *15*
Desserts 175
    Amaretto-Parfait 182, *183*
    Ananas-Sorbet 181
    Die Bademütze 206, *207*
    Bread and Butter Pudding mit Mandeln und Amarettini 188
    Catherines Erdbeer-Ricotta-Tarte 189, *189*
    Cootamundra Bread and Butter Pudding mit Zitroneneisen-holz-Rum-Sauce 192
    Feigen-Mascarpone-Tarte 192
    Himbeer-Vacherin 180, *187*
    Kokosnuß-Aprikosen-Pudding mit Kokosnuß-Zucker-Sirup 185

Kokosnußcreme mit Palm-zucker-Sirup *190,* 191
Mandelkuchen auf Rhabarber-Beeren-Sauce *151,* 205
Mandeltörtchen mit Amaretto-Mascarpone und pochierten Feigen 196
Passionsfruchttorte *178,* 197
Pavlova mit Passionsfruchtcreme 194, *195*
Pink-Gin- und Zitronen-Granité 181, *198*
Pochierte Birnen mit Zimteis und Vanillecoulis 177
Pudding mit Quitten, Rosinen und Grappa 189
Schokoladen-Diva mit Kum-quat-Sauce 204
Schokoladensoufflé *79,* 201
Soufflé von Türkischem Honig mit Rosenblüteneis 202, *203*
Traubengratin in Champagner-Zabaione 182
Würziges Erdbeergratin mit Quitten und Grand-Marnier-Zabaione *119,* 184
Valrhona-Manjari-Schokoladen-Anneau mit Orangensauce und Vanillesahne 200
Zitronentorte mit frischen Beeren 193
Doyle, Peter 6, 40, 72, 73, 82, 100, 212
Dunstan, Don 24, 36

ecco 41, 213, 214
Edna's Table 16
Edna's Table II 16, 214
Einheimische Himbeeren *15*
Eleonore's 212
Ente 29, 41
    Curry aus gegrillter Ente *50,* 121
    Knusprige Ente mit Anisaroma und Kartoffeln, roten Beten und Kerbel *107,* 117
    Salat mit Entenleberparfait 68, *106*

Fabrègues, Alain 77, 85, 158, 212
Fairlie-Cuninghame, Sue 50–51, 93, 121
Fielke, Andrew 18
Fisch und Meeresfrüchte 17, 31, 42, 124
    Austern mit Salsa aus roten Zwiebeln *58,* 59
    Blauaugenbarsch auf Fenchel-gemüse 133

Blauaugenbarsch mit roten Linsen und warmem Toma-ten-Fenchel-Dressing 126, *127*
Blaue Schwimmerkrabbe auf Gurkensalat mit knusprigem Samosa-Gebäck *142,* 156
Bouillabaisse 48
Confit von tasmanischem Lachs mit Blumenkohl-Blancmanger, Muskatspinat und Zitronenöl 145
Fischfilets in Parmesan-Kataifi mit syrischem Auberginen-Relish und eingelegter Zitrone 136–137
Fritierte Kalmarringe *51,* 56
Ganze Forelle auf warmem Spinat-Linsen-Salat mit Sauce Vierge 131, *131*
Ganzer Wolfsbarsch mit einge-legten Limetten und Korian-der 169
Garnelensoufflé-Tarte 146–148
Gebratene Parkerville-Fluß-krebse mit Zitronensauce 158
Gebratene Yabbys mit Thymianöl 149, *150*
Gebratener Baby-Schnapper nach Kanton-Art 126
Gebratener Lachs mit Auber-ginenpüree, Zucchini und Salbei *42,* 132–133
Gebratenes Barramundifilet mit Wakame und getrüffelten Pfirsichen 137
Gegrillte Muscheln mit süßem Chiliessig 172–173
Gegrillte Piri-Piri-Garnelen auf Daikon-Kuchen mit einem Salat von eingelegter Gurke und geräucherter Teebutter 174
Gegrillter Fisch mit süßer Fischsauce *134,* 135
Gegrillter Lachs mit Wasabi-Kartoffelpüree 172
Gegrillter Thunfischbauch mit Austern und Zitrus-Soja-Dressing 173
Gegrilltes Schnapperfilet mit Zitrus-Safran-Sauce 129
Gelbes Schwertfisch-Thai-Curry mit grüner Papaya 138, *139*
Kleine Muschelkasserolle 56
Krabbensuppe mit Mies-muscheln und Aïoli 46
Lachs-Kibbeh-Tatar mit zer-stoßenem Weizen und Knoblauchkäse 149

Lachsforelle mit Zitronenmyrte
144–145

Langustenhalsband in einer
Suppe aus Haifischflossen und
Kaffir-Limettenblättern 154,
155

Maria-Island-Venusmuscheln auf
Ingwer-Wakame 157

Marinierte Meeräsche 152

Muschelsalat mit Safrankartoffeln, Fenchel und Basilikum
146, *147*

Oktopus mit Aïoli 152

Orientalische Consommé mit
Gelbflossenthunfischtagine
und Gemüsespaghetti 140

Pla Yang Nahm Pla Warn 135

Pochierter Blauaugenbarsch mit
roten Linsen und warmem
Tomaten-Fenchel-Dressing 126

Roher Tintenfisch auf
schwarzen Nudeln 153

Rote Meerbarbe mit sizilianischer Füllung, Petersiliensalat
und gegrillten Zitronen *123*,
125

Roter Schnapper mit Tintenfischstreifen und Lauchfondue
128–129

Salat aus Blauen Schwimmerkrabben mit Avocado, Koriander und Minze 82, *83*

Saumon à l'olive noire *130*, 131

Saures Orangencurry mit
Garnelen und Choi Sum
134, *134*

Sautierte Kalmare auf
Ratatouille 57

Shrimpkuchen und Kamm-
muscheln mit pikanter
Shrimpsauce *11*, 60

Summertime Fish and Chips 144

Yabby-Eintopf mit Venus-
muscheln, Miesmuscheln,
Kammuscheln und frischem
Estragon 157

Flower Drum *34*, 41

Flying Squid Brothers 28, 31

Französische Küche 8, 13, 78, 186

Fraser's 219

Frittatas mit Tomaten, Oliven und
Petersilie 84

Fulton, Margaret 6, 34, 89, 167,
172, 198, 213

Galletto, Lucio 41, 160, 161, 189,
212

Gekochte Kalbshaxe mit grüner
Sauce 102, *103*

Gibbs, Suzanne 65, 192, 213

Glenella 106

Gnocchi aus Süßkartoffeln mit
brauner Buttersauce 65, *166*

Good Food Guide 8–10, 209

Gourmet Mushroom Farm
211

Griechische Küche 22

Grillgemüse 170, *171*

Gurken- und Joghurtsuppe,
45

Hage, Ghassan 32, 35, 37

Halliday, James und Suzanne 211

Hara Kebab 92

Harris, Genevieve 84, 141, 185,
208, 213

Himbeerblätter *14*

Hobbs, Trish 106

Holuigue, Diane 40, 124, 133,
164, 188, 213

Huhn 16, 22, 34

Brathuhn *23*

Entbeintes Huhn, gefüllt mit
Hühnerklein und Prosciutto
113

Gebratene Hühnerbrust mit
marokkanischen Auberginen
und jungen Bok Choy 105

Gegrilltes Papierborken-Huhn
109

Geschmorte gefüllte Hühner-
schenkel mit Steinpilz-Sahnesauce 112, *218*

Huhn nach Palermo-Art 113

Hühnerbrust in Salzkruste *110*,
111

Maishuhnbrust 108

Poussin aux raisins *106*, 121

Illawarra-Pflaumen *14*

Jamaica House 150

Jeffs, Janet 144, 213

Johnson, Philip 41, 61, 104, 120,
213, 214

Johnson, Simon *18*, 28, 37, 81, 90,
91

Juniperberry 213

Kables 143

Kakadu-Pflaumen *14*

Känguruh 18, 96, 214

Polenta mit geräuchertem
Känguruh und Parmesan 105

Kartoffeln 16

Mille-Feuilles aus Kartoffeln mit
Pilzragout und frischen
Trüffeln 86, *87*

Warmer Kartoffelsalat mit dünnen Streifen vom Huhn und
frisch geräuchertem Lachs 77

Käse *28*, 52, *62*, 63, 91, *151*, *215*

Käse-Impressionen 53

Warme Blauschimmeltarte mit karamelisierten Zwiebeln 64, *218*

Ziegenkäse mit gerösteten
Knoblauchknollen und
Croûtons 89

Ziegenkäsesoufflé mit
Zitronenespensalsa 70

Ziegenkäseterrine 54, *55*

Ziegenkäsesalat 52

Kersh, Jennice und Raymond 16,
18, 70, 108, 164, 214

Kervella, Gabrielle 28, 91

Kinsela's 9, 10, 78, 220

Knusprige Wachteln 52

Kokosnuß

Kokosnußpfannkuchen 141

Kokosnuß-Aprikosen-Pudding
mit Kokosnuß-Zucker-Sirup
185

Kokosnußcreme mit
Palmzucker-Sirup *190*, 191,

Kuchen 20, 23, 36

Daikon-Kuchen 174

Mandelkuchen auf Rhabarber-
Beeren-Sauce *151*, 205

Schokoladen-Diva mit
Kumquat-Sauce 204

Shrimpkuchen und Kamm-
muscheln mit pikanter
Shrimpsauce *11*, 60

Lake House 182, 220

Kyritsis, Janni 16, 88, 125, 150,
181, 189, 198, *199*, 209

Lambie, Michael 46, 99, 169, 214

Lamm 20

Gegrillte Lammkeule in würziger Joghurtmarinade mit Tomaten-Kichererbsen-Salat *162*, 163

Gegrillte Lammsteaks mit roter
Paprika *159*, 161

Gegrilltes Lammfilet mit frischen
Kräutern, Pflaumen-Salsa und
Rucola-Macadamia-Salat 164

Lammhaxen mit roten Paprika,
schwarzen Oliven und
Tomaten 95, 97

Lammhirn mit in Folie gegartem Sellerie und einem
warmen Salat aus Rucola und
jungem Spinat 101, *118*

Lammsteaks mit einem Salat aus
Auberginen, Lemon Pickle,
Chili und Wasserkresse 104

Warmer Salat vom gegrillten
Lamm auf asiatische Art
164–165

Langton's 13, 186, *186*

Langusten 154

Lau, Gilbert *34*

Lehmann, Tony 28

lemon aspen fruits 14

Leonard, Kelly 204, 213

Liew, Cheong 36, 41, 78, 128,
152, 209, 213, 214

Lindsay, Geoff 22, 75, 138, 150,
202, 215

Lucio's 212

Luke Mangan 49, 81, 111, 216,
219

Macadamia-Nuß 17

Malouf, Greg 122, 136, 149,
215

Manfredi, Stefano 6, 31, 33, *38*,
41, 65, 66, 75, 113, 124, 216

Mangold-Ricottabällchen *39*, 64

Manners, Michael 106

Marinierte und gebratene
Wachteln mit Hummus Bi
Tahini und maurischem
Spinatsalat 122

Marinierte Wachteln auf Rucola-
Parmesan-Salat 170

Margaret Fulton Cookbook 34

Matto, Rosa 26, 27, 28

Merrony, Paul 40, *42*, 54, *96*, 97,
132, 216

MG Garage Restaurant 198, *199*,
208

Millburn, Ian 116

Moore, Michael 52, 93, 216

Moran, Matthew 48, 105, 165,
217

Mouchel, Philippe 6, *13*, 40, 57,
114, 180, 186

munthari berries 15

Muscheln 31, 143

Gegrillte Muscheln mit süßem
Chiliessig 172

Miesmuschelsalat 80

Muskett, Philip 21, 36, 72

Neddy's 37, 213–214

Nediz Tu 84, 213

O'Connell's 215

O'Donnell, Mietta 41, 44–45, 52,
126, 217

Oktopus mit Aïoli 152

Olivenöl 20, 23–28, 33–34

One Continuous Picnic 27–28

Orange District 27–28

Panzanella 81
Papierborke 109
Passionsfruchttorte 197
Pasta 36
  Sautierte Kammuscheln mit
    schwarzen Orechiette und
    Mascarpone 66, *67*
  Schwarze Tagliatelle
    mediterrane Art 59
Perry, Neil 10, 11, 31, 41, 60, 150,
  168, 179, 197
Phillips, Graeme 157, 170, 193,
  217
Pignolet, Damien 6, 40, 146, 161,
  179, *215*, 217
Pilze 170
Polenta 160
  Gegrillte Polenta mit Pilzen 161
  mit geräuchertem Känguruh
    und Parmesan 105
Pont, Graham 24
Porter, Hal 72, 176
Potter, Ralph 6, 41, 49, 69, 107,
  117
Punshon, Alistair 18

quandongs 14, 108

Reis mit Tauben 116
Reymond, Jacques 6, 40, 101,
  119, 140, 184
Richmond Hill Café and Larder
  150, *151,* 170
Rindfleisch 20, 72
  Eingelegte Rinderrippe in
    Kokosnußcreme 136
  Geschmorte Ochsenbacke mit
    Wintergemüse *98,* 99
  in Zucker gepökelt mit Miss
    Janes Pestobohnen und
    schwarzem Olivenöl *74, 75*

Langsam gegarte Rinderbacken
  mit Knollensellerie und Pilzen
  99, 100
Lendensteak vom Holzkohlen-
  grill mit Kartoffelpüree und
  Salsa Verde 165
Rumpsteak mit Salat von
  gegrilltem Gemüse und
  Sardellenbutter 168, *179*
Ripe, Cherry 24, 50
Rock Oysters *30,* 31
Rockpool 10, 168, 179, 197, 208
Rosellablüten *15*
Rote Bete 72
Roulade mit Spinat und Pilzen
  88, *199*

Safran- und Lauchrisotto mit
  Kammuscheln und Wodka 61
Salat 23, 66, 72
  aus Artischocken, Bohnen und
    Kartoffeln 89, *167*
  aus Blauen Schwimmerkrabben
    mit Avocado, Koriander und
    Minze 82, *83*
  aus gegrilltem Jungmais, Feta
    und frischer Birne mit
    Walnußdressing 81
  aus gegrillten roten Beten,
    Blutorange, rotem Chicorée
    und Spargel mit Orangenöl
    71, 73
  aus grüner Papaya 93
  Nudelsalat mit Austern und
    geschmorten Babykalmaren
    7, 69
  aus warmen Abalonen, Shiitake
    und Corzetti *66,* 66–68
  Gurkensalat 156
  Kalbshaxensalat 65
  mit Entenleberparfait 68, *106*

Rucola-Parmesan-Salat 170
Tomatensalat mit Bocconcini 93
  von eingelegter Gurke und
    geräucherter Teebutter 174
  von wildem Reis, Haselnüssen
    und Peking-Ente 120
  Warmer Kartoffelsalat mit
    dünnen Streifen vom Huhn
    und frisch geräuchertem
    Lachs 77
  Ziegenkäsesalat 52
Santich, Barbara 24
Schofield, Leo 8, 56, 80, 181, 218
Schokolade 16, 19
  Schokoladensoufflé *79,* 201
  Valrhona-Manjari-Schokoladen-
    Anneau mit Orangensauce
    und Vanillesahne 200
Searle, Phillip 27
Shaul, Oliver 32
Sheila's Bar Barbie 35
Snowball, Kathy 126, 218
Sokolov, Raymond 16
Stegley, Sarah 209
Steingarten, Jeffrey 41
Stella 215
Stephanie's 150, 209, 215
Stephanie's Australia 28
Studd, Will 28, 63, *151*
Suppen 43, 44
  Arme-Leute-Suppe 54, *55*
  Blumenkohlsuppe mit Trüffelöl
    und Schnittlauch 49, *216*
  Bouillabaisse 48
  Geeiste Gurken- und Joghurt-
    suppe 45
  Krabbensuppe mit Mies-
    muscheln und Aïoli 46, *47*
  Topinambursuppe 46
  Wildpilzsuppe mit Meerrettich-
    rahm 49

Susman, John 13, 28, 31, 179
Sweetwater Café 212
Symons, Michael 27–28

Tagine mit Hase 114, *115*
Taylor, Chris 173, 219
Terrine mit Auberginen und
  Eiertomaten auf Tapenade-
  sauce 85
Thai-Küche 134
Thailand 41
The Loose Box 212
Thomas, Richard 6, 28, 53, 59,
  62, 63, 89, 91, 215
Thompson, David 33, 41, 134,
  179, 219
Tomaten in Pernod geschmort
  mit Weinbergschnecken und
  Miesmuscheln 76, *78*
Tomatentarte 94
Tomlin, Liam 8, 40, 45, 86, 112,
  218, 219
Tucker in Australia 37

Vietnamesische Restaurants 33

Wakuda, Tetsuya 9, 10, 31, 41,
  137, 209, 220
Walker, John und Mary 28
warrigal greens 14
Webb, Martin 25, 59, 172, 194, 220
Wilde Limetten *15*
Wildpilzsuppe mit Meerrettich-
  rahm 49
Wockpool 179
Wolf-Tasker, Alla 131, 163, 182,
  220
Wood, Beverley 37

Zitronenespe 70
Zitronenmyrte *14*